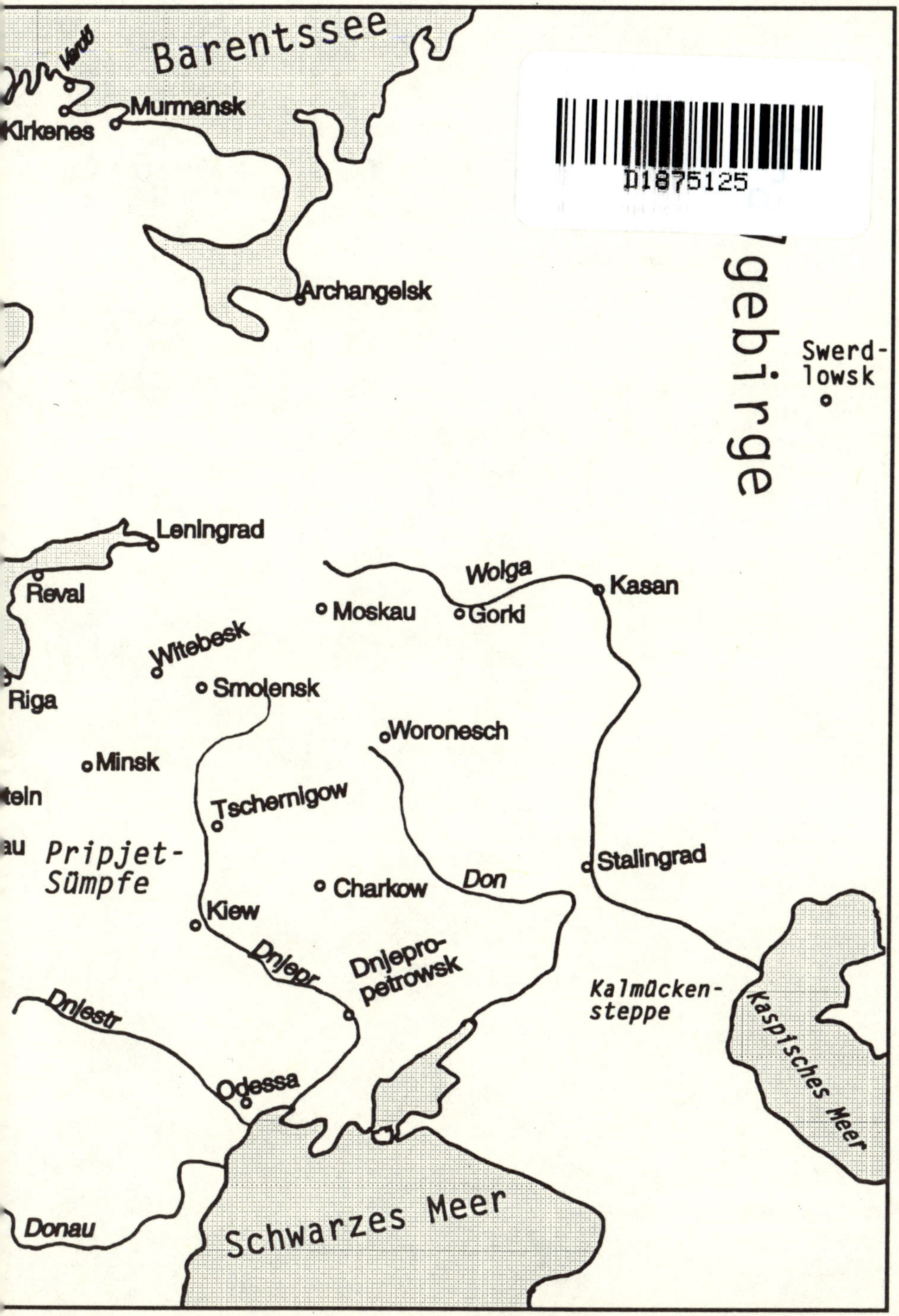
Barentssee
Murmansk
Kirkenes
Archangelsk
gebirge
Swerd-
lowsk
Leningrad
Reval
Wolga
Kasan
Moskau
Gorki
Witebesk
Smolensk
Riga
Woronesch
Minsk
Tschernigow
Pripjet-
Sümpfe
Stalingrad
Charkow
Don
Kiew
Dnjepr
Dnjepro-
petrowsk
Kalmücken-
steppe
Kaspisches Meer
Dnjestr
Odessa
Schwarzes Meer
Donau

Adam Druschel

Dunkle Wolken
Fernes Licht

CoCon-Verlag

Titelbild: Anselm Spring

Die Aufnahmen in dem Artikel von Nikolaus Stoll ("Von Stalingrad nach South Carolina") wurden uns freundlicherweise von Paul Förster zur Verfügung gestellt. Der Berufsfotograph war als Melder in der derselben Kompanie wie Nikolaus Stoll tätig. Nach dem Krieg hat er das Fotohaus seines Vaters in Bad Soden im Altkreis Schlüchtern fortgeführt.

Die Deutsche Bibliothek - CIP-Einheitsaufnahme

Dunkle Wolken - fernes Licht / Adam Druschel. - 1. Aufl. -
Hanau : CoCon-Verl., 1993
ISBN 3-928100-16-5
NE: Druschel, Adam [Bearb.]

CoCon-Verlag Hanau
In den Türkischen Gärten 13
63450 Hanau,
Tel.: 06181/17700 Fax: 06181/181333
1. Auflage 1993
ISBN 3-928100-16-5

Zu diesem Buch

November 1944. Der gerade siebzehn Jahre alt gewordene Adam Druschel muß in den Krieg. Nach einer Kurzausbildung irrt er mit seinen Kameraden vor den aus dem Osten und dem Westen anrückenden russischen und amerikanischen Truppen quer durch Deutschland. Gejagt von Tieffliegern, vorbei an im Bombenhagel untergehenden Städten, lebt er in der ständigen Sorge, in den letzten Kriegstagen als Kanonenfutter verheizt oder als Deserteur vor ein Standgericht gestellt zu werden.

Als Jugendlicher erlebt er in den letzten Kriegstagen die ganze Grausamkeit und Sinnlosigkeit des Krieges; knapp 50 Jahre später macht er sich daran, diese Zeit vor dem Vergessenwerden zu bewahren, als Mahnung, daß es niemals mehr einen Krieg geben darf.

Er spricht mit den Frauen und Männern aus seinem Dorf, die den Krieg überlebt und seine Schrecken am eigenen Leib erfahren haben. Das sind die einfachen Soldaten, die am Eismeer und in der Wüste, vor Stalingrad oder an der Atlantikküste in den Schützengräben gelegen haben oder - wenn sie den Krieg überlebten - jahrelang in Arbeitslagern gefangen gehalten wurden.

Nicht nur Männer kommen zu Wort. Auch und gerade Frauen leiden unter dem Krieg. Die Rote-Kreuz-Schwester schleppt mehrmals im Monat die zugweise von der Front kommenden schwer verwundeten Soldaten ins Lazarett, fünf Mütter, davon zwei hochschwanger, flüchten mit ihren 26 Kindern in einem Eisenbahnwaggon, die "total Ausgebombten" verlieren alles bis auf ihr nacktes Leben.

Adam Druschel faßt zusammen, was ihm die Leute aus seinem Dorf erzählt haben. Entstanden ist ein Buch, das am Beispiel eines Dorfs zeigt, was Krieg alles bedeutet: Hunger, Trauer, Leid, Leid und nochmals Leid. Und dieses Dorf ist kein Sonderfall. So wie hier hat es sich überall in Deutschland abgespielt.

Wenn man heute Gewalt verherrlicht, dann wird damit der Krieg verharmlost und der Nährboden für einen neuen Krieg geschaffen. Adam Druschel erinnert sich, wie sein Vater von seinen Erlebnissen im 1. Weltkrieg erzählte und dann in der Familie die Frage gestellt wurde: "Warum muß es überhaupt Kriege geben? Kriege, die nie Probleme lösen, sondern nur neue schaffen und den Menschen Leid und Elend bringen."

Inhaltsverzeichnis

Einleitung

Als ich im Sommer 1991 für meinen Bericht "Aus vergangener Zeit", der später als Buch mit dem Titel "Steinreich - Brotarm" erschien, in meinem Heimatort Wallroth Erinnerungen schriftlich festhielt, kam bei vielerlei Gelegenheiten der 2. Weltkrieg zur Sprache. Da hatte ich den Gedanken, für unser Dorf die Erlebnisse von Männern und Frauen aus Wallroth im Krieg und in der Nachkriegszeit aufzuschreiben. Es ist meine Absicht, diese Zeit vor dem Vergessenwerden zu bewahren und vor allen Dingen festzuhalten, wie grausam und menschenverachtend dieser Krieg war.
Obwohl viele Zeitzeugen nicht mehr leben, konnte ich trotzdem mit zahlreichen Frauen und Männern sprechen, die mir erzählten, wie sie den Krieg erlebt haben. So wird der Krieg in Rußland, beginnend an der Eismeerfront bei Murmansk über Stalingrad bis zum Kaspischen Meer geschildert. Ebenso wird von Kriegshandlungen in Norwegen, Deutschland, den Balkanstaaten, Frankreich, Italien und der nordafrikanischen Wüste berichtet.
Weiterhin geben diese Berichte einen tiefen Einblick, was es heißt, Kriegsgefangener zu sein. Gefangenschaften in Rußland, Deutschland, Frankreich, Italien, England und Nordamerika werden sehr bewegend dargestellt und mit Schilderungen von Fluchtversuchen und gelungener Flucht aus französischer und russischer Gefangenschaft ergänzt.
Außerdem konnte ich die Erzählungen von acht ehemaligen Soldaten durch die Berichte von fünf Frauen mit den Titeln "Ausgebombt", "Rote-Kreuz-Schwester Käthe", "Staatenlos", "Große Dunkelheit" und "Jetzt waren wir Flüchtlinge" bereichern und mit dem Bericht eines ehemaligen Zwangsarbeiters abrunden. Innerhalb der acht Soldatenberichte, man könnte sie auch Landser-Berichte nennen, ist mein eigener Bericht mit dem Titel "Soldat mit siebzehn" festgehalten.
Zu bedenken gilt, daß hinter jedem Bericht eine andere Person steht. Eine Berichtesammlung wie die von Wallroth ist in ähnlicher Form in jedem deutschen Dorf, und was die Erzählungen der Soldaten betrifft, auch in jeder Stadt denkbar. Deshalb ist dieses Buch nicht nur Dorfgeschichte, sondern gleichzeitig "Deutsche Geschichte".

Ich habe mich bemüht, die Berichte so wiederzugeben, wie sie mir erzählt wurden. Zum Beispiel: Nachdem eine schwierige Situation überstanden war, nannten es die einen "gute Zufälle", andere "Glück" und die nächsten "da hat mir der Herrgott geholfen". Jeweils habe ich es so geschrieben, wie es mir gesagt wurde.
Meinen Gesprächspartnern war es wichtig, nicht nur von den Kriegsjahren zu erzählen, sondern auch wichtige Ereignisse aus ihrem Leben vor dem Krieg zu schildern. Dadurch können sich die Leser ein viel besseres Bild von dem Menschen machen, der hinter den Erzählungen steht.
Ganz besonders möchte ich mich bei Hans Kress bedanken, der seinen Bericht in schriftlicher Form vorgelegt hat und der in unveränderter Form in diesem Buch abgedruckt wurde. Er schildert äußerst lebendig seine Jugend in Wallroth und gibt damit den Lesern einen guten Einblick in das Leben in unserem Dorf.

Eine Besonderheit in unserer Gegend ist die Verwendung von Hausnamen. Da sich bei uns Vor- und Nachnamen ständig wiederholen, reden wir uns mit den Hausnamen an. Unser Hausname lautet - vom Vornamen Heinrich bzw. Henrich herrührend - *Hennerjes*. Wenn die Kinder auf dem Schulhof *Hennerjes* riefen, dann wußte ich sofort, daß ich gemeint war. Waren mehrere Kinder aus einem Haus auf dem Schulhof, dann wurde in Anschluß an den Hausnamen der Vorname genannt. Diese einfache, jedoch sehr praktische Benutzung von Hausnamen wird bis zum heutigen Tag fortgeführt. Ich verwende sie auch in diesem Buch; sie sind im Text jeweils in Schrägschrift gesetzt.

Bei meinen Gesprächen war es oft beeindruckend, wenn die Erzählenden von dieser schweren Zeit berichteten. Manchmal stockte die Stimme, die Augen wurden feucht, und es folgte eine kurze Zeit des Schweigens. In der Erinnerung wurde alles wachgerüttelt, und deshalb kann man verstehen, wenn sie sagen, daß sie erst heute, mit dem großen Abstand zum Geschehen, bereit sind, mir dies zu erzählen. Oft wachen sie heute noch nachts auf und sehen die schrecklichen Bilder vom Krieg und Gefangenschaft vor Augen.
Ein ehemaliger Soldat der Rußlandfront erzählte mir, beispielhaft für viele seiner Kameraden, folgendes: In der ersten Kriegshälfte waren wir die Angreifer, und der Gegner hatte die Last eines Rückzuges zu spüren und zu tragen.

Nach der verlorenen Schlacht in Stalingrad änderte sich dies radikal. Jetzt waren wir die ständigen Verlierer. Wenn am Morgen der Russe in Überzahl angriff, hatte er die Sonne im Rücken, und uns behinderte sie erheblich beim Sehen. Die Verluste waren groß. Den jungen Ersatzsoldaten aus der Heimat fehlte die Fronterfahrung, und so hatten sie es besonders schwer. Oft wußten wir nicht, wo Freund und Feind waren. Tote, aber vor allen Dingen um Hilfe flehende Kameraden, mußten wir bei den Rückzugskämpfen liegen lassen. Nicht zu vergessen die Partisanen, die uns, waren wir nicht in vorderster Stellung, das Leben unheimlich schwer machten.
Dann ist der Krieg vorbei, und du denkst, du kommst nach Hause. Plötzlich bist du als Gefangener wieder da, wo du hergekommen bist, nämlich tief in Rußland. Was bist du als Gefangener? Ein rechtloser, täglich leidender Mensch, der wie im Krieg dem Tod immerzu in das Auge schauen muß. Trotzdem schaffst du es und kommst, mit körperlichen und seelischen Schäden behaftet, nach Hause und stellst fragend fest: Was hast du nur verbrochen? Warum mußtest gerade du und deine Generation in einem Krieg, den du und die vielen anderen nicht gewollt haben, so viel ertragen?
Mein Heimatdorf liegt an der früheren Handels- und Heerstraße von Frankfurt am Main nach Leipzig. Über Jahrhunderte bekamen die Menschen in unserem Dorf von den Vorteilen einer Handelsstraße nur wenig zu spüren. Dafür mußten sie unter den Nachteilen einer Heerstraße großes Leid in Kauf nehmen.
Wenn mein Vater von seinen Erlebnissen als Soldat im 1. Weltkrieg erzählte, dann wurde in der Familie oft die Frage gestellt: Warum muß es überhaupt Kriege geben? Kriege, die nie Probleme lösen, sondern nur neue schaffen und den Menschen Leid und Elend zufügen.
Mein Vater sagte: "Ich bin im Krieg in Frankreich, Österreich-Ungarn, Polen, Rumänien und Rußland gewesen. Immer wenn sich die Menschen der verschiedenen Völker näher kennenlernen, kommt es zu gegenseitigem Verstehen und auch zu Freundschaften." Also, es geht auch anders! So sah es auch ein Erzähler, als ihm in einer großen Gefahr von seinen Gegnern geholfen wurde. Seine Schlußfolgerung: "In dem langen Krieg habe ich die verschiedensten Völker kennengelernt. Es gibt keine guten oder schlechten Völker, sondern überall die unterschiedlichsten Menschen."

Meine Berichte sind ein Teil vom 2. Weltkrieg. Selbstverständlich möchte ich nicht versäumen, an die anderen Geschehnisse zu erinnern, die insgesamt den Krieg so schrecklich werden ließen und zu unbeschreiblichen Leiden führten. Über 55 Millionen Kriegstote in allen Ländern der Erde sprechen ihre eigene Sprache. Ohne eine Reihenfolge zu nennen, möchte ich doch mit den Konzentrationslagern beginnen, deren Schrecken und die rund sechs Millionen Toten man nicht mit Worten fassen kann. Weiterhin ist die riesengroße Zahl der durch Verwundungen auf Lebenszeit Geschädigten zu nennen. Ebenso die Zivilbevölkerung, darunter besonders Frauen, Kinder und alte Menschen auf der ganzen Welt, denen durch Krieg, Bombenangriffe, Vertreibung und tägliche Angst um ihre Familienangehörigen an der Front und in der Gefangenschaft unzähliges Leid zugefügt wurde und von denen noch kommende Generationen betroffen sind. Das Wort Bombenangriffe hört sich sehr nüchtern an, bedeutet jedoch, daß innerhalb weniger Stunden ganze Stadtteile und Städte ausradiert wurden und Leid mit Elend hinterlassen haben, das man nicht beschreiben kann. Dasselbe gilt für die Vertreibung, denn hier haben Millionen Menschen nicht nur all ihr Hab und Gut, sondern auch auf Dauer ihre Heimat verloren.
Der Krieg zeigt viele schreckliche, unmenschliche Gesichter. Deshalb ist es verständlich, wenn man eine große Dunkelheit über den Ländern der kriegsführenden Völker empfinden muß, bei denen Hoffnung auf Kriegsende und Frieden oft nur als ein fernes, kleineres oder größeres Licht wahrnehmbar ist.
Alle, die mir ihren Bericht zur Verfügung gestellt haben, taten dies sehr gerne und wollten ihren Beitrag als eine Mahnung für Frieden verstanden wissen.
In diesem Sinne ist auch die Arbeit des Volksbundes "Deutsche Kriegsgräberfürsorge" zu verstehen, dessen Arbeit unter dem Motto "Versöhnung, Verständigung, Freundschaft - über Grenzen hinweg" durchgeführt wird. Seine Jugendarbeit, die in nationalen und internationalen Jugendlagern auf deutschen Kriegsgräberstätten stattfindet, steht unter der ergänzenden und passenden Aussage: "Versöhnung über den Gräbern - Arbeit für den Frieden".
Es sollte unser aller Wunsch und Streben sein, daß alle Völker der Erde in Freundschaft miteinander leben, damit Kriege der Vergangenheit angehören.

Adam Druschel
Im Herbst 1993

Große Dunkelheit

Erzählt von Katharina Fehl, geborene Fehl, Wallroth

Katharina Fehl mit Wilhelm und ihren Söhnen Heinrich und Hans

Im Jahre 1913 wurde ich in *Steffjes* in Wallroth geboren. In meinem Heimatort Wallroth habe ich bis zum heutigen Tag gelebt und mich jederzeit wohlgefühlt.

In den Jahren 1920 bis 1928 besuchte ich die Volksschule in Wallroth. Anschließend arbeitete ich im 18 Hektar großen landwirtschaftlichen Betrieb meines Vaters. Meine Mutter war im Jahre 1918 an einer Grippeepedemie, die unser Dorf heimsuchte, verstorben. Im Mai 1936 heiratete ich Wilhelm Fehl aus *Harse* in Wallroth, und wir übernahmen den landwirtschaftlichen Betrieb mit Namen *Steffjes* und acht Hektar landwirtschaftliche Nutzfläche. Diesen Betrieb erbte ich von meiner Mutter. Bis zu unserer Heirat nutzte mein Vater die landwirtschaftlichen Flächen beider Betriebe als eine Arbeitseinheit.

In den Jahren 1937 und 1940 wurden unsere beiden Söhne Heinrich und Hans geboren. Im Jahr 1938 fürchteten die Menschen einen neuen Krieg. Sie waren in Angst und Sorge, denn der letzte Krieg war noch nicht vergessen. Verdunkelungsübungen wurden durchgeführt. Das heißt, in den Häusern und Stallungen mußten abends und nachts die Fenster verdunkelt werden, damit kein Lichtschein nach außen drang und Feindflugzeuge keine Angriffsziele fanden.

Als die Kriegsgefahr vorüber war, fühlten sich die Menschen erleichtert.
Laut Erlaß durfte niemand in den jüdischen Geschäften einkaufen. Viele Leute in unserem Dorf nahmen dies nicht sehr ernst und kauften weiterhin heimlich bei den jüdischen Geschäftsleuten in der acht Kilometer von uns entfernten Stadt Schlüchtern ein. Ein Mann aus Wallroth wurde bei einem solchen Einkauf ertappt. Man band ihm ein Schild auf den Rücken mit der Aufschrift: Ich habe bei Juden gekauft. Mit diesem Schandschild führten ihn zwei SA-Männer durch die Stadt. Außerdem mußte er sich vier Wochen lang täglich bei einer amtlichen Stelle in Schlüchtern melden.
An einem Morgen um halb fünf wurden Wilhelm und ich wach. Noch halb im Schlaf hörten wir Geräusche, die wir uns zuerst nicht erklären konnten. Dann hörten wir lautes Weinen, das vom nachbarlichen Gehöft *Gehoannjürje* kam. Was war passiert? Es war der 1. September 1939, der Tag, der früher Mobilmachung, jetzt Kriegsbeginn genannt wurde. Nebenan wohnte der Bürgermeister Heinrich Staaf. In der Nacht waren ihm von amtlicher Stelle telefonisch Adressen von Wallrother Männern mitgeteilt worden, die sich umgehend bei einer militärischen Einheit zu melden hatten. Dazu gehörte auch Peter Knöll aus *Gehoannjürje*, der vom Bürgermeister und Nachbarn am frühen Morgen diesen Bescheid erhielt. Seine Frau weinte bitterlich, denn jetzt stand sie mit ihrem neun Hektar großen landwirtschaftlichen Betrieb und ihren drei Kindern alleine.
Diesen Morgen werde ich nicht vergessen.
Der Wilhelm, mein Mann, mußte sich ebenfalls bei seiner Einheit melden. Sie überwachte mit Ferngläsern und Geräuschaufnahmegeräten den Flugraum und hieß allgemein Flugwache. Der große Vorteil war, daß Wilhelm auf einer Höhe bei Wallroth, der sogenannten Bötschehecke, stationiert wurde. Später kam er in das fünfzehn Kilometer entfernte Freiensteinau, dann in die Stadt Siegen. Von Siegen aus erlebte er im Jahr 1945 den Rückmarsch und kehrte aus amerikanischer Gefangenschaft in der Tschechei nach Hause zurück.
Im Krieg war es für uns Frauen sehr schwer, die viele Arbeit zu bewältigen. Da alle Männer, außer den älteren, sich im Krieg befanden, mußten wir auch die schweren Arbeiten verrichten, zum Beispiel das Gabeln von Mist, Heu und Getreidegarben und das Tragen der Kartoffel- und Getreidesäcke. Außerdem hatte ich meine beiden Söhne zu versorgen. Elfriede Kempel, ein Schulmädchen

aus Wallroth, kümmerte sich ab und zu um meinen Sohn Hans. Ich hatte mir einen alten Sportwagen besorgt. Bei ihm fiel immerzu ein Rad heraus. Trotzdem fuhr Elfriede den Hans mit diesem Wagen und steckte jedesmal mit viel Geduld das Rad wieder auf seine Achse. Neue Kinderwagen konnte man im Krieg nicht kaufen. Alle Kräfte waren fast ausschließlich in die Produktion von Kriegsmaterial eingespannt. Da wir gerade von Rädern sprechen, fällt mir ein: Auf den deutschen Bahnhöfen waren Transparente mit der Aufschrift 'Räder müssen rollen für den Sieg' aufgehängt.

Päckchen, die an Soldaten verschickt wurden, durften nur ein Höchstgewicht von hundert Gramm haben. Die Anzahl war nicht begrenzt. Aus alter Pappe fertigten wir, unter Zuhilfenahme von Draht oder Bindfaden, diese Päckchen. An vielen Abenden, oft sehr müde von der Arbeit, verpackten wir Päckchen, manchmal bis in die tiefe Nacht. Verschickt wurden nur Nahrungsmittel, denn diese fanden bei den Empfängern dankbare Abnahme. Da die Soldaten auf die Päckchen warteten und sich darüber freuten, haben wir gerne diese Zusatzarbeit auf uns genommen und sie nicht nur an nächste Angehörige, sondern auch dem größeren Verwandtenkreis geschickt.

Heinrich Kempel aus *Kempels* ist im Juli 1941 in der Nähe von Orel in Rußland gefallen. Er war der erste Gefallene von Wallroth. Als die Todesnachricht in unser Dorf kam, waren alle Leute bestürzt und traurig. Jetzt lebten sie noch mehr in Angst und Sorge um ihre Angehörigen an der Front. Täglich wurde auf Post gewartet. Eine Postkarte oder ein Brief bedeutete Leben. Hatte eine Familie längere Zeit von einem Angehörigen nichts gehört, war sie in großer Sorge, denn sie befürchtete Schlimmes.

Die Poststelle von Wallroth lag neben der neuen Schule. Für die Postverteilung benötigte man den ganzen Tag. Täglich, wenn die Schule aus war, gingen die Kinder zur Poststelle und fragten, ob für ihre Familie eine Postsendung dabei wäre, denn alle freuten sich, wenn eine Nachricht frühestmöglich im Haus eintraf.

Sehr betroffen vom Tod Heinrichs war auch Heinrich Möller, *Grüschkoarns*, aus dem heutigen Busunternehmen in Wallroth. Auf der Schulbank hatten sie nebeneinander gesessen. Gemeinsam hatten sie bis zum Juli 1941 die militärische Ausbildung und den Krieg erlebt. Als Infanteristen lagen sie nahe beieinander an einem Waldrand. Der Russe befand sich im gegenüberliegenden Wald;

dazwischen lag eine Freifläche. Es entwickelte sich ein heftiges Feuergefecht. Plötzlich auf der russischen Seite ein heller Schein mit Knall und in unmittelbarer Nähe der beiden war ein Granateinschlag zu hören. Während Heinrich Möller unverletzt blieb, wurde Heinrich Kempel von einem Granatsplitter, der den Stahlhelm durchschlug, tödlich getroffen. Nikolaus Kempel, der 1945 selbst noch gefallen ist, der Bruder von Heinrich, besuchte zu späterer Zeit mit anderen Soldaten seiner Einheit das Grab und nahm den Stahlhelm mit. Außerdem sorgte er dafür, daß der Stahlhelm bis nach Wallroth kam.
Heinrich Kempel war 19 Jahre alt und ledig, als er sein Leben lassen mußte. Nach ihm haben noch drei Brüder durch den Krieg oder seine Folgen den Tod erlitten. Das waren einmal Johannes und Nikolaus. Beide waren verheiratet. Johannes fiel im Jahr 1943 und Nikolaus, Vater eines Sohns, 1945. Hermann, ebenfalls verheiratet und Vater eines Sohns, starb 1948 an einem Lungenleiden, das durch den Krieg verursacht worden war. So haben von den elf Geschwistern aus *Kempels* vier durch den Krieg ihr Leben eingebüßt.
Die Todesnachrichten wurden vom Ortsgruppenleiter der NSDAP den betroffenen Familien überbracht. Wenn der Gruppenleiter zu Fuß die Dorfstraße entlang ging, dann überkamen Angstgefühle die Leute, und sie dachten: "Hoffentlich kommt er nicht mit einer schlimmen Nachricht zu uns."
Von dem, was seinerzeit die Soldaten nach Hause schrieben, habe ich mir folgendes gemerkt.
Der *Meuesch* Heinrich aus dem Mühldorf hatte gemeint: Wenn wir nur das zu essen hätten, was zu Hause nach der Tagesarbeit abends unserem Hund gebracht wird. Der *Märtjes* Schorsch schrieb: Ich komme mir vor wie ein Regenwurm auf der Straße. Er meinte, daß er jederzeit, ohne eine Chance zu haben, zertreten beziehungsweise überfahren werden könne.
Beide Soldaten, Heinrich und Schorsch, sind vom Krieg nicht heimgekehrt.
Im Krieg waren, was verständlich ist, die Nahrungsmittel rationiert. Als Landwirte durften wir nach der Größe des Haushalts eine bestimmte Menge an Getreide und Kartoffeln behalten, während alles andere abgeliefert werden mußte. Dasselbe galt für die Hausschlachtung der Schweine. Oft wurde eine kleine Getreide- oder Kartoffelmenge versteckt, um sie nach einer Kontrolle nicht abgeben zu müssen. War ein Versteck ungeeignet, zum Beispiel auf einem feuchten Stallboden unter Heu und Stroh, dann konnte das entsprechende Gut

leicht verderben. Dann hatte man außer Arbeit nur Ärger gehabt und zusätzlich Geld verloren.

Wenn ein Familienangehöriger im Krieg gefallen war, dann bedeutete diese Nachricht das Schlimmste, was einer Familie in dieser Zeit passieren konnte. Eines Tages traf es auch unsere Familie. Mein Bruder Heinrich, als Hoferbe für den *Staafe*-Hof vorgesehen, starb am 19. Mai 1943 an den Folgen eines acht Tage zuvor erlittenen Lungensteckschusses auf einem Hauptverbandplatz im Kaukasus. Er war mit zwei Pferden und einem Wagen mit Proviant unterwegs, als er von Tieffliegern angegriffen wurde. Er konnte noch einen Hohlweg erreichen, jedoch traf ihn eine Kugel, die nach acht Tagen den Tod herbeiführte. Auf einem großen Soldatenfriedhof bei dem Ort Werchne-Bujanskaja fand er seine letzte Ruhestätte.

Wieviel Schmerz und Leid eine Todesnachricht hinterläßt, kann man nicht schildern. Wenn ich bedenke, daß aus dem Haus *Meuesch* im Mühldorf in Wallroth alle drei Söhne im Krieg den Tod fanden und aus *Jökels* im 1. Weltkrieg der Hofbesitzer und im 2. Weltkrieg dessen einziger Sohn und Hoferbe den Tod fanden, dann ist dies eine schwer zu beschreibende Lebenslast.

Martin Druschel aus *Schmitthanse* in Wallroth ging zufällig über den Soldatenfriedhof von Werchne-Bujanskaja und sah beim Gang durch die Reihen das Grab meines Bruders. Er fragte sich, ob dies der Heinrich Fehl aus Wallroth sei. Er nahm seine Taschenuhr und gravierte in ihren Deckel Geburtsdatum und Sterbedatum mit seinem Taschenmesser ein. Später mußte er erfahren, daß seine Vermutung richtig war.
Die Uhr meines Bruders und andere Kleinigkeiten wurden uns zugeschickt. Außerdem besitzen wir ein Bild von seinem Grab. Ein Kamerad von Heinrich schrieb uns, daß mein Bruder gesagt hatte: "Wenn ich wieder zu Hause bin, aus der Kirche werde ich nie austreten." Sicher spielte bei dieser Aussage auch die Tatsache eine Rolle, daß Veranstaltungen der NSDAP und ihrer Organisationen fast jedesmal zu den Gottesdienstzeiten an den Sonntagvormittagen stattfanden.

Adam Druschel, der diesen Bericht niederschreibt, kann sich an folgendes erinnern: An einem Sonntag fand für Heinrich Fehl die Trauerfeier in der Kirche von Wallroth statt, an der ich teilnahm. Der Pfarrer sagte, daß Heinrich in einem seiner letzten Briefe geschrieben habe: "Oft denke ich an zu Hause. Ich sehe mich am Sonntagvormittag auf unserer Hofwiese in der Nähe der Kirche die Kühehüten und höre die Kirchenglocken, die zum Gottesdienst rufen, läuten." Ich konnte Heinrichs Schilderung nachempfinden. Er war gerade 20 Jahre alt, immer auf dem elterlichen Hof gewesen und jetzt, fernab der Heimat, tief in einem fremden Land, täglich von tödlicher Gefahr umgeben. Da ist das Heimweh und die Sehnsucht nach zu Hause riesengroß. Heinrich Kress 'Vorder-Scheele' aus dem Weiler Steinbruch bei Wallroth war anderthalb Jahre älter als ich. Wir gingen gemeinsam in die Volksschule von Wallroth und lernten uns näher kennen, als ich eine kaufmännische Lehre in Schlüchtern begann. Seine Arbeitsstelle befand sich nur unweit von meinem Arbeitsplatz. Gemeinsam fuhren wir jeden Abend mit dem Fahrrad den beschwerlichen Weg von Schlüchtern hoch nach Wallroth. Einmal in der Woche gingen wir zusammen in die Berufsschule nach Gelnhausen. Außerdem spielten wir gemeinsam Fußball. Vor seiner Einberufung übergab er mir seine komplette Fußballausrüstung - es waren nur noch einige Ausrüstungsstücke vom Sportverein Teutonia Wallroth vorhanden - zu meiner Verwendung.

Der Heinrich wurde im Sommer 1943 zu Arbeitsdienst und dann zur Wehrmacht einberufen und ist am 13. August 1944 200 Kilometer südlich von Warschau gefallen. Als ich an der Trauerfeier für meinen Freund Heinrich in der Wallrother Kirche teilnahm, empfand ich zum ersten Mal die ganze Schwere des Kriegs. Ich konnte mir nicht vorstellen, daß ich ihn nie mehr sehen würde. Er, erst 18 Jahre, immer frohen Muts und strotzend vor Lebenskraft, ihn gab es jetzt nicht mehr. Aber es war Tatsache. Das machte mich traurig und tat mir unheimlich weh.
Hier habe ich zum ersten Mal voller Trauer und Bitterkeit die Schwere des Kriegs verspürt.

Ganz enorm mehrten sich in den Jahren 1944 und 1945 die Todesnachrichten. Da es bei uns üblich ist, daß bei einem Todesfall im Familien- und Verwandtenkreis die Frauen täglich schwarze Kleider tragen, sah man gegen Kriegsende fast nur noch Frauen in Schwarz gehen. Wegen der Häuserverdunklung war es nachts stockdunkel, selbst die Fahrräder, Motorräder und Autos waren mit Verdunklungskappen ausgerüstet und brachten nur einen schmalen Lichtschein. Zusammen mit den täglichen Nachrichten vom Krieg konnte man von einer großen Dunkelheit über unserem Land sprechen. Da blieb nur das tägliche Bangen und Hoffen, daß sich dies eines Tages ändern werde.
In unserem Haus wohnte Heinrich Knöll mit seiner Frau Klara und dem im Jahr 1931 geborenen Sohn Walter zur Miete. Heinrich Knöll hatte ein halbes Jahr nach der Machtergreifung durch Adolf Hitler für die inzwischen verbotene kommunistische Partei - als einzige Partei gab es nur noch die NSDAP - Flugblätter verteilt. Heinrich Knöll mußte vier Jahre ins Zuchthaus. Diese Zeit war für seine Frau, auch finanziell gesehen, eine sehr schwere Zeit. Täglich holte sie ihre Milch beim Nachbarn und Bauern Heinrich Staaf *Jostalte*. Er war gleichzeitig Bürgermeister von Wallroth. Wenn am Sonntagmorgen die Klara ihre Milch holte, dann hatte jedesmal die Frau vom Bürgermeister stillschweigend ein Stück Fleisch, in Papier eingewickelt, neben die Milchkanne gelegt, damit Klara wenigstens am Sonntag für sich und ihren Sohn Walter Fleisch zum Essen hatte.
Nach voller Verbüßung seiner Haftstrafe kam Heinrich Knöll nach Hause. Er durfte nicht auf seinen Arbeitsplatz in einem Chemieunternehmen zurück,

sondern mußte eine Stelle bei einer Kohlenhandlung in Schlüchtern antreten. Eines Tages sagte der Heinrich zu meinem Mann und mir: "Ich habe mir einen Fluchtweg über den Dachboden und die Hauswand geschaffen. Wenn nachts an der Haustür geklopft wird, nicht sofort öffnen, denn ich will verschwinden, bevor ich festgenommen werde." Er hat diesen Fluchtweg nicht gebraucht, wir hätten ihn auch nie und nimmer verraten.
Gegen Kriegsende mußte Heinrich Knöll auf dem LKW seines Arbeitgebers mit dem Volkssturm Wallroth verlassen. Leider konnte er nicht heimkehren, denn er starb an den Folgen einer Ruhrerkrankung in einem Gefangenenlager.

Es war Ende März 1945. Die amerikanische Armee kam unserem Dorf schon sehr nahe. Bevor ich jedoch mit dem Wallrother-Bericht fortfahre, sollen Adam Druschel und Katherina Rüffer, geborene Creß, aus *Lotze* in Wallroth noch zu Wort kommen, die von zwei besonders grausamen Ereignissen unmittelbar vor dem Einmarsch der Amerikaner berichten.

Adam Druschel:

Als ich Ende Juni 1945 aus Gefangenschaft nach Hause kam, erzählte mir meine Nachbarin Christine Schmidt 'Balse' folgendes: "Ich mußte mit meinem Fahrrad Arzneimittel in einer Schlüchterner Apotheke holen und hatte noch andere Dinge zu besorgen. Als ich Schlüchtern verließ, sah ich zu meinem großen Schrecken, daß am Ortsausgang in Richtung Fulda zwei deutsche Soldaten an zwei Bäumen aufgehängt waren. Zutiefst erschüttert trat ich den Heimweg an."

Was war geschehen? Nachdem ich im Sommer 1945 wieder meine Berufstätigkeit bei meinem Schlüchterner Arbeitgeber aufgenommen hatte, konnte ich nähere Einzelheiten erfahren. Diese beiden Soldaten hatten ihre Einheit verloren und befanden sich auf dem Weg zur Versprengten-Sammelstelle in Schlüchtern. Sie wurden von einer Streife aufgegriffen und vor das "Fliegende Standgericht" in Schlüchtern gestellt, das aus einem Major, einem Oberleutnant, einem Leutnant und einem Oberfeldwebel bestand. Vorsitzender war der Major. Einen Verteidiger gab es nicht.

Den Soldaten wurde nicht geglaubt. Sie wurden als Deserteure bezeichnet und zum Tod durch den Strang verurteilt. Alle Gegenargumente halfen nichts. Zur Abschreckung bestimmte der Major den Ortsausgang von Schlüchtern in Richtung Fulda in der Nähe des Friedhofs als Hinrichtungsstätte. Die Hinrichtung der beiden - einer war mit der Nahkampfspange, der andere zusätzlich mit dem EK 1 ausgezeichnet - fand unter menschenunwürdigen Umständen statt. So mußte das Hinrichtungskommando unter Bedrohung des eigenen Lebens zur Ausführung gezwungen werden. Einer der Verurteilten warf sich etwa 200 Meter vor der Hinrichtungsstelle zu Boden, krallte sich in der Erde fest und bat um Gnade. Da wurde er von dem Oberleutnant des Standgerichts mit zwei Pistolenschüssen getötet, zum Ortsausgang getragen und dann erst an einen Baum gehängt. An der Stelle, wo vorher das EK 1 befestigt war, hing nun ein Schild mit der entehrenden Aufschrift: "Ich bin ein Deserteur und habe meine Truppe geschädigt." Diese Vorgänge gehörten zu den dunkelsten Stunden in diesem Krieg.

Katherina Rüffer:

Es war Ostersamstag, der 31. März 1945, gegen 12 Uhr. Zu diesem Zeitpunkt konnten wir noch nicht wissen, daß drei Stunden später der Ami in unser Dorf kommen würde. Wir standen vor unserem Haus und schauten nach dem 'Aspen' genannten Wiesengrund in Richtung Hintersteinau. Dort, knapp ein Kilometer von uns entfernt, waren Pferde zu sehen, die in den sumpfigen Wiesen eingebrochen sein mußten und nicht weiterkamen. In diesem Moment kam ein Feldwebel auf unseren Hof und sagte mit gewaltiger und gleichzeitig drohender Stimme zu meinem 54 Jahre alten Vater: "Ich gebe ihnen den Befehl, ihrem Pferd Zuggeschirr anzulegen und ihr beide müßt sofort mitkommen."

Da war keine Widerrede möglich. Wir konnten in Erfahrung bringen, daß ein großer Militär-Gespannwagen vor dem Ortseingang Wallroth Richtung Hintersteinau stehengeblieben war. Er war mit zwei Pferden von 'Linke' und zwei Pferden von 'Kloare' aus Hintersteinau bespannt gewesen und hatte mit den Fuhrleuten aus den jeweiligen Gehöften den Dorfausgang von Wallroth erreicht. Da kamen Tiefflieger. Die Fuhrleute spannten aus, gingen in Deckung und machten sich dann aus dem Staub. Auf direktem Weg wollten sie über die sumpfigen Wiesen den Schneitwald und dann Hintersteinau erreichen. Im Sumpfgebiet blieben sie, wie wir beobachtet hatten, stecken.

Sie kamen aber dann doch unversehrt in ihr Heimatdorf.
Da für den Gespannwagen vier Pferde erforderlich waren, wir aber nur eins besaßen, mußten außer meinem Vater noch Georg Alt 'Andrese' aus Wallroth und ein Bauer aus Kilianstädten, der im Auftrag der Wehrmacht in Wallroth in 'Hansmertes' in Quartier gegangen war, mit seinen beiden Pferden anspannen. Der Wagen war mit Tornistern gefallener deutscher Soldaten voll beladen. Wo lag da der Sinn, bei der großen Gefahr durch Tiefflieger den Weitertransport zu befehlen?
Die drei Männer erreichten mit ihrem Gespann den Dorfeingang von Ahlersbach, ein Dorf, etwa zwölf Kilometer von uns entfernt. Da kamen vier Tiefflieger angebraust, und die Männer suchten unter einem dicken Baum Schutz. Drei Flugzeuge flogen weiter, das vierte kehrte in einer großen Schleife zurück. Dreimal überflog es in niedrigster Höhe Ahlersbach und visierte den Baum mit den Schutzsuchenden an. Bei den ersten beiden Anflügen schoß er nicht, dafür ballerte er beim dritten Mal um so heftiger mit seinem Maschinengewehr auf Menschen, Pferde und Wagen. Zurück blieb ein Bild des Grauens. Menschen schrien, Pferde tobten, es war fürchterlich. Mein Vater und der Bauer aus Kilianstädten waren tödlich verwundet, Georg Alt blieb unverletzt. Von den vier Pferden wurden drei tödlich getroffen, unserem Pferd war nichts passiert.
Die sechzehnjährige Gerda Gaul aus Ahlersbach kam mit ihrem Fahrrad vom Einkauf in Schlüchtern. Gemeinsam mit den Männern vom Gespann suchte sie Schutz unter dem Baum. Auch sie wurde getroffen und schwer verletzt. Erst nach einem längeren Aufenthalt konnte sie das Krankenhaus in Schlüchtern verlassen.
Georg Alt nahm unser Pferd zur Hand und wollte über Herolz und Drasenberg Wallroth erreichen. Als er in Drasenberg ankam, war der Ami schon in Wallroth. Sein Vater stammte aus dem 'Linse'-Hof in Drasenberg. Er stellte unser Pferd in dem 'Linse'-Stall ab und erreichte auf Umwegen in der Nacht von Ostersamstag auf Ostersonntag Wallroth. In der 'Ullesch'-Scheune, die auf der anderen Seite seines Hofs lag, versteckte er sich und ging am nächsten Morgen mit einem Strohbund unter dem Arm zu seinem Stall.
Mein Vater wurde in Ahlersbach beerdigt und nach ungefähr vier Wochen auf den Friedhof in Wallroth umgebettet.

Unser Pferd erhielten wir drei Wochen nach dem Tieffliegerangriff vom Drasenberg zurück. Ich schließe meinen Bericht und stelle die Frag: Warum mußte dies alles kurz vor Kriegsende noch passieren?

Am Ostersamstag, den 31. März 1945, kamen die amerikanischen Panzer und Soldaten gegen 15 Uhr in unser Dorf. Wir hatten noch nicht damit gerechnet und am Vormittag Kuchen für Ostern im Gemeindebackhaus gebacken. Zuerst erreichten sie, von Breitenbach kommend, das Oberdorf. In einem Schuppen der Schreinerei Heinrich Klüh hielt sich eine Anzahl deutscher Soldaten auf. Einer wollte auf die Amis schießen. Da sagte der Heinrich Klüh zu ihnen: "Was wollt ihr noch schießen? Das ist doch sinnlos. Ergebt euch!" Das machten dann auch alle.
Es entwickelten sich rege Kampfhandlungen. Ich wollte mit meinem vier Jahre alten Sohn Hans zum Hof meines Vaters, der fünfhundert Meter von uns entfernt war, gehen. Da sah ich künstlichen Nebel und blieb zu Hause. Unsere Mieterin Klara Knöll wollte mit ihrem vierzehnjährigen Sohn Walter und einem weißen Kissen in die Nachbarschaft gehen. Ich sagte zu ihr: "Bleib da!" In unserer ebenerdigen Waschküche, innerhalb unserer Gerätehalle untergebracht, suchten wir Zuflucht. Es wurde laufend geschossen. Wir sahen Amis. Die Waschküchentüre stand auf, und Klara winkte als Zeichen, daß hier kein Widerstand erfolgt, mit dem weißen Kissen. Plötzlich stand ein amerikanischer Soldat mit einer Maschinenpistole neben uns. Wir hatten sehr große Angst. Er deutete uns an, wir sollten in unserem Wohnhauskeller Schutz suchen. Da waren wir etwas beruhigt. Als die Schießerei nachließ, gingen wir nach oben und sahen, daß in unserem Haus alle Fensterscheiben zertrümmert waren und Türen und Möbel Beschädigungen von Granatsplittern aufwiesen. Im nächsten Moment sah ich, daß das bäuerliche Anwesen von unserem Nachbarn Peter Knöll *Gehoannjürje* in Flammen stand. Ein amerikanischer Panzer hatte neben unserem Gehöft Stellung bezogen und auf einen zweihundertfünfzig Meter entfernten deutschen Panzer, der auf der Dorfstraße neben dem Gehöft unseres Dorfschmiedes Georg Frischkorn stand, geschossen. Bei dem Schußwechsel traf der deutsche Panzer die Scheune unseres Nachbarn. Das Gehöft ging in Flammen auf, und nur ein Wohnhausrest konnte gerettet werden. Der amerikanische Panzer schoß in den Kuhstall des Georg Frischkorn, wobei einige Kühe

tödlich getroffen wurden. Bei den weiteren Kämpfen rückten die Amipanzer in Richtung der heutigen Bundesstraße 40 fast bis zum Dorfende vor. In dem kleinen Waldstück Knos, etwa 200 Meter oberhalb der Wallrother "Siedlung" gelegen, hatten sich deutsche Soldaten verschanzt.
Ein Großteil dieser Sodaten war bei den Siedlungsbewohnern in Quartier gewesen. Am Samstagvormittag hatten sie im Knoswald Erdlöcher für die Verteidigung herrichten müssen. Als die Amipanzer durch Wallroth rollten, waren die Soldaten in ihren Quartieren. In großer Eile mußten sie die Häuser verlassen und im Knoswald ihre Stellungen beziehen. Ihr Vorgesetzter befahl ihnen, mit ihren Handfeuerwaffen auf die Panzer zu schießen. Er drohte ihnen mit Erschießen, wenn sie seinen Befehl nicht ausführen würden. Es kam zu einem heftigen Feuergefecht.
Ein Soldat hatte sein Quartier ebenfalls in größter Eile verlassen müssen und rannte, einen Stiefel am Fuß, den anderen in der Hand, zum Wald. Er wurde schwer verwundet und schleppte sich , das eine Bein immer noch ohne Stiefel, in Richtung zu den Häusern. Am ersten Haus angekommen, stürzte er zu Boden, blieb liegen und verlangte nach Wasser. Ein amerikanischer Soldat brachte ihm ein Glas. "Wasser" war das letzte, was er sagte, dann starb er.
Bei diesem Feuergefecht fanden sechs deutsche Soldaten, die den langen Krieg überstanden hatten, den Tod. Diese sechs und ein weiterer, bei dem Wallrother Wasserhochbehälter gefallener Soldat, fanden auf dem Friedhof von Wallroth ihre letzte Ruhe.
Der Soldat, der neben dem Hochbehälter sein Leben lassen mußte, war bei meinem Schwager Kaspar Spahn *Hommeljes* im Quartier gewesen. Anmerken möchte ich, daß mein Schwager wegen eines Asthmaleidens von der Wehrmacht entlassen worden war. Schwager Kaspar, von Beruf Schreiner, fertigte für diesen gefallenen Soldaten einen einfachen Sarg. Das wollten die Amis nicht haben, denn sie sagten, alle gefallenen Soldaten sollten gleichmäßig behandelt und mit einer Zeltplane umwickelt beerdigt werden. Letztendlich durfte der Gefallene im Sarg bleiben, jedoch wurden die anderen sechs gefallenen Soldaten in einer Zeltplane ins Reihengrab gebettet.
Als die Amis in unser Dorf gekommen waren, hatte auch die Familie meines Schwagers Kaspar Spahn im Keller Schutz gesucht. Die Mutter meines Schwagers - ihr Herz war schon nicht mehr gesund - starb im Keller, wahrscheinlich

durch die Aufregung, an Herzversagen. Bei der Beerdigung durften nur die Träger des Sarges und drei Personen zugegen sein. Ein Pfarrer konnte nicht teilnehmen, da die Gemeinde Wallroth vom Hintersteinauer Pfarrer betreut wurde und er sein Dorf nicht verlassen durfte.
Nachdem der Krieg in unserem Dorf beendet war, mußten die Anordnungen der Amis beachtet werden. Zum Beispiel mußte sich jede Person ab achtzehn Uhr in ihrem Haus aufhalten. Das hatte einen großen Vorteil. Während bei den landwirtschaftlichen Feldarbeiten vorher bis zur Dunkelheit gearbeitet wurde, gab es jetzt rechtzeitig Feierabend.
Mehr als zwei Personen durften nicht zusammenstehend angetroffen werden. Weiterhin mußten die Haustüren bei Tag und Nacht unverschlossen bleiben. Da hatte ich große Angst. Zum Glück zogen, wegen des Brandschadens, Peter und Lieschen Knöll bei uns ein. Jetzt war wenigstens ein Mann im Haus.
Peter und Lieschen Knöll schliefen im Bett in unserer Stube. Walter Knöll, der Sohn unserer Mieterin, und ich hatten uns auf dem Fußboden der Küche eine Lagerstätte geschaffen. Eines Nachts, gegen zwei Uhr, klopfte jemand an unsere Haustür. Ich hatte Angst und rief: "Peter, es klopft." Der Peter, unser Nachbar, ging zur Tür, und mit ihm kam ein amerikanischer Soldat in unsere Küche. Er fragte nach Fremdarbeitern. Die gab es in unserem Haus nicht, und das mußten wir ihm verständlich machen. Dann legte er sein Gewehr auf den Tisch und verlangte Salami und Wodka. Für die gewünschte Salami gaben wir ihm Hausmacher Wurst und außerdem gebackene Eier. Mit Wodka konnten wir ihm nicht dienen. Während unser Besucher aß, zeigte er uns Bilder von seiner Frau und seinen beiden Töchtern. Er gab uns zu verstehen, daß er lieber zu Hause bei seiner Familie als hier im Krieg wäre. Anschließend verlangte er "Headwater". Das konnten wir nicht sofort verstehen. Nachdem er seinen Wunsch mehrmals wiederholt hatte, begriffen wir, daß er heißes Wasser haben wollte. Auf dem Küchenherd kochten wir Wasser und reichten es ihm. Daraufhin zog er einen Bouillonbeutel aus seiner Tasche und bereitete sich eine Brühe. Nachdem er getrunken hatte, schenkte er uns Beutel, damit wir uns auch Bouillon zubereiten konnten. Erleichtert tranken wir alle unsere Brühe. Mittlerweile war es fünf Uhr geworden. Draußen regnete es. Der Ami verabschiedete sich. Wahrscheinlich hatte er Wache stehen müssen. Allerdings war der Aufenthalt bei uns in der Küche angenehmer als das Stehen im Regen.

Erwähnenswert ist auch, daß amerikanische Soldaten erzählten, sie seien überrascht gewesen, wie ordentlich sich die Leute in Deutschland kleideten. Bestimmt hatte man ihnen etwas ganz Anderes erzählt.
Auf der Eisenbahnstrecke Schlüchtern-Fulda stand kurz vor dem Distelrasentunnel ein Güterzug. Er war, bedingt durch die kriegerischen Auseinandersetzungen, stehengeblieben und hatte deutsches Militärgut, hauptsächlich graue Stoffe für Wehrmachtsuniformen, geladen. Nachdem man vom Krieg nichts mehr hörte, gingen aus der Umgegend viele Leute zu den Waggons und holten sich Stoffe und Stoffballen. Jedermann konnte solchen Stoff gebrauchen, denn durch den langen Krieg hatte sich ein hoher Bedarf angestaut. Das Abholen von Stoffen und anderem Material, zum Beispiel Glühbirnen, ging tagelang gut. Manche Leute trugen soviel Waren von den Waggons weg, daß sie ihnen auf dem Heimweg zu schwer wurden und sie "Diebesgut" wegwerfen mußten. Andere Leute, die dies fanden, freuten sich und brachten es nach Hause.
Plötzlich erschien deutsche Polizei bei dem Zug und nahm alle anwesenden Personen fest. Die Leute schlotterten vor Angst. Sie wurden in Schlüchtern vor Gericht gestellt, hatten aber Glück, denn sie erhielten nur eine geringe Strafe.
In Wallroth gab der Ortsdiener mit der Ortsschelle bekannt, daß jeder, der Stoff oder ähnliches geholt hatte, es beim Bürgermeister abgeben müßte. Wer dies nicht tue, dem würde sein Haus angezündet. Da haben die Einwohner, jedenfalls die meisten, ihre Sachen abgegeben.
Ich hatte den von uns geholten Stoff in unser Zinkjauchefaß, das ein großes Einfülloch mit einem Verschlußdeckel besaß, hineingegeben. Vor lauter Angst habe ich allen Stoff beim Bürgermeister abgeliefert.
Bei Anna Rüffer, geborene Fehl, *Gehoannjoste,* hatte sich, bevor der Ami kam, ein 16 Jahre alter Soldat mit Namen Himmelreich aufgehalten. Er war bei der Anna im Quartier gewesen, wie auch die anderen Soldaten seiner Einheit bei Wallrother Familien untergebracht worden waren. Kurze Zeit nach dem Krieg kam seine Mutter mit dem Fahrrad von Thüringen. Ihr hatte man mitgeteilt, daß ihr Sohn in Wallroth gefallen sei. Es sollte eine Trauerfeier stattfinden, aber die Frau konnte und wollte an den Tod ihres Sohns nicht glauben. Sie machte sich auf den Weg nach Wallroth und fragte den Bürgermeister. Er antwortete, daß auf dem Wallrother Friedhof kein Soldat mit dem Namen Himmelreich beerdigt sei, aber sie sollte sich bei den Bewohnern der Siedlung erkundigen, denn dort

hätten die Hauptkampfhandlungen stattgefunden. So kam die Frau zu Anna Rüffer und war hocherfreut, als die Anna ihr berichten konnte, sie habe ihren Jungen auf dem Kühler eines amerikanischen Autos sitzen sehen, und er habe ihr im Vorbeifahren zugewinkt. Später erhielt die Anna aus Thüringen die briefliche Nachricht, daß sich der Junge aus französischer Gefangenschaft gemeldet habe.

Als die Kriegshandlungen bei uns vorüber waren, dachte ich immer wieder, wenn doch nur mein Mann gesund nach Hause käme und dieser Krieg endlich vorbei wäre, damit alle Menschen und auch ich nachts wieder ruhig schlafen könnten. Außerdem dachte ich, möge es nie wieder Krieg, was das Schlimmste für die Menschheit ist, geben.

Auf meinen Mann, den Wilhelm, brauchte ich nicht lange zu warten. Schon Ende Mai 1945 traf er bei uns ein. Sein Freund Leo Zander hatte den direkten Weg nach seiner Heimatstadt Köln gesucht und gefunden.

Da die beiden nicht mehr am Leben sind, möchte ich ihren Rückmarsch und ihre Gefangenschaft schildern. Als im Frühjahr 1945 die amerikanische Armee ihren Vormarsch über den Rhein weiter fortsetzte, waren Wilhelm und Leo in Siegen stationiert. Innerhalb ihrer Einheit traten sie mit einem LKW, Leo als Fahrer, Wilhelm als Beifahrer, den Rückmarsch an. Der Leo war einerseits ein "Allerweltskerl", andererseits ein gläubiger, jederzeit hoffnungsvoller Christ.

Die Vorgesetzten von Wilhelm und Leo waren der Meinung, der Leo könne allein mit dem LKW fahren, und der Wilhelm sollte sich mit einer Panzerfaust auf der Schulter in Richtung Berlin begeben, um die deutsche Hauptstadt zu verteidigen. Ob er von dort wieder nach Hause gekommen wäre, ist mehr als fraglich. Da sagte der Leo, er habe ein Bruchleiden und brauche den Wilhelm dringend zum Hochheben der Kleinholz-Säcke für den Holzvergaser. Der Leo besaß ein kleines Radio, mit dem er auch Feindsender abhören konnte. Als sie bei dem Rückmarsch quer durch Deutschland die Tschechei erreicht hatten, sagte Leo: "Jetzt dürfen wir nicht weiterfahren, denn dann kommen wir zum Russen." Er täuschte einen Schaden am LKW vor, drehte ein Rad ab und montierte mit großer Heftigkeit. Die beiden kamen in amerikanische Gefangenschaft und mußten, wie alle anderen, nach dem Verzehr ihre Vorräte Hunger leiden. Der Leo wußte wieder Rat. Nachts krabbelte er unter dem Stacheldrahtzaun durch und holte von einem Acker die im Frühjahr gesteckten Saatkartof-

NSDAP Kreisleitung
und
Ortsgruppe Wallroth

Heimatbrief

Juli 1943

Von der Front für die Front.

Nach Abgang unseres Heimatbriefes „März 1943" erhielten wir von Hans Kempel einen Brief vom 23. 12. 1942. Er schreibt darin zum Schlusse: „Besondere Grüße vor allem seinen (nämlich des Dorfes Wallroth) an der Front stehenden Soldaten. Denen wünsche im neuen Jahr recht viel Soldatenglück und eine frohe und gesunde Heimkehr. – Und Kamerad Wilhelm Knöll, der im Sommer bei den schweren Abwehrkämpfen verwundet wurde, wünsche ich, bald wieder in unserer Mitte begrüßen zu können". – Als der Brief bei uns eintraf, war Wilhelm Knöll schon über drei Monate in Rußland zur letzten Ruhe gebettet und auch Hans Kempel ruhte schon sechs Wochen in seinem Heldengrab in Rußland. – Die Grüße unseres Kameraden Hans Kempel und seine guten Wünsche für Euch müssen wir Euch nun als letzte Grüße und letzte Wünsche mitteilen.

Paul Lommer und Reinhard Kempel lassen alle ihre Wallröther Kameraden grüßen.

Auszeichnungen:

- EK I. Klasse: Adam Lotz (Rüffers),
- EK II. Klasse: Johannes Kreß (Lepse),
- Kriegsverdienstkreuz II. Klasse mit Schwertern: Nik. Creß (Klöäsjes), Hrch. Creß (Hermes),
- Krimschild: Adam Lotz (Rüffers),
- Kreta-Abzeichen: Nik. Basermann (Ochse),
- Inf. Sturmabzeichen: Karl Rosenberger (Märtjes),
- SS.-Sturmabzeichen: Hrch. Druschel (Schmitt-Hanse),
- Verwundetenabzeichen in schwarz: Georg Ifft (Andrese), Adam Möller (Herzogjes), Nik. Stoll (Hajes), Heinrich Berthold (Büttners).

Beförderungen:

- zum Leutnant: Herbert Nickel,
- zum SS.-Scharführer: Gg. Basermann (Bärbjes),
- zum Unteroffizier: Adam Lotz (Rüffers),
- zum Stabsgefreiten: Joh. Rüffer (Haile),
- zum OT.-Meister: Nik. Creß (Klöäsjes).

Unsere Ehrentafel

In treuester Pflichterfüllung starben den Heldentod für Führer, Volk und unser ewiges Großdeutschland:

Heinrich Fehl

Grenadier in einem Grenadier-Regiment
geb. am 15. 3. 1923, gest. am 19. 5. 1943
auf einem Hauptverbandsplatz infolge seiner in den Kämpfen am Kubanbrückenkopf am 11. 5. 1943 erhaltenen schweren Verwundung.

Georg Lotz

Gefreiter in einem Grenadier-Regiment
geb. am 7. 7. 1909, gef. am 23. 7. 1943
bei Wissloje (Rußland).

Sebastian Rüffer

Oberschütze in einem Sicherungs-Regiment
geb. am 23. 7. 1903, gest. am 27. 7. 1943
nach schwerer Verwundung auf einem Hauptverbandsplatz im Osten.

Der Opfertod unserer Helden bleibt uns ewig unvergessen. Ihr Vorbild wird uns allezeit Mahnung sein, stets unsere Pflicht zu tun und ihrem Beispiel nachzueifern.

Wir gedenken ihrer in stolzer Trauer!

Ortsgruppe der NSDAP
und Gemeinde Wallroth.

feln. Das war sehr gefährlich und Wilhelm sagte, daß hätte ich nie und nimmer fertiggebracht. Obwohl der Wilhelm keine Kartoffeln holte, teilte der Leo mit ihm.
Im Lager war zu hören, eine Hälfte der Lagerinsassen käme zu den Russen, die andere Hälfte zu den Amis. Da sind die beiden gerannt und gerannt, damit sie bei den Amis bleiben konnten.
Bei der amerikanischen Wachmannschaft traf der Leo einen Soldaten, den er von Köln her kannte. Es war ein Jude, der vor dem Krieg Deutschland aus den allgemein bekannten Gründen verlassen hatte. Mit ihm hatte Leo immer ein sehr gutes Verhältnis gehabt, und dieser jüdische Freund sagte: "Ich sorge für Deine Entlassung." Da sagte der Leo: "Aber nur, wenn der Wilhelm auch mitkommt." Das ging in Ordnung. Beide erhielten ihre Entlassungspapiere, und so war es möglich, daß Wilhelm frühzeitig in Wallroth auftauchen konnte. Eine echte Freundschaft zwischen der Familie von Leo und unserer Familie überdauerte die Jahrzehnte und wird heute von Rosi, der Tochter von Leo, fortgesetzt.
Nachdem Wilhelm zu Hause war, hatte die Zeit des Wartens für mich ein Ende. Aber wie ging es den vielen anderen Menschen, die warteten, warteten, warteten? Und das über Jahre. Da kann man verstehen, wenn Betroffene sagten, wenn ich wüßte, daß das tägliche Warten und bange Hoffen nutzlos wäre, dann ist mir eine Todesnachricht heute lieber als morgen, und ich käme endlich zur Ruhe.
Während ich meine Erlebnisse erzählte, fielen mir Dinge ein, die ich fast vergessen hatte, und außerdem erlebte ich den Krieg wieder in seiner ganzen Schrecklichkeit. Ich stelle fest, daß im Laufe der Jahrzehnte vergessen wird, was Krieg bedeutet und daß für alle, die den Krieg nicht erlebt haben, diese Zeit kaum nachvollziehbar ist. Krieg, das ist das Schlimmste, was den Menschen passieren kann.
Ich bin erfreut darüber, daß diese Zeit schriftlich festgehalten wird, damit die schreckliche, unmenschliche Härte des 2. Weltkrieges nicht in Vergessenheit gerät. Meine Erzählung soll eine Mahnung für den Frieden sein, und gleichzeitig wünsche ich, daß wir nie wieder einen Krieg erleben werden.

In der nordafrikanischen Wüste

Aufgeschrieben von Hans Kress, Kassel

1. Teil:
Kindheit auf dem Land

Hans Kress 1943

Verglichen mit dem heutigen Lebensstandard wurde ich in die ärmlichen Verhältnisse meiner Eltern und Großeltern väterlicherseits hineingeboren. Es geschah am 14. Dezember 1922, im *Scheele-Haus* des Weilers Steinbruch der Gemeinde Höf und Haid im Kreis Fulda.

Nach den Worten meines Vaters legte mich die Hebamme unmittelbar nach meiner Geburt in der nicht sehr warmen Kammer nackt auf die "Aal Loare" (Holzkiste) neben dem gußeisernen Ofen. Die Holzkiste stand etwas schief, so daß aus dem mit Wasser gefüllten "Schäbber" (Becher), der ebenfalls auf der Holzkiste stand und irgendwo ein kleines Loch hatte, ein Rinnsal Wasser auf mich zulief. Aus Mitleid griff mein Vater spontan in den Ablauf der Ereignisse ein und entfernte den "Schäbber". Dabei stellte er fest, daß ich ein Auge offen, das andere aber geschlossen hatte.

Sofort dachte er: "Das wird mal ein guter Schütze." Diesen Gedankengang kann man verstehen, wenn man berücksichtigt, daß sich die Bewohner des Weilers Steinbruch gelegentlich einen Hasen und zuweilen auch schon mal einen Rehbock schossen. Sie beruhigten ihr Gewissen mit der Tatsache, daß sie die Tiere ja auch auf ihren Äckern und Wiesen ernährten. Natürlich spielte die Jagdleidenschaft dabei eine gewichtige Rolle, ausschlaggebender war aber die Aufbesserung des täglichen, eintönigen Speisezettels. Mein Vater sollte im übrigen mit seiner Vermutung, daß der Kleine mal ein guter Schütze wird, recht behalten.

Mein Großvater, aus *Lotze* in Wallroth stammend, hatte das "*Scheele* Bärje", ebenfalls aus Wallroth, geheiratet und sich im Steinbruch das bereits erwähnte Häuschen gekauft. Mit in dieses Häuschen nahm er nicht nur seine Frau, sondern auch deren Hausname *Scheele*, so daß es nun auch im Steinbruch ein Haus *Scheele* gab. Meine Mutter war in *Dambäuerjes* zur Welt gekommen. Da ich zu denjenigen gehöre, die sich - auch heute noch - dann und wann viel zu früh auf den Weg ins Leben machen, verbrachte ich meine ersten Lebenjahre mit Eltern, Großeltern und zwei Onkel noch in diesem Häuschen. Erst später wurden nach und nach ein Wohnhaus und eine Scheune für uns in unmittelbarer Nähe gebaut.

Das Leben war natürlich beschwerlich. Die tägliche Sorge bestand darin, genügend Futter für das Vieh, ausreichend Nahrung für die Menschen und genug Feuerungsmaterial - vor allem auch für die Wintermonate - zu beschaffen. Um hierfür ein wenig Geld zu verdienen, ging mein Großvater in jedem Jahr von Oktober bis Dezember in die Wetterau zu den großen Bauern "ins Dreschen". Dort wurde ein Teil der Frucht noch mit dem Dreschflegel im Akkord gedroschen. Einmal, erzählte er mir, hätte er eine Woche lang fürchterliche Zahnschmerzen gehabt. Er hätte sie aber aushalten müssen, weil er sonst aus dem Akkord herausgeflogen wäre und zuviel Geld verloren hätte.

Auch meine Mutter hat sich vor ihrer Heirat im Herbst zu Erntearbeiten in die Wetterau "verdingt", um sich ihre Aussteuer kaufen zu können. Im Winter war dann Zeit für Arbeiten in Haus und Hof und die Jagd, streng genommen natürlich Wilderei.

Folgende Begebenheit aus jener Zeit, von meinem Großvater erzählt, ist sicher ganz lustig: Der am Vorabend erlegte Rehbock war im Laufe der Nacht aufgebrochen, aus der Decke geschlagen und zerlegt worden. Darüberhinaus waren alle Spuren sorgfältig beseitigt worden. Am nächsten Morgen lag ein Teil des Fleisches noch zur weiteren Verwertung auf dem Küchentisch. Da schlug plötzlich der Hund an. Ein Blick aus dem Fenster veranlaßte meinen Großvater zu sofortigem Handeln, denn was er sah, verhieß nichts Gutes: Der Jagdaufseher mit Hund war im Anmarsch. "Los", wies er die Großmutter an, "sofort das Fleisch ins Butterfaß, den Rahm darauf und hingesetzt und gebuttert." Er selbst holte die Flasche Essig aus dem Schrank, schüttete einen Teil auf den Tisch und warf die Flasche auf den Steinboden der Küche, wo sie zerbrach. Alles roch nach Essig. Als der Jagdaufseher die Tür öffnete, schimpfte mein Großvater fürchterlich auf sein Mißgeschick und den Verlust, der ihm durch die zerbrochene Essigflasche entstanden war. Der Sinn dieser außergewöhnlichen Handlung lag darin, durch den starken Essiggeruch zu verhindern, daß der Jagdhund den Wildgeruch aufnahm. Der Hund sei zwar trotzdem zweimal um das Butterfaß herumgestrichen, habe aber lediglich meine Großmutter ins Schwitzen gebracht. Auch das anschließende Verhör und die Hausdurchsuchung konnten den begründeten Verdacht des Jagdaufsehers nicht bestätigen, daß hier ein Rehbock gewildert worden war. Dem Wildfleisch hatte der Aufenthalt im Butterfaß nichts geschadet. Die Butter hatte wohl einen etwas fremdartigen Geschmack bekommen, war aber durchaus genießbar. Mit einem verschmitzten Lächeln und den Worten: "Das war verdammt knapp", beendete der Großvater seine Schilderung.

Ja, der Großvater. Er war ein achtungsgebietender Mensch mit großem Unternehmungsgeist. So legte er sich nicht nur ein Sägewerk zu, sondern erwarb auch die erste Dreschmaschine. Beide wurden zunächst mit einem Rundganggöpel, der von zwei Kühen gezogen wurde, betrieben. Durch mehrfache Übesetzung wurde, ähnlich wie in einer Wassermühle, die erforderliche Umdrehungszahl erreicht. Der Göpel wurde später durch einen Benzinmotor und dieser dann endgültig durch eine Dampfmaschine ersetzt. Die Wallröther Landwirte haben um die Zeit des ersten Weltkrieges jahrelang ihr Getreide im Steinbruch dreschen lassen.

Als Großvater bei einer Brunnengrabung in 18 Meter Tiefe statt auf Wasser auf einen Felsen stieß, verlegte er von seiner Wiese "Im Knues" aus eine Wasserleitung durch die "Kohlstücke" bis in den Steinbruch. Im kalten Winter des

Jahres 1929 war sie monatelang zugefroren. So mußten wir das Wasser für das Vieh, zum Kochen und zum Waschen aus dem Mühlbach mit Eimern herbeischleppen. Neben dem Eisloch lag eine Axt, mit der das Eis immer wieder aufgehackt werden mußte. Trotz Verwendung dieses Oberflächenwassers ist niemand krank geworden. Heute wäre das nicht mehr möglich.

Aber da war noch eine andere Seite meines Großvaters, die ich nicht unerwähnt lassen möchte: Er war nicht nur ein halber Tierarzt, sondern konnte auch "hexen" und "bannen", wie manche Leute es damals nannten. Ich nehme an, daß er magnetische Kräfte besaß, denn er hat tatsächlich Menschen von Beschwerden befreit. Sie mußten bei abnehmendem Mond zu ihm kommen. Dann legte er unter Ausschluß der Öffentlichkeit in einer etwas abgedunkelten Kammer seine Hand auf die kranken Stellen und "besprach" die ganze Sache dreimal mit einem bestimmten Spruch. Nach mehrmaliger "Behandlung" verschwanden zum Beispiel Warzen von den Händen, ließen Zahn- und Kopfschmerzen nach und heilten Ausschläge ab. Die Behandlungen kosteten nichts. Er lehnte aber eine Wurst oder ein Stück Schinken nie ab. Der Großvater besaß auch ein Buch, in dem beschrieben wurde, wie man hexen und bannen (jemand irgendwo erstarren lassen) konnte, vor allem auch, was man dabei sagen mußte. Ich kann mich gut erinnern, daß *Hermes* Heinrich, der leider gefallen ist, und ich uns das Buch zugänglich gemacht hatten, um die "Bannerei" auszuprobieren. Wir hatten gelesen, daß Bannen nur bei Dunkelheit möglich war und in erster Linie Räuber, Diebe und sonstige Frevler treffen sollte. Wichtig war, daß man den "Gebannten" vor Sonnenaufgang mit einem bestimmten Spruch wieder befreien mußte, sonst verbrannte er mit dem ersten Sonnenstrahl. So gingen wir also eines Abends los. Ich vergewisserte mich nochmal, daß der Heinrich den "Befreiungsspruch" wußte und kletterte mit gemischten Gefühlen als Dieb auf einen Zwetschenbaum. Ehe er den Bannspruch aufsagte, ermahnte ich ihn noch, ja sofort zum Großvater zu laufen, wenn er mich nicht wieder befreien könnte. Aber er klappte nicht, auch umgekehrt nicht, also der Heinrich auf dem Baum war und ich unten. Nach längerer Diskussion kamen wir zu der Überzeugung, daß nur bestimmte Menschen so was fertigbringen können, und schon gar nicht Kinder.

Noch ein letztes Erlebnis vom Großvater: Nach einem schweren Gewitter, hie und da hörte man noch entferntes Donnern, stieg aus einem alten Häuschen im

Weiler Haid Rauch auf. An einen Blitzeinschlag denkend, rannte der Großvater sofort los, um Hilfe zu leisten. Aber was fand er mit anderen Nachbarn vor? Der schon betagte Besitzer hatte in der Mitte der Küche einen Haufen aus Stroh, Reisig und Holz errichtet und versuchte - einen Blitzeinschlag vortäuschend - das Häuschen in Brand zu setzen. Auf die fragenden Gesichter der Helfer blickend, sagte er treuherzig: "Doas Luder well niet brenn!" Nach kurzer Einschätzung der Situation wurde auf Vorschlag des Großvaters das sehr baufällige Häuschen kurzerhand eingerissen. Es ist dann noch "vorschriftsmäßig" abgebrannt, und die Versicherung hat den "Blitzschlag" anerkannt.
Der Anfang im zwar neuen, aber noch jahrelang unfertigen Haus war schwer. Mein Vater fand in der Zeit der großen Arbeitslosigkeit nach dem ersten Weltkrieg auch nur gelegentlich Arbeit, so daß wir von dem "Einkommen" aus zirka 2,5 Hektar Landwirtschaft leben mußten. So konnten wir zum Beispiel damals auch nicht auf Matratzen schlafen, sondern mußten mit sogenannten Strohsäcken vorlieb nehmen. Der Strohsack bestand aus Sackleinen, hatte die Größe des Bettes und wurde mit trockenem, unkrautfreiem Stroh gefüllt. Ich habe mich immer gefreut, wenn das Stroh gewechselt wurde. Dann roch das Zimmer noch ein paar Tage lang nach frischem Stroh. Diesen frischen Strohgeruch mochte ich besonders gerne und habe herrlich auf dem Strohsack geschlafen.
Es wird dem Leser aufgefallen sein, daß ich Wallroth als meinen Heimatort ansehe, obwohl ich in Höf und Haid - Steinbruch geboren bin. Dafür sind verschiedene Gründe ausschlaggebend. Höf und Haid war damals ein rein katholischer Ort, während in Wallroth ausschließlich Protestanten wohnten. Wir waren die erste evangelische Familie im Steinbruch. Unmittelbar hinter unserem Haus verlief die Kreisgrenze, die auch gleichzeitig Religionsgrenze war. Höf und Haid besaß nur eine katholische Konfessionsschule, so daß wir nach Wallroth in die Schule gehen mußten. Hinzu kam, daß vor allem die katholischen Eltern die Religionsgrenze sehr ernst nahmen. Sie achteten streng darauf, daß keine Ehe mit einem andersgläubigen Partner zustande kam. Deshalb verbrachten wir auch unsere Jugendzeit ausschließlich in Wallroth. Außerdem wohnten alle Verwandten in Wallroth, so daß wir evangelischen Steinbrücher Wallroth als unseren Heimatort betrachteten. Ich war dann allerdings der erste, der die Religionsgrenze überschritten und ein katholisches Mädchen aus

Höf und Haid geheiratet hat.
Der Schulweg vom Steinbruch nach Wallroth führte durch das Waldstück "Kollstöcke". Er war, vor allem im Winter, sehr beschwerlich, aber auch sehr interessant. Man konnte einen kleinen Umweg über das "Säubüenje" gehen und dabei Vögel, Hasen und Rehe beobachten. Der Name "Säubüenje" deutet sicher darauf hin, daß früher der Wallröther Schweinehirt hier seine Schweine hütete, und die Schweine ihren Durst stillten und sich in den sumpfigen Stellen suhlten. Die Lage dieses Bornes wird heute kaum noch bekannt sein. Er ist fast versiegt. Erwähnen möchte ich auch noch den "Schindsroase", der nicht weit davon lag. Auf diesem eingezäunten Waldstück sollten alle verendeten und nicht mehr verwertbaren Tiere begraben werden. Ausreichend tief, damit Füchse und Hunde sie nicht wieder ausgraben konnten. In meiner Kindheit wurde er noch vereinzelt benutzt, später aber aufgegeben.
Diesem jahrelangen täglichen Schulweg durch den Wald entstammte wohl auch der Wunsch, später einmal Förster zu werden. Verschweigen möchte ich aber nicht, daß natürlich die in meiner Kindheit von meinen Vorfahren noch ausgeübte "Beschaffung" von Wild erheblich dazu beigetragen hat. Meine Mutter, die so etwas nicht kannte, hatte immer Angst, es könnte was rauskommen. Sie hat meinem Vater des öfteren heftige Vorhaltungen gemacht. Vor allem hat sie versucht, mich von alledem fernzuhalten, hat es aber nicht geschafft. Folgende drei Beispiele mögen es belegen: Mein Vater hat mich schon früh gelehrt, immer einen rund geformten, handlichen Stein bei mir zu tragen. Mit diesem Stein sollte ich täglich Wurfübungen auf ein Erdziel, zum Beispiel einen Baumstumpf, durchführen. Die Hasen, von denen es damals noch unzählige gab, lassen nämlich einen Menschen bis auf zwei bis drei Meter an ihre Sasse herankommen, ehe sie abspringen. Vor allem auch dann, wenn man nicht direkt auf sie zu, sondern in der genannten Entfernung vorbeigeht. Dann kann man mit einem gezielten Steinwurf einen Hasen in der Sasse erlegen. Der Vater hat mit dieser wohl weithin unbekannten Jagdart so manchen Hasen und vereinzelt auch Rehkitze erbeutet. Ich habe mich zum Leidwesen des Vaters nie ernsthaft mit dem "Hasen-Werfen" befaßt. Jedenfalls habe ich keinen getroffen, wohl auch deshalb, weil ich sie fast immer zu spät erkannt habe. Mit einem anderen Steinwurf hatte ich leider "Glück". Hierauf werde ich im Anschluß an die "Jagdbeispiele" noch näher eingehen.

Für den Winter mußten innen am Gartenzaun entlang einige Kohlstauden stehenbleiben. Wenn es geschneit hatte, wurde dann eine Gartenlatte gelöst, zur Seite geschoben und innen das Tellereisen (Totschlagfalle) fängisch gestellt. Die hungrigen Hasen versuchten rund um den Garten herum, an den Kohl zu kommen. An der offenen Stelle hüpften sie dann direkt in die Falle. An einem Bügel der Falle war eine Kordel befestigt, die durch das Wasserablaufloch im Fenster ins Schlafzimmer führte. An ihrem Ende war eine Klingel befestigt. Wenn nun die Falle zuschlug, wurde die Kordel angezogen, und im Schlafzimmer klingelte es. Diese einfache, aber sehr praktische Konstruktion ermöglichte es, einen nicht tödlich getroffenen Hasen von weiteren Qualen zu erlösen. Sie verhinderte aber auch, daß streunende Hunde sich den Hasen holten.
Die vorhandene Schußwaffe wurde im Bedarfsfalle - unter der Wagenladung verborgen - auch mit aufs Feld genommen. Zu Hause hatte sie ein bestimmtes Versteck, das ich im Laufe der Zeit auch ausfindig gemacht hatte. Davon durfte die Mutter natürlich nichts wissen. Eines Nachmittags hatte ich mit meinem Vetter Heinrich, der leider auch gefallen ist, einen großen Schneehaufen aufgetürmt. Das oben drauf gestreute Vogelfutter wurde besonders von Eichelhähern angenommen. Einer von uns beiden kam auf den Gedanken, einen Eichelhäher zu schießen. Mir gelang es, unser Gewehr unbemerkt in den angrenzenden Holzschuppen zu bringen. Der erste Schuß war ungenau. Einer der Eichelhäher verlor zwar ein paar Federn, strich aber gesund ab. Der zweite Schuß traf, und wir hatten einen Eichelhäher mit den schönen Federn. Aber noch in unsere Freude hinein wurden wir nach Hause gerufen. Die Frage: "Hast Du unser Gewehr geholt und geschossen?", konnte ich nur kleinlaut mit Ja beantworten. Daraufhin folgte erstmal eine Tracht Prügel von meiner Mutter. Vom Vater habe ich nie Schläge bekommen. Dann eröffnete mir Vater, daß das Geschoß vom ersten Schuß nur 20 Zentimeter neben unserem Nachbarn in einen Baum eingeschlagen sei und ich ihn fast totgeschossen hätte. Dann erklärte er mir sehr eindringlich, daß man vor jedem Schuß prüfen muß, ob man Schußdeckung hat, daß also die Kugel, die das Ziel verfehlt, niemanden gefährden darf. Während der 25 Jahre, in denen ich später als aktiver Jäger tätig war, habe ich noch oft an dieses Gespräch gedacht und entsprechend gehandelt.
Nun der angekündigte Steinwurf. Getroffen hatte ich unseren stolzen Hahn so gut, daß sein rechtes Bein gebrochen war. Geworfen hatte ich deshalb, weil der

Hahn mit seinen Hühnern in Nachbars Kraut- und Wirsingpflanzen zu Schaden gegangen war. Mutter wollte ihn schlachten, Vater hat aber das Bein geschient und fest gebunden. Es wuchs wider Erwarten zusammen.
Damals fand auch ein stiller "Hähne-Krieg" statt. Naturgemäß trugen die Nachbarshähne Kämpfe untereinander aus. Der Sieger erschien dann aber auch auf dem Hof des Besiegten und nahm einen Teil seiner Hühner in "Besitz", ein Verhalten, das die Eigentümer provozierte. So wollte jeder den stärkeren Hahn besitzen.
Schon bei den Küken wurde aufgepaßt, welches Hähnchen sich in der Schar Respekt verschaffte. Nur das Stärkste hatte Aussicht, das Hähnchenalter zu überleben. Sollte sich aber erweisen, daß der Hahn trotz sorgfältigster Auswahl als Schwächling auftrat, hatte Vater noch ein wirksames Geheimmittel zur Hand. Dem Hahn wurde eine fein gehackte Knoblauchzehe nach und nach in den Schlund gesteckt. Sie erfüllte jedesmal ihren Zweck, mobilisierte sie doch ungeahnte Kraftreserven. Der Nachbarshahn wunderte sich, wo der Gegner plötzlich seinen Mut und seine Kraft hernahm und verlor regelmäßig den nächsten Kampf. Schade, daß ich damals noch nicht gewußt habe, daß man einem Hahn nur den Kamm schwärzen muß, um ihm seiner Kraft und Würde zu berauben. Der Kamm ist wie die Krone des Kaisers. Die Hühner erkennen am Kamm den Hahn und Herrscher. Ist der Kamm weg, unterwerfen sie sich nicht mehr. Sie verfolgen sogar den Hahn und hacken auf ihm rum.
Natürlich waren auch die Hunde, von denen wir immer einen oder zwei besaßen, je nach Veranlagung, mehr oder weniger zur Jagd abgerichtet. Am intelligentesten war der Toni, ein Mischling, dessen Vater oder Mutter sicher ein Jagdterrier gewesen war. Nicht nur, daß er die Füchse, die uns immer wieder Hühner stahlen, aus ihrem Bau herausholte, er nahm praktisch am Tagesgeschehen teil. Wenn er zum Beispiel sah, daß sich jemand eine Jacke überzog und gesagt wurde: "Der Hund bleibt aber zu Hause", legte er sich in eine Ecke und stellte sich schlafend. Er ließ den Betreffenden auch weggehen. Dann erhob er sich langsam, ging nach draußen und rannte einmal ums Haus, um die Spur aufzunehmen. Diese verfolgte er sicher, bis er den Betreffenden eingeholt hatte. Kreuzte zwischendurch allerdings eine frische Wildspur seinen Weg, vergaß er alles und verfolgte diese, denn er war ein schlimmer Wilderer. Diese Jagdpassion, die wir ihm leider nicht abgewöhnen konnten, hat ihm schließlich das

Leben gekostet. Der Jagdpächter hat ihn, aus seiner Sicht sicher mit Recht, erschossen. Wir waren alle längere Zeit traurig.
Zum Andenken an ihn noch ein nettes Erlebnis: Eines Abends - es war schon dunkel - stellte ich fest, daß die hochträchtige Häsin nicht mehr im "Koaste" war. Wir suchten den gesamten Hofraum sowie Scheune und Holzschuppen ab, konnten sie aber nicht finden. Der Toni war natürlich auch dabei und verstand sicher auch das Wort "Hoas" (Hase), das ja öfters ausgesprochen wurde. Als wir dann alle etwas ratlos vor der Haustüre standen, erschien plötzlich der Toni, trug die Häsin im Maul und setzte sie völlig unversehrt vor uns auf die Treppe. Das Erstaunen ob dieser Leistung war natürlich groß, zumal Hasen normalerweise für ihn einen Leckerbissen bedeuteten. Andererseits wußte er, daß die Haushasen für ihn tabu waren, was im vorliegenden Falle wohl den Ausschlag gegeben hatte.
Wenn die Schulaufgaben erledigt waren, mußten wir Kinder in der Landwirtschaft mithelfen. Eine Arbeit, die ich gehaßt habe, war das "Kühehüten" am Seil. In den Wiesen durften die Kühe nicht fressen, weil das Gras als Heu für den Winter gebraucht wurde. Deshalb konnte man lediglich an den Wiesenrändern, an den Feldrainen sowie an den Hecken entlang hüten. Klar, daß die Kühe laufend zu dem Gras hinzogen und immer wieder zurückgehalten werden mußten. Zu allem Überfluß hatte ich auch immer noch eine Ziege dabei. Wer Ziegen kennt, weiß, daß sie ohnehin nur dort fressen, wo sie wollen und schon gar nicht das, was sie eigentlich fressen sollen. Unsere war obendrein eine "Stößerin". Wenn ihr etwas nicht paßte, stieß sie einfach zu. Eines Abends hütete ich wieder mit der Ziege und zwei Kühen zu Hause an einer Hecke entlang. Ich hatte die Ziege gerade aus dem angrenzenden Roggen herausgezogen, als sie sich auf die Hinterbeine stellte und mich vergleichsweise kleinen Kerl umstieß. Ich fiel unglücklich mit dem Kopf auf einen Stein und fing laut an zu schreien. Mein Vater, der den Ablauf des Geschehens zufällig beobachtet hatte, zog seinen rechten Holzschuh aus und schlug ihn der Ziege auf den Kopf. Aber der Kopf der Ziege war härter, und der Holzschuh zerbrach in zwei Teile. Das war natürlich sehr ärgerlich, denn nun mußte wieder ein Paar neue Holzschuhe gekauft werden. Das bißchen Blut an meinem Kopf war dagegen nur eine Lappalie.
Freude machte das Kühehüten erst im Herbst nach dem "Grommedmache" (2.

Grasschnitt), wenn die Wiesen "preisgegeben" waren. Das bedeutete, daß die Kühe nicht mehr am Seil gehütet werden mußten, sondern ohne Berücksichtigung der Eigentumsverhältnisse fressen konnten, wo sie wollten. Dann haben wir "Küh-Hüede" (Cow-boys) uns verabredet und während des Kühehütens die letzten hängengebliebenen Äpfel, Birnen und Zwetschen mit Steinen und Knüppeln von den Bäumen geholt, Drachen steigen lassen und uns mit allerlei Spielen die Zeit vertrieben.

Da ich gerade bei Kühen bin, fällt mir noch ein lustiges Erlebnis ein: Der "Schack", so hieß die Kuh, hatte hinten rechts einen sogenannten "Brandfuß". Das war eine eitrige Entzündung. Entzündungen, Verstauchungen, Vereiterungen und manches andere wurden damals sowohl bei Tieren als auch bei Menschen mit Lehmauf- bzw. Lehmumschlägen zumeist erfolgreich behandelt. Der Schack duldete aber an seinem Fuß keinen Umschlag. Schließlich kam jemand auf den genialen Gedanken, Lehmbrei in einen Kartoffelsack zu füllen, den Schack hineintreten zu lassen und den Sack dann um den Fuß herum festzubinden. Mit mehreren Personen gelang es nach einigen Fehlversuchen doch noch, und alle Beteiligten waren stolz auf ihr Werk. Der Schack stand ein paar Sekunden lang ganz ruhig in dem Sack. Dann hob er das Bein und schleuderte den vermeintlich fest verschnürten Sack mit einem gewaltigen Schwung genau gegen das Stallfenster, das samt Rahmen und Sack draußen auf der Miste landete. Die Situation war so verblüffend, daß alle in ein herzhaftes Gelächter ausbrachen.

Spielzeuge, wie man sie heute massenweise in den Kinderzimmern vorfindet, hatten wir damals nicht. Etwas, das man im weiteren Sinne auch als Spielzeug ansehen kann und auf das ich immer stolz war, hat mir Vater in jedem Frühjahr neu angefertigt. Es war eine Schalmei. Seit damals habe ich keine mehr gesehen und mir beim Schreiben dieser Zeilen vorgenommen, im kommenden Frühjahr wieder mal eine zu basteln. Frühjahr muß es deshalb sein, weil sie nur gelingt, wenn der erste Saft in den Bäumen hochsteigt. Benötigt wird ein Haselnuß- oder Ebereschenstämmchen von vier bis fünf Zentimetern Durchmesser. Die Rinde wird dann etwa einen Meter lang spiralförmig eingeschnitten, losgeklopft und abgezogen. Die auf diese Weise erhaltene Rinde dreht man in Trichterform auf etwa einen halben Meter Länge zusammen. Von der Rinde eines bleistiftdicken Astes fertigt man dann eine "Hobbe" (Zunge) an, die beim Hineinblasen

einen Ton erzeugt. Jetzt braucht man nur noch die "Hobbe" in die gedrehte Rinde hineinzuzstecken und - fertig ist die Schalmei (mundartlich: der Schoalmei). Sie erzeugt einen dem Alphorn ähnlichen Ton. Auf die geschilderte Art und Weise kann man auch Pfeifen anfertigen.
Nach dem Willen meiner Eltern sollte ich nach dem Abschluß der Volksschule in Wallroth beim "*Dambäuerjes* Onkel" den Schreinerberuf erlernen und nebenbei die kleine Landwirtschaft fortführen helfen. Unser damaliger Lehrer Morgenstern schlug dann aber meinen Eltern vor, mich zusammen mit Hans Möller und Heinrich Weitzel die Aufbauschule in Schlüchtern besuchen zu lassen. Wir drei hätten die Veranlagung, die Schule erfolgreich abzuschließen. Nach längerem Zögern, vor allem wegen der befürchteten Mehrausgaben, waren meine Eltern schließlich doch einverstanden. Später wurde erzählt, daß der Lehrer Morgenstern den Vorschlag in erster Linie deswegen unterbreitet habe, weil Schüler aus Nachbardörfern schon viel früher die Aufbauschule in Schlüchtern besucht hätten und er sich die Hänseleien seiner Lehrerkollegen ersparen wollte, die darin gipfelten, daß in Wallroth entweder nur dumme Kinder geboren würden oder die Lehrer nichts taugten.
Wie dem auch sei, wir waren jedenfalls die ersten drei Schüler aus Wallroth, die im Jahre 1936 in eine höhere Schule eingeschult wurden. Und unseren Lehrer haben wir nicht enttäuscht, denn wir haben alle drei das Abitur bestanden.
Der Schulweg war, vor allem im Winter, anstrengend. Wenn es nachts geschneit hatte, war der Weg bis zur Wallröther Straße nicht geräumt, und Vater mußte mir bis dahin das Fahrrad tragen helfen. Ein weiteres Problem im Winter war die Karbid-Lampe am Fahrrad. Karbid, das man heute kaum noch kennt, war früher in jedem Haushalt vorhanden. Mit Wasser in Verbindung gebracht, entwickelte es ein brennbares Gas, das für Lampen der verschiedensten Art benutzt wurde. Die Fahrradkarbidlampe hatte ein Behältnis für Wasser und eines für Karbid. Das Gas stieg in einem Brenner auf und wurde an diesem entzündet. Die Lampe, die ein helleres Licht als beispielsweise Petroleum lieferte, hatte in der Praxis aber folgende Tücken. Stellte man die Wasserzufuhr zu gering ein, entwickelte sich zu wenig Gas - die Lampe erlosch. Stellte man die Wasserzufuhr dagegen zu hoch ein, "ersoff" das Karbid - das Lampenlicht erstarb langsam aber sicher. Brannte die Lampe erst gar nicht an, war der

Brenner verstopft und ließ kein Gas durch. Bei starkem Wind klappte das Anzünden vielleicht erst mit dem zehnten Streichholz. Ich war jedenfalls glücklich, als mir meine Eltern für den zweiten Winter das Geld, das sicher auch anderswo dringend gebraucht wurde, für eine Dynamolampe zur Verfügung stellten.

Die Wallröther Straße war damals noch nicht geteert. Im Sommer konnte man an der Straße entlang die "Stoaklöpper" (Steineklopfer) sitzen sehen. Sie zerkleinerten mit Hämmern größere Basaltbrocken, die dann zum Ausbessern der Straße verwandt wurden. Die "geklopften" Steine mußten zu Raummetern aufgesetzt werden, für die dann ein kleines Entgeld gezahlt wurde.

Eines Morgens habe ich auf dem Weg nach Schlüchtern am "Raier Stech" einen Bauern umgefahren. Er trat, gerade als ich vorbei fuhr, einen Schritt weiter zur Straßenmitte zu, so daß ich nicht mehr ausweichen konnte. Ihm war nicht viel geschehen, aber ich war im Straßengraben gelandet. Das Vorderrad war verbogen, aber - was noch viel verhängnisvoller war - beide Hosenbeine hatten am Knie ein großes Loch. Die Hose war noch verhältnismäßig neu und Geld für eine neue war nicht da. Meine Mutter hat deswegen geweint - und ich auch.

Wir Kinder von den Dörfern trugen damals Hosen, deren Beine bis etwa zehn Zentimeter unterhalb der Knie reichten. Die Schüler aus Schlüchtern trugen durchweg lange Hosen oder kurze, deren Beine fünf bis zehn Zentimeter oberhalb der Knie endeten. Unsere unmodernen Hosen erhielten wegen ihrer Länge deshalb die Bezeichnung: "Iseburger Halblange". Mit diesem Ruf priesen die Wetterauer Bauern im Herbst Gurken an. Kaum hatten wir in den Pausen den Schulhof betreten, hallte schon wieder der Ruf "Iseburger Halblange" über den Platz. Das hat mich immer geärgert. Ich habe das Gegröle aber noch lange ertragen müssen, bis ich dann endlich meine Mutter davon überzeugt hatte, daß ich diese verhaßte Hose nicht mehr länger anziehen konnte.

Mit dem Beginn der Schule in Schlüchtern erhöhte sich die Menge der Schulaufgaben ganz erheblich. Aber auch in dieser Zeit mußte ich noch öfters in der Landwirtschaft mithelfen. So bin ich zum Beispiel im Sommer um vier Uhr morgens mit aufgestanden und habe bis um sieben Uhr mit der Sense Gras mähen helfen. Schulsachen und Fahrrad hatte ich gleich mitgenommen, so daß ich von der Wiese aus zur Schule fahren konnte. Nachmittags konnte es sein, daß Mutter rief: "Los, es wittert, wir müssen vorher das Heu in der 'Doalwiese'

noch kriegen." Trotz allem blieb aber auch noch etwas Freizeit übrig. Einen Teil davon haben wir Kinder darauf verwandt, Forellen in dem Mühlbach zu fangen. Ab und zu hatten wir auch Erfolg. Da aber auch Wasserratten vorkamen, die uns manchmal kräftig in die Finger bissen, faßten wir immer mit gemischten Gefühlen und größter Vorsicht unter die Steine und das Wurzelwerk am Ufer. Auch das Fischen mit Karbid haben wir ausprobiert. Zu diesem Zweck füllten wir Karbid und Wasser in eine Flasche, die fest verschlossen und in den Bach geworfen wurde. Die sich entwickelnden Gase ließen schließlich die Flasche zerplatzen. Die hierbei entstehende Druckwelle zerstörte den Fischen die Schwimmblase, und sie kamen nach oben. Vater erklärte uns aber, daß dies eine unwaidmännische Fangart sei und richtige Jungens die Forellen mit der Hand fangen würden.
Wir haben uns hierauf natürlich wie "richtige Jungens" verhalten. Eines Nachmittags beobachtete ich unterhalb von *Hermes* im Mühlbach Forellen. Plötzlich schwamm mitten in dem an dieser Stelle nur einen Meter breiten Bach eine Schlange ganz langsam bachaufwärts - so dachte ich jedenfalls im ersten Augenblick. Dann sah ich aber, daß die vermeintliche Schlange für hiesige Schlangen viel zu dick war. Und prompt kam die Erleuchtung: "Mensch, das ist ja ein Aal!" Ich dachte, den mußt du fangen, sonst glaubt dir das niemand. Ich scheute mich aber, ihn mit der Hand herauszuholen, weil ich nicht wußte, wie so ein Aal reagiert. Deshalb sprang ich mit beiden Füßen gleichzeitig auf ihn, in der Annahme, daß er dann nicht mehr fortschwimmen könne. Hätte ich doch die Hand genommen! Der Aal war weg und ich bis an die Knie naß. Vater erzählte dann, daß auch früher schon mal jemand einen Aal gesehen haben wollte, was durchaus glaubhaft war, denn Aale steigen ja bis in kleinste Gewässer auf. In diesem Zusammenhang hat Vater auch erzählt, daß früher in den "Nassen Wiesen" die Bekassine, eine Schnepfenart, im Volksmund wegen ihres "Meckerns" beim Balzflug auch "Himmelsziege" genannt, noch als Brutvogel heimisch war. Charakteristisch für sie war ihr Zickzackflug. Auch wenige Fischotterpaare lebten noch im Bereich der Anne-Käthe-Mühle, Steinbruch und Hermesmühle. Sie sind aber bald wegen Nahrungsmangel ausgestorben.
Eine wesentlich andere Freizeitbeschäftigung hat mich immer wieder fasziniert. Die Bedienung des Dampfkessels im schon erwähnten Sägewerk, das von Vater und meinem "Pätter" (Patenonkel) weiter betrieben wurde. Es würde hier zu

weit führen, die Wirkungsweise des Dampfkessels zu schildern. Die Antriebskraft war jedenfalls heißer Wasserdampf, der immer in ausreichendem Maße in einem Überdruckbehälter vorhanden sein mußte. Das gelang nur, wenn ausreichend Feuer unterhalten, das verdunstende Wasser immer wieder durch vorgewärmtes nachgepumpt und in den Vorwärmbehälter rechtzeitig kaltes nachgefüllt wurde. Besonders stolz war ich dann, wenn ich schon als Achtjähriger den Dampfkessel "anlassen" durfte und der Kessel die zischenden Geräusche des abströmenden, verbrauchten Dampfes von sich gab. Wenn dem Kessel mal "der Dampf ausging", kam Vater und fragte: "Haste wieder kaltes Wasser reingepumpt oder brennt's Feuer nicht richtig?"
Eine neue Aufgabe kam auf mich zu, als 1929 meine Schwester Erna geboren wurde. Da ich sieben Jahre älter war, mußte ich auf sie aufpassen. Das habe ich mit zwiespältigen Gefühlen getan. Natürlich meinte ich es gut mit ihr, aber sie war beim Spielen oft ein Hindernis. Entweder sie wollte einfach was anderes spielen als wir, oder ich konnte zum Beispiel das Spiel nicht mitspielen, weil sie noch nicht so schnell laufen konnte, und so weiter. Sie hat des öfteren von mir wegen "Ungehorsams" einen Klaps gekriegt. Dann hat sie fürchterlich gebrüllt und damit natürlich meine Mutter auf die Bildfläche gerufen, was sich dann wiederum sehr nachteilig für mich auswirkte. Mutter hat damals oft gesagt: "Ihr seid vielleicht noch mal froh, wenn ihr zusammen sein könnt!" Später haben wir uns aber sehr gut verstanden. Und wir freuen uns heute noch beide, wenn ich ab und zu mal auf dem Rosenhof aufkreuze, wo die Erna als "Altbäuerin" noch ein gewichtiges Wort mitspricht.
Ein Brauch, dem ich in Höf und Haid ein halbes Jahr nachgegangen bin, möchte ich auch festhalten, denn es gibt ihn heute nicht mehr. Während in geschlossenen Ortschaften wie in Wallroth der Ortsdiener die Bekanntmachungen des Bürgermeisters ausrief, wurde in Höf und Haid der "Hoaß-Zeel" bzw. in Höf und Haider Mundart "Heiß-Zeel" von Haus zu Haus getragen. Die mundartliche Bezeichnung deutet wohl auf Anweisungszettel hin. Immer zwei Familien waren ein halbes Jahr lang an der Reihe. Eine Familie übernahm die eine Hälfte der elf Weiler, die andere war für die zweite Hälfte zuständig. Als wir dran waren, war das für mich eine interessante Aufgabe. Man lernte nicht nur alle Leute näher kennen, sondern hatte auch oft Gelegenheit zum Schmunzeln. Es nutzte mir zum Beispiel gar nichts, daß ich die schlecht lesbaren Bekanntma-

chungen zu Hause auswendig gelernt hatte, um sie den Leuten erzählen zu können. Alle suchten erst mehr oder weniger lange die Brille und mußten sich dann doch von mir fast alles vorlesen lassen. Nicht, weil sie mir nicht vertraut hätten, der "Hoaß-Zeel" war nun einmal etwas Besonderes und eine Abwechslung im täglichen Einerlei. Den wollten sie in der Hand gehabt und selbst gelesen haben.
Beinahe hätte ich ja unsere Bienen vergessen. Großvater, meine beiden Onkel und auch Vater haben sich Zeit ihres Lebens mit Bienen befaßt. Vater hielt bis zu 30 Völker, die ihm jedes Jahr ein paar Zentner Honig eintrugen. Mir hat er auch schon sehr früh ein Volk zur Betreuung zugewiesen. Mein Ehrgeiz wurde aber erst dann richtig geweckt, als er mir erlaubte, den von "meinem" Volk geschleuderten Honig auf eigene Rechnung zu verkaufen. Einen Nachteil haben die Bienen auch heute noch - sie stechen. So lief im Sommerhalbjahr einer von uns regelmäßig mit angeschwollenem Gesicht durch die Gegend. Die teilweise ebenfalls davon betroffenen Nachbarn wurden im Herbst mit Honig entschädigt. Im Winter kamen die beiden schon betagten Müller aus der Steinbrücher Mühle mehrmals zu Vater und ließen sich von Bienen stechen. Sie schworen darauf, daß ihnen das Bienengift ihre Ischias- und Rheumaschmerzen linderte. Die "Behandlung" ging so vor sich, daß Vater mit gekonntem Griff eine Biene fing, während die beiden ihre Hosen runterzogen. Dann setzte er die Biene auf die schmerzende Stelle. Die Biene stach natürlich sofort und entleerte ihre Giftblase. Ich habe mich als kleiner Junge schon vorher gefreut, mir am Bienenhaus heimlich ein geeignetes Astloch oder eine Ritze gesucht und zugesehen. Aber nicht, um zu sehen, wie sie die Hose runterließen, sondern, wie sie beim Stechen die Gesichter verzogen und ob sie "Aua" schrien bzw. welche sonderbaren Ausdrücke sie sonst noch von sich gaben.
Der Schulbesuch in Schlüchtern brachte für meine Eltern manche unvorhersehbaren Ausgaben mit sich. Mit einem Taschengeld für mich sah es daher gar traurig aus. Hin und wieder konnte ich mir mal einen Groschen abzweigen. So weiß ich noch genau, daß ich einmal nach der Schule lange mit mir gerungen habe, ob ich mir mit dem Groschen ein Eis kaufen, daß an diesem Tage zum erstenmal in Schlüchtern angeboten wurde oder doch lieber beim "Schoaje" ein Stück "Floaschwuerscht" erstehen sollte. Ich habe mich schließlich für die Fleischwurst entschieden. Ein anderes Beispiel: Zum "Kalten Markt" hatte ich

fünfzig Pfennig zur Verfügung. Zum erstenmal war ein Auto-Scooter da. Klar, daß die gesamte Klasse geschlossen eine Fahrt belegte. Sie kostete fünfzig Pfennig und damit meine komplette Barschaft. Danach stand Tanz in der Turnhalle auf unserem Plan. Eintrittspreis: fünfzig Pfennig. Eine Schulkameradin hat mir letzten Endes den Betrag in die Hand gedrückt. Ich habe mich sowohl gefreut als auch geschämt.

Nach bestandenem Abitur habe ich versucht, in die staatliche Forstlaufbahn eintreten zu können, wurde aber abgewiesen, weil nur Söhne von Forstbeamten eingestellt wurden. Eine Bewerbung beim Regierungspräsidenten in Kassel brachte den gewünschten Erfolg. Zum 1. Oktober 1941 wurde ich als Regierungsinspektorenanwärter eingestellt. Das gleiche Datum enthielt aber auch meine Einberufung zum Kriegsdienst. Über den Kriegsdienst und die Zeit der Gefangenschaft werde ich im nächsten Abschnitt berichten.
Nach meiner Rückkehr aus der Gefangenschaft folgte die Inspektoren-Ausbildung, die ich 1948 in Kassel mit bestandener Inspektorenprüfung abschloß.

2. Teil
Tropentauglich

Im Winter 1940/41 wurde die italienische Kolonialarmee, die von Lybien aus in Ägypten eingefallen war, von den Engländern vernichtend geschlagen. In Anbetracht ihrer kritischen Lage entsandte Hitler im Frühjahr 1941 seinem Bundesgenossen Mussolini zwei deutsche Divisionen zu Hilfe. Dieses Afrika-Korps stand unter dem Befehl des Kommandierenden Generals Rommel. Im Laufe des Jahres 1941 wurden zwar große Gebiete wieder zurückerobert, es mußten aber auch Rückschläge hingenommen werden. Rommel glaubte, daß der Krieg durch einen Sieg in Afrika hätte entschieden werden können, weil dann der Weg zum Nerv des britischen Weltreiches, dem Suezkanal und den Ölfeldern, frei gewesen wäre. Aber seinen Argumenten und Bitten auf Verstär-

kung wurde im Führerhauptquartier kein Gehör geschenkt. Von 30 deutschen Divisionen befanden sich zu diesem Zeitpunkt nur zwei in Afrika.
Am 1. Oktober 1941 wurde ich zu einer Flak-Abteilung (Flugabwehr) nach Fürth in Bayern eingezogen und nach zwei Monaten Grundausbildung und zwei Monaten Dienst bei der Flugabwehr im Raum Bremen als Ersatz für das Afrika-Korps vorgesehen.
Aus der nun folgenden Zeit möchte ich einige Erlebnisse schildern, die mich besonders berührt, beeindruckt bzw. erschüttert haben und mir noch bis heute in allen Einzelheiten gegenwärtig sind.
Schon bei der Untersuchung wurde ich überrumpelt. Da wegen des Tropenklimas in Afrika an die körperliche Verfassung des einzelnen besondere Anforderungen zu stellen waren, sollte eine eingehende Untersuchung vorausgehen. Diese lief wie folgt ab:
Mit je fünf Soldaten hatten wir das Zimmer des Stabsarztes betreten. Der fragte den ersten: "Fühlen sich sich krank?" "Nein, Herr Stabsarzt!" "Waren Sie schon mal ernstlich krank?" "Nein, Herr Stabsarzt!" "Wollen Sie nach Afrika?" "Jawohl, Herr Stabsarzt!" "Tropentauglich, der Nächste!" Ich war der Vierte, wollte aber keinesfalls nach Afrika. Da die beiden vor mir aber dasselbe sagten, mir auch nichts Passendes einfiel, was ich dagegen hätte vorbringen können, antwortete ich mit den gleichen Worten wie meine Vorgänger. Damit hatte ich mich, wie mir später auf der Schreibstube eröffnet wurde - völlig gegen meine Überzeugung und meinen Willen - **freiwillig** nach Afrika gemeldet. Eine Möglichkeit, diese Aussage rückgängig zu machen, gab es nicht. Ich nahm mir fest vor, in Zukunft besser aufzupassen und auf solche Bauernfängerei nicht mehr hereinzufallen.
Auch die Überführung nach Afrika gestaltete sich nicht als Vergnügungsreise. In drei Personenwagen verfrachtet und an diverse Güterzüge angekoppelt, erreichte eine bunt zusammengewürfelte Schar alter und junger "Tropentauglicher" an einem Morgen im Februar 1942 den Bahnhof von Florenz. Unsere Stimmung hob sich, denn hier war schon Frühling und südliche Vegetation. Aber die Herzen schlugen noch schneller, als uns bildhübsche Italienerinnen Körbe voll Apfelsinen in die Abteile brachten. In Neapel klärte uns dann ein Stabsarzt an Hand von Abbildungen über die Ansteckungsgefahren durch Geschlechtskrankheiten, deren teilweise verheerende Folgen und die Möglich-

keiten der Verhütung auf. Ebenso machte er uns mit dem neapolitanischen Bordellwesen vertraut. Für mich war das ein ganz neues, bisher fremdes Gebiet. Ich nahm mir auch hier fest vor, mich da herauszuhalten.
Von Bari aus sollten wir dann mit der unverwüstlichen Ju 52 ("Tante Ju") über das Mittelmeer nach Afrika geflogen werden. Vorher hatte ich aber noch ein Erlebnis besonderer Art. Weil sich der Abflug noch um einen Tag verzögerte und wir den Tag zur freien Verfügung hatten, wurde beschlossen, eines der örtlichen Bordelle aufzusuchen. Auf dem Wege dorthin gingen mir die Worte des Stabsarztes nochmal durch den Kopf, und meine Bedenken wurden immer größer. Hatte ich angenommen, etwas verwahrloste Räume und heruntergekommene Frauen vorzufinden, wurde ich in dem Empfangsraum des Bordells eines Besseren belehrt. Meine Augen wurden immer größer, als ich die jungen, hübschen Mädchen in ihren durchsichtigen Gewändern sah. Aber ich hatte Angst, und deswegen scheiterte auch der Versuch eines der Mädchen, mich, durch mir bis dahin völlig unbekannte, sonst sicher wirksame Praktiken zum Mitgehen auf ihr Zimmer zu bewegen. Als die meisten der Kameraden auf den Zimmern verschwunden waren, sind wir zu Dritt wieder abgehauen.
In Afrika habe ich dann des öfteren gedacht: "Warst eigentlich blöde, hättest doch einmal mit dem Mädchen gehen sollen."
Meinen ersten Flug im Leben werde ich nie vergessen. Der Pilot zog im Rumpf der Ju 52 im Abstand von einem Meter zwei Kreidestriche und erklärte: "Beim Start darf kein Fuß hinter dem ersten und beim Flug keiner hinter dem zweiten stehen, sonst kommen wir nicht hoch bzw. stürzen ab. Wer kotzen muß, kotzt in seinen Stahlhelm und nimmt das Zeug raus. Ich sehe nicht ein, daß ich jedesmal die Maschine sauber machen muß." Mit achtzehn Mann und vollem Gepäck wurde die Maschine bis zur obersten Grenze belastet. Wir hatten Mühe, der "Strich-Anweisung" gerecht zu werden.
Nach etwa einer Stunde Flugzeit gab der Pilot durch: "Es sind englische Jagdflugzeuge in der Luft, ich gehe runter bis auf 30 Meter über dem Meeresspiegel. Sollten wir angegriffen werden, müßt ihr mit dem Karabiner durch die Fenster zurückschießen. Wir haben nur eine Me 109 als Jagdschutz." Aber die Nachricht berührte mich wenig. Viel schlimmer war die Tatsache, daß die Maschine alle fünf bis zehn Minuten in ein Luftloch geriet und einfach ein paar Meter wegsackte. Wir lagen zu dritt über den Kreidestrichen und kotzten unsere

Stahlhelme voll. So fürchterlich schlecht war's mir noch nie. Da irgendwann mein Kreislauf zusammenbrach, habe ich die Landung in Derna nicht bei Bewußtsein miterlebt und bin erst in einem Zelt mitten in der lybischen Wüste zu mir gekommen. Ich erhielt noch am gleichen Tag meinen Einsatzbefehl zur 3. Batterie einer schweren Flak-Abteilung mit 8,8-Zentimeter Geschützen, die sich im Fronteinsatz befand. Hier wurde ich dem Geschütz "Anton" als Richtkanonier zugewiesen.

Ich will nun im Folgenden nicht den chronologischen Ablauf der Kämpfe schildern, in die wir verwickelt waren, sondern Erlebnisse erzählen, die vielleicht auch von allgemeinem Interesse sind. Erwarten Sie keine großen Heldentaten. Ich bin der Meinung, daß jeder Soldat ein Held war und trotzdem Todesängste ausgestanden hat.

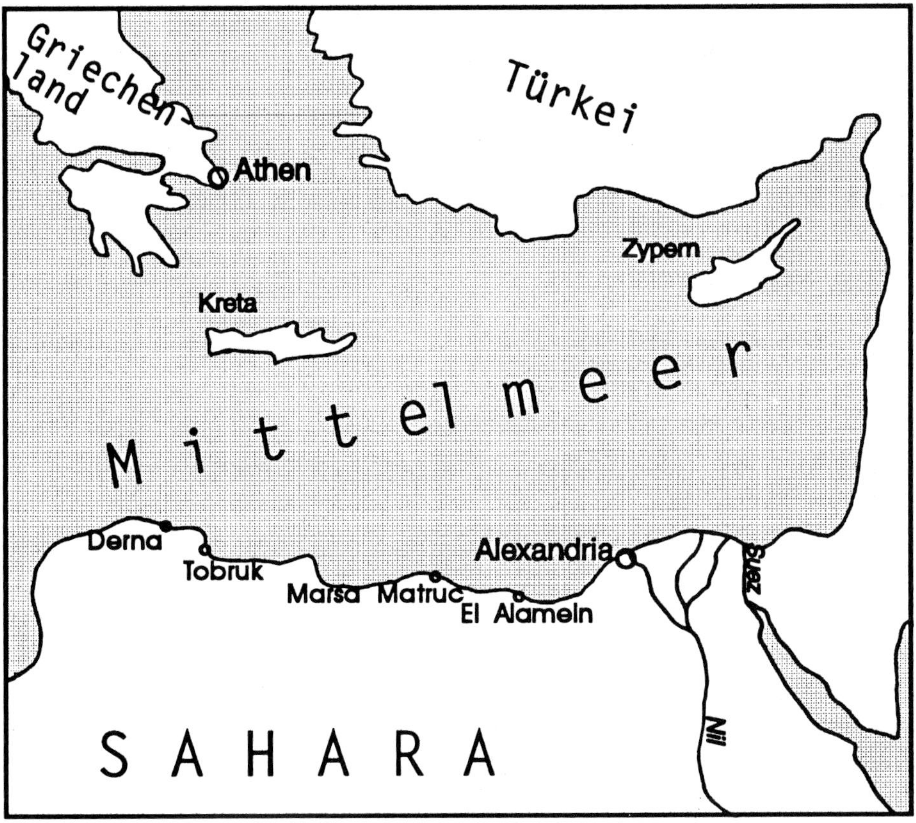

Bereits nach zwei Tagen wurde ich zu einem Sonderkommando abkommandiert. Wir fuhren in der Wüste herum, luden gefallene Kameraden auf einen LKW und brachten sie zu einem Friedhof. Dort wurden sie mit "Hau-Ruck"-Rufen vom LKW herunter in bereits ausgehobene Gruben geworfen. Den Anblick der Toten mit zum Teil entstellenden Verwundungen und das Aufeinanderkrachen der Knochen in den Gruben habe ich nur eine Stunde lang durchgehalten. Dann mußte ich erbrechen und konnte nicht mehr. Bei den meisten war ich an diesem Tag dann ein "Scheißkerl". Nur ein älterer Ostpreuße meinte: "Ja, Jungchen, da mußte Dir dran jewöhnen!"
Bei einem Überraschungsangriff hatten wir etwa 500 Engländer gefangengenommen, darunter auch Inder und Neuseeländer. Wir konnten sie zunächst nirgends abliefern, weil wir in einem größeren Ring von den Engländern eingeschlossen waren, ein Umstand, der bei der Wüstenkriegsführung keine Seltenheit war, weil es keine feste Frontlinie gab. Da ich etwas englisch sprechen konnte und einige Engländer auch Deutsch verstanden, klappte die Verständigung recht gut.
Ein englischer Corporal erklärte mir eines Tages: "Wir sind doch eigentlich dumm, uns gegenseitig totzuschießen, wo doch keiner je den anderen gesehen, geschweige denn ihm etwas zu leide getan hat. Wenn Churchill und Hitler, mit Knüppeln bewaffnet, hier in der Wüste gegeneinander antreten und kämpfen müßten, hätten wir sofort Frieden." Während ich bis dahin der festen Überzeugung war, daß wir unser Vaterland verteidigen müßten, ist mir da zum ersten Mal bewußt geworden, daß es eine völlig falsche Propaganda war, die uns diese Überzeugung tagtäglich eingehämmert hatte. Die englischen und französischen Soldaten wären auch viel lieber zu Hause bei ihren Familien geblieben, als sich in Afrika totschießen zu lassen.
In Wirklichkeit ging es nur um die Machterhaltung bzw. Machtvergrößerung einer bestimmten Clique. Das trifft für alle Kriege zu.
Aus Fernsehsendungen kennt jeder die Wüste. Die Soldaten des Afrika-Korps haben sie hautnah in all ihrer Grausamkeit erlebt. Hinzu kam die mangelhafte Versorgung mit Wasser und Verpflegung. Auch wenn keine Kampfhandlungen stattfanden, hatten wir einen täglichen, schweren Kampf gegen Hitze, Ungeziefer, Durst und Krankheiten zu führen. Die Sonne brannte mittags fast senkrecht vom Himmel. Bei der völligen Vegetationslosigkeit war nirgends Schatten. In

unseren Zelten war die Temperatur noch weniger erträglich. Temperaturschwankungen zwischen Tag und Nacht bis zu 30 Grad erforderten das Tragen von wollenen Leibbinden bei Nacht, da sonst Magen- und Darmkatarrhe auftraten.
Wollten uns bei Tage die Fliegen auffressen, suchten uns nachts die Flöhe heim. Wenn wir längere Zeit an einem Einsatzort lagen, vermehrten sich die Fliegen derart, daß sie wie bei den Kühen um die Augen, Nase und Mund krabbelten. Wollte man ein Stück Brot essen, mußte man erst mit dem Messer die Fliegen wegschieben und dann schnell zubeißen. Um der Vermehrung der Fliegen etwas Einhalt zu gebieten, wurden auch keine Latrinen angelegt. Jeder mußte ein Loch graben, sein Geschäft hinein verrichten und wieder zuschaufeln. Ich habe manchmal gedacht: "Genau wie unsere Katze zu Hause." Papier gab's natürlich auch keins, geschweige denn Gras oder Laub.
Mit den Flöhen war es unterschiedlich: Während manche Kameraden weniger Besuch erhielten, wurden andere völlig überlaufen. Zu den letzteren gehörte ich leider auch. Es gab Tage, wo ich jeden Abend zwischen 20 und 30 Flöhe (übrigens an Größe und Aussehen mit unseren Hühnerflöhen vergleichbar) aus den Falten meines Hemdes gelesen habe. Aber sie schafften es in der Nacht immer wieder, unter dem Hemdkragen, an den Handgelenken und an den Knöcheln einzudringen. Wenn man schließlich wach wurde, krabbelte und biß es an den unmöglichsten Stellen. Dann gab's nur eine Möglichkeit: Aufstehen und Hemd ausschütteln. Auf die Flöhe komme ich später noch einmal zurück.

Was Durst ist, hat wohl jeder Afrika-Kämpfer zur Genüge erfahren. Wasserstellen gab es nur wenige in den Oasen, oft bis zu 300 Kilometer vom Einsatzort entfernt. Die Wasserwagen, in denen das kostbare Naß transportiert wurde, waren natürlich bevorzugte Ziele feindlicher Tiefflieger. Oft blieben sie auch in Sanddünen oder Sandstürmen stecken oder fielen wegen Materialschadens aus. Ein Beispiel: Wir haben einmal 14 Tage lang jeden Tag nur eine viertel Feldflasche voll Kaffee erhalten. Das waren für mich genau 23 Schluck. Jeder hatte seine Portion in dieser Form gezählt. Man konnte sie auf einmal trinken und hatte 24 Stunden nichts oder eben entsprechend einteilen. Klar, daß man die Feldflasche am Körper tragen mußte. An Wasser zum Waschen war natürlich nicht zu denken. Oft sind wir losgefahren, weil erzählt wurde, irgend-

wo gäbe es Wasser, was sich bis auf den folgenden Fall immer als Wunschtraum herausstellte.
Es war an einem Juniabend 1942, als wir wieder losfuhren, weil der Durst einfach zu groß war. In einem Wadi (Senke) stoppte uns die Bedienung eines Pak-Geschützes (Panzerabwehrkanone). Wir dachten, sie hätten Feindberührung, konnten aber durch unsere Ferngläser sehen, daß in zwei Kilometer Entfernung Wasser hochgezogen und abgefüllt wurde. Fast gleichzeitig kam aber auch der Aufruf: "Mensch, das sind ja Engländer. Warum schießt ihr denn nicht?" "Wir warten, bis sie fertig sind, dann fahren wir hin und holen Wasser. Die Engländer, die nicht sehr weit entfernt liegen, schießen dann auch nicht auf uns. Das geht schon zwei Tage so." Wir konnten tatsächlich unsere Kanister mit gutem Wasser füllen und dachten: "Weshalb schießen wir morgen wieder aufeinander, wenn wir uns heute wegen der Wassernot vertragen können?"

Ich habe im August 1942, in der größten Not, auch Kühlwasser aus einem abgeschossenen italienischen Panzer getrunken. Das war rostigrot und schmeckte mehr nach Benzin als nach Wasser. Vom nächsten Tag an hatte ich dann Durchfall, wie viele andere auch. Aber nicht nur ein paar Tage, sondern bis zu meiner Rückführung nach Deutschland. Zur Verpflegung ist zu sagen, daß wir nie gehungert haben, aber periodisch das essen mußten, was gerade bis zu uns durchkam. Es gab zum Beispiel ein paar Tage hintereinander nur Sauerkraut (und dann nichts zu trinken !) oder eine Woche lang nur Ölsardinen oder drei Tage Tubenkäse und Schokolade. Erst als wir Tobruk erobert hatten und auch große Verpflegungslager in unsere Hände fielen, gab's wieder mal normales Essen.
Diese Engpässe in der Verpflegung, die mangelhafte Versorgung mit Wasser und das ungewohnte Klima führten natürlich zu häufigen Erkrankungen. Mit verantwortlich war auch die eingangs schon erwähnte Tatsache, daß die Untersuchungen auf Tropentauglichkeit nicht ordnungsgemäß durchgeführt wurden. Die häufigsten Erkrankungen waren: Durchfall, Ruhr, Gelbsucht und Tropengeschwüre.
Unsere Kampfhandlungen basierten auf der Tatsache, daß es in der Wüste keine Hindernisse, keine Wälder oder Gewässer als schützende Abschnitte gab. Alles war offen und nicht berechenbar. Es gab keine Frontlinie. Alles war dauernd in

Bewegung. Man stand immer mit einem Bein in der Gefangenschaft oder vor der Vernichtung. Rommels erfolgreiche Taktik bestand darin, seine unterlegenen Einheiten an einer Stelle zu konzentrieren und Teilkräfte des Feindes zu umfassen, einzukesseln und zu schlagen. Deshalb gab's kein Vorn und Hinten, Front war überall. Bei solchen Angriffen mußten alle Fahrzeuge mitfahren, um möglichst viel Sand aufzuwirbeln, um so die feindliche Luftaufklärung zu täuschen. Auch wurden in größerem Umfang Panzeraufbauten hergestellt und auf PKWs montiert. Unsere 8,8-Zentimeter-Kanone war den englischen Panzerkanonen überlegen. Wir konten Panzergranaten, Aufschlagzünder, Zeitzünder und Leuchtschirmgranaten verschießen. Es wurde kaum ein Panzerangriff gefahren, bei dem nicht einige 8,8-Zentimeter-Geschütze mit dabei waren. Während aber die Panzerbesatzungen vor Artilleriesplittern weitgehend geschützt waren, hatten wir immer wieder Verluste durch feindliches Artilleriefeuer. Außerdem waren natürlich viel zu wenig 8,8-Zentimeter-Geschütze im Einsatz. Für jeden abgeschossenen englischen Panzer pinselten wir um unser Kananonrohr einen weißen Ring - bis kein Platz mehr war. Nachts wurde bewaffnete Aufklärung gefahren. Da sich an die lybische Wüste die Sahara anschließt, war nach Süden auch keine geländemäßige Begrenzung. So fuhren nachts Panzerspähwagen bis weit hinter die feindlichen Linien, um Truppenaufmärsche oder Umgruppierungen zu erkunden und auf dem Rückweg dem Feind auch noch Verluste zuzufügen.
Eines Tages ließ mich unser Batteriechef, Hauptmann Wilhelm, zu sich kommen und sagte mir etwa folgendes: "Kress, Sie haben Abitur. Wenn Sie drei Spähtrupps mitfahren und sich dabei auch hervortun, kriegen Sie das EK 2, und ich schlage Sie für die Offizierslaufbahn vor. Dann sind Sie in eineinhalb Jahren Leutnant." Ich habe abgelehnt und gesagt, ich wolle nach dem Krieg lieber einen Zivilberuf ergreifen. Als Berufssoldat konnte er das zwar nicht verstehen, hat aber meine Einstellung schließlich doch anerkannt. Er ist 14 Tage später aufrecht stehend von einem Granantsplitter tödlich getroffen worden, während wir alle in Deckungslöcher gegangen waren.
Bei Sandstürmen wurden meist alle Kampfhandlungen eingestellt. Man kann sich kaum eine Vorstellung von der Gewalt eines solchen Sturmes machen. Er kommt fast immer mit heißen Winden aus der Wüste und treibt riesige Sandwolken von rötlich-gelber Farbe vor sich her. In der fast unerträglichen Hitze

kann man durch vorgehaltene Tücher kaum atmen und der Schweiß rinnt einem vom Körper. Sogar die Fliegen konnten nicht mehr krabbeln. Danach gab es nichts, was nicht voller Sand war. Ähnlich war es auch bei unseren ständigen Verlegungen. Es konnten und mußten ja immer nur bestimmte Pisten gefahren werden, weil sonst unsere für die Wüste ungeeigneten Fahrzeuge stecken blieben. Auf den Pisten war der Sand so fein wie Mehl. Er wurde von den Kettenfahrzeugen immer wieder in Wolken aufgewirbelt. Wir versuchten, durch feuchte Tücher und Brillen unsere Nasen und Augen zu schützen, was aber nur unvollkommen gelang. Alles übrige war ohnehin immer mehr oder weniger voller Sand.

Zwei weitere gefährliche Besonderheiten will ich noch erwähnen: Bedingt durch die schon erwähnte Kampfführung kam es vor, daß Deutsche auf Italiener, Italiener auf Deutsche und sogar Deutsche auf Deutsche schossen. Die Devise lautete daher: "Immer auf der Hut sein und keinem trauen."

Dann die beiderseitigen Luftwaffen. Hier war ebenfalls größte Vorsicht geboten. Ein Beispiel: Unsere Langstreckenbomber He 111 und Ju 88 hatten von der Insel Kreta bis Afrika etwa zwei Stunden Flugzeit. In dieser Zeit konnte sich die Lage auf dem Kriegsschauplatz so grundlegend geändert haben, daß wir die Bomben abkriegten. Andererseits haben wir beobachtet, daß 36 englische Vickers-Wellington-Bomber über uns hinwegflogen und die Bomben auf ihre eigenen Kameraden warfen.

Wesentlich gefährlicher und fast täglich in unser Dasein eingreifend, waren die Tieflieger. Da keine Hindernisse vorhanden waren, flogen sie oft nur einen Meter hoch. Man konnte vom Fahrzeug aus auf die Flugzeuge herabsehen und den Piloten mit bloßem Auge gut erkennen! Wir haben sie teilweise mit Karabinern beschossen. Wenn wir von der Seite angegriffen wurden, waren wir hinter den Ketten unserer Zugmaschine vor den Maschinengewehrgarben einigermaßen sicher. Griffen sie aber in Fahrtrichtung an, half nur der Sprung ins Deckungsloch und Glück, immer wieder Glück.

Ein paar Worte zu den Deckungslöchern: Sie mußten nach jedem Halt wegen immer zu erwartenden Tieffliegern und zu jeder Zeit möglichem Artilleriefeuer gegraben werden und sollten so beschaffen sein, daß kein Körperteil herausragte. Das war oft wegen Zeitmangel, felsigem Untergrund oder hereinrutschendem Sand nicht möglich, so daß die Füße doch keinen Platz hatten. Ich

erwähne die Löcher nur deshalb, weil ich bestimmt ein paar Hundert gegraben habe.
Bei Stellungswechsel mußten dann zwei Mann auf den Kotflügeln sitzen und mit einem Auge nach unten sehen, daß das Fahrzeug nicht in einem Deckungsloch steckenblieb und mit dem anderen Auge rechtzeitig Tiefflieger erkennen.
Mit der arabischen Zivilbevölkerung hatten wir nur Kontakt, wenn mal eine Kamelkarawane vorbeizog. Wir tauschten dann - sofern vorhanden - Zucker und Salz gegen Eier, einmal auch ein Huhn.
Die Frauen zogen dann sofort ihr Kopftuch vors Gesicht, so daß wir zu unserem Leidwesen von der ganzen Person nur die Augen sahen. Es war bekannt, daß die Araber - insgesamt gesehen - mehr auf unserer Seite standen und englische Truppenbewegungen verrieten.
Ein normalerweise seltenes Erlebnis ist die Begegnung mit dem Oberbefehlshaber. Für Afrika und Rommel trifft das nicht ohne weiteres zu. Rommel verschaffte sich immer wieder bei der kämpfenden Truppe einen Überblick über die augenblickliche Lage. Oft führte er dabei kleinste Einheiten völlig furchtlos selbst in den Kampf. Dabei war er kaum von einem einfachen Landser zu unterscheiden und stand deshalb bei allen Soldaten in hohem Ansehen. Wenn wir zum Beispiel wieder mal glaubten, endgültig eingeschlossen zu sein und es hieß: "Rommel ist gesehen worden", wußten wir, daß wir wieder "rausgehauen" wurden. Er hat unsere 8,8 Zentimeter-Geschützbedienung zweimal persönlich begrüßt und auch mir die Hand gedrückt. Ganz anders Feldmarschall Kesselring, der damalige Oberbefehlshaber der Luftwaffe Süd. Er hat uns auf einem Feldflughafen nahe Tobruk besucht und in Ausgehuniform mit weißen Handschuhen (bei der Hitze!) die Front abgeschritten. Natürlich hat er damit einen denkbar schlechten Eindruck hinterlassen.
Das Verhalten Rommels hat mich ebenfalls beeindruckt. Dagegen konnte ich seine Einstellung zum Krieg im allgemeinen nicht verstehen: Er war begeistert über seine Gegner, wenn diese tapfer kämpften und soll beim Anblick englischer Gefangener gesagt haben, daß er solche Menschen auch gerne selbst in den Kampf führen würde. Damit drückt er meines Erachtens aus, daß der Krieg für ihn weiter nichts ist als eine Berufsausübung. Unberücksichtigt bleibt die Tatsache, daß dieses Kriegsspiel mit Menschen geführt wird und eine Unzahl grausamer Schicksale nach sich zieht.

Rommel hat bereits 1942 erkannt, daß der Krieg nicht mehr zu gewinnen war. Er hat deshalb die Verständigung mit dem Westen gesucht und sich dem Widersand gegen Hitler angeschlossen. Nach dem Attentat auf Hitler wurde er verhaftet und mußte sich das Leben nehmen.

Im Verlauf des Monats Juni 1942 hatten wir nach schweren Kämpfen, Verlusten und Entbehrungen die Festung Tobruk erobert und dem Gegner einen vernichtenden Schlag zugefügt. Hätten wir genügend Nachschub erhalten, wären wir zum Suezkanal vorgestoßen. So mußte die Offensive bei El Alamein abgebrochen werden; nicht wegen des Widerstandes des Gegners, sondern weil die Gefechtsstärken unserer Divisionen teilweise nur noch 1.500 Mann betrugen und unsere Fahrzeuge nicht mehr fuhren.

Wir hatten am Geschütz statt neun nur noch fünf Mann. Ich hatte an beiden Knöcheln Entzündungen durch Flohbisse, die nicht mehr abheilten. Hinzu kam der Dauerdurchfall. Einmal hatte ich es geschafft, zu einem Arzt vorzudringen. Das "Gespräch" nahm folgenden Verlauf: "Was haben Sie?" "Durchfall, Herr Stabsarzt." "Wie lange?" "Sechs Wochen, Herr Stabsarzt!" "Habe ich schon ein viertel Jahr. Raus! Der Nächste." Als ich völlig enttäuscht aus dem Zelt trat, habe ich gedacht: "Jetzt siehst Du die Heimat nie wieder."

Aber es kam noch schlimmer. Die Entzündungen an den Knöcheln hatten sich an zwei Stellen bis auf die Knochen durchgefressen. Außerdem entzündeten sich die Schweißdrüsen in beiden Achselhöhlen. Als dann noch eine schwere Gelbsucht dazu kam, wurde ich endlich an die "Via Balia" gefahren, die einzige asphaltierte Küstenstraße. Von hier aus mußte ich versuchen, per Anhalter in ein Lazarett zu kommen. In der Hitze und meinem Zustand war das ganz schlecht. Aber ich hatte Glück, daß mich bald ein italienischer Kamerad mitnahm. Ich möchte hier ausdrücklich festhalten, daß ich - und nicht nur ich - während meines gesamten Afrikaaufenthaltes die Italiener als die besseren Kameraden kennengelernt habe.

Bei Ankunft in dem Feldlazarett wog ich noch ganze 95 Pfund. Sofort wurden beide Unterschenkel und Oberarme geschient, was die fatale Folge hatte, daß ich keinerlei körperliche Bedürfnisse alleine verrichten konnte. Aber mein Allgemeinzustand besserte sich zusehends, so daß ich für den Rücktransport nach Deutschland vorgesehen wurde. Er sollte wieder mit Hindernissen verbunden sein, die ich nicht verschweigen will.

Ich wurde liegend transportiert und mit anderen zum Flughafen Tobruk gefahren. Nachdem wir mehrere Stunden in der Sonne gelegen hatten, hieß es: "Die Ju 52, die Euch nach Griechenland fliegen sollten, sind abgeschossen worden, alles wieder zurück." Am nächsten Morgen wieder Aufbruch. Dieses Mal zum Hafen von Marsa Matruc, wo ein italienisches Lazarettschiff mit Kranken und Verwundeten beladen wurde. Unser Transporter, auf dem eine unübersehbare Anzahl von Bahren mit Kranken und Verwundeten stand, legte direkt am Schiff an. Über unser Deck gingen alle, die noch laufen konnten, in das Schiff hinein, während italienische Matrosen ab und zu mal einen von uns hineintrugen. Nach zwei Stunden Liegezeit dachte ich: "Wenn das so weitergeht, ist das Schiff voll, und Du kommst wieder nicht mit." Und als dann die italienische Kapelle "Wenn der weiße Flieder wieder blüht" spielte, habe ich gehandelt. Ich bin von meiner Bahre runter und auf Knien und Ellenbogen Richtung Schiffstreppe gekrochen. Nachdem mich die Italiener gesehen hatten, trugen sie mich, ohne was zu fragen, ins Schiff - und ich war drin. In Italien wurden wir dann auf drei Lazarettzüge verladen und in Altötting in einem Kloster ausgeheilt. Ich kam nach einem kurzen Genesungsurlaub nach Fürth zum sogenannten "Ersatzhaufen". Im Urlaub war ich mit meinem weithin sichtbaren Ärmelband mit der Aufschrift: "Afrika-Korps" natürlich Mittelpunkt des Interesses und mußte immer wieder erzählen.

Die folgenden Tage in Fürth waren für jeden voller Spannungen und Ängsten. Hier wurden alle, die aus Lazaretten entlassen waren, gesammelt und entsprechend ihres Gesundheitszustandes wieder eingesetzt. Fast alle Gespräche drehten sich um die Fragen: Bist du KV oder GVH (kriegsverwendungs- oder garnisonsverwendungsfähig Heimat) ? Wenn KV und tropentauglich, bedeutete das Afrika, wenn nicht mehr tropentauglich Rußland. Jeden Morgen hieß es nach dem Apell: "Für den Transport Leningrad vortreten ...., für den Transport Stalingrad vortreten ......, für Afrika, usw." Alle waren schon an der Front gewesen und wußten, was auf sie zukam. Dementsprechend war auch die Stimmung. Mein Schicksal sollte durch einen Kinobesuch entscheidend beeinflußt werden.

Als in der Wochenschau die Rollbahn in Rußland mit eisigen Winden und Schneeverwehungen gezeigt wurde, fragte mich der neben mir sitzende Landser: "Willst Du dahin?" Ich sagte: "Nein, muß aber, bin nicht mehr tropentaug-

lich." Er meinte: "Ich auch. Laß den Film und komm mal mit! Wir müssen darüber reden, was wir machen können." Dank seiner Schlitzohrigkeit, seinen Verbindungen und meines gesunden Menschenverstandes erreichten wir etwas nahezu Unmögliches: Wir wurden beide wieder tropentauglich geschrieben. Im Glauben, daß der Krieg in Afrika bald zu unseren Ungunsten enden würde, hofften wir, in Italien bleiben zu können.
Wir hatten richtig vorausgesehen. Als Angehörige einer neu aufgestellten 8,8-Zentimeter-Batterie wurden wir zur Luftabwehr im Golf von Neapel (Santa Lucia) und im Golf von Salerno eingesetzt. Ein halbes Jahr lang hatten wir hier ein verhältnismäßig ruhiges Leben. Besuche auf dem Vesuv und der Insel Capri waren möglich. Aber dann kam die Nacht vom 8. auf den 9. September 1943. Wir hatten inzwischen im Golf von Salerno, etwa 30 Meter von der Küste entfernt, zur Abwehr einer vermuteten englisch-amerikanischen Landung Stellung bezogen. Die Golfküste war im übrigen in erster Linie von italienischen Einheiten besetzt, in die wir und andere als deutsche Stützpunkte eingestreut waren. Gegen 23 Uhr wurde bekannt, daß Italien kapituliert und seine Truppen angewiesen hätte, gegen uns zu kämpfen. Kurze Zeit später kam der Befehl: "Italiener entwaffnen!" Das war aber nicht nötig, denn die hatten längst ihre Stellungen verlassen und sich auf den Weg nach Hause gemacht. Uns war sofort klar, daß die Landung und die Kapitulation der Italiener abgesprochen war. Im Laufe der Nacht verdichtete sich die Vermutung zur Gewißheit, daß die Landung des am Tage zuvor gesichteten englisch-amerikanischen Großgeleitzuges nicht im Golf von Neapel, sondern bei uns erfolgen würde.
Ab ein Uhr nachts wurden nämlich unsere Funkmeßgeräte erfolgreich von See aus gestört, so daß wir keine Ziele mehr orten konnten. Pünktlich um 3.30 Uhr begann dann von See aus ein mörderisches Trommelfeuer von Schiffgeschützen aller Kaliber auf unsere Stellungen. Wir hatten das sagenhafte Glück, daß die Einschläge etwa 30 Meter hinter uns begannen und allmählich landeinwärts verlegt wurden. Nach genau 30 Minuten hörte das Trommelfeuer auf und unsere Stellung wurde durch Leuchtgranaten plötzlich taghell beleuchtet. Rechts und links von uns waren die ersten feindlichen Panzer bereits aus den Landungsbooten heraus in die geräumten italienischen Stellungen hineingefahren. Wir nahmen sie sofort unter direkten Beschuß, wurden aber postwendend so von gegnerischem Feuer eingedeckt, daß wir große Verluste hatten. Als dann unser

Geschütz von einer Schiffsgeschützgranate aus der Verankerung gerissen wurde und umkippte, kam der Befehl zur Sprengung des Geschützes und zum Rückzug. Wir konnten uns zu zweit in einem Abflußgraben dem gegnerischen Maschinengewehr- und Pak-Feuer entziehen und zurückrobben. Außer ein paar Hautabschürfungen durch Granatsplitter kamen wir mit dem Schrecken davon. Alle vordersten Stützpunkte konnten der erdrückenden Übermacht nicht standhalten und wurden überrannt. Von 200 Kameraden unserer Flakbatterie kamen nur etwa 50 in der Auffangstelle an. Der Rest war gefallen, verwundet oder in Gefangenschaft geraten. Der Golf von Salerno war nach ein paar Tagen vollständig in feindlicher Hand. Es begann dann die Absetzbewegung nach Norden. Wir erhielten Ersatz und wurden mit neuen Geschützen wieder eingesetzt, teils im Luft-, teils im Erdkampf.
Für mich kam aber erst mal ein Vierteljahr, an das ich gerne zurückdenke. Mittlerweile hatte ich die italienische Sprache so weit erlernt, daß ich ein normales Gespräch gut führen konnte. Deshalb wurde ich nach Ferrara abgeordnet, wo wir Jungfaschisten, etwa unserer HJ vergleichbar, an unseren Geschützen ausbildeten. Sie waren kriegsfreiwillige Mussolinianhänger und wurden den deutschen Truppen zugegliedert. Dafür mußten deutsche Soldaten mehr und mehr den Weg zur Infanterie nach Rußland antreten.
Wieder zu meiner Einheit zurückgekehrt, übernahm ich dann als Geschützführer ein Geschütz, dessen Bedienung nur aus Italienern bestand, während sich die übrigen Bedienungen je zur Hälfte aus Deutschen und Italienern zusammensetzten. Ich bin etwa ein Jahr lang gut mit den italienischen Kameraden zurecht gekommen. Allerdings mußte man sie, ihrer Mentalität entsprechend, als Menschen und nicht als Befehlsempfänger behandeln. Trotzdem sind sie nach und nach alle wieder abgehauen. Ich konnte es verstehen, denn sie wußten noch weniger als wir, wofür und für wen sie sich totschießen lassen sollten.
In diese Zeit fiel ein Gespräch mit meinem österreichischen Kameraden G., mit dem ich mich sehr gut verstand. Er war im Zivilberuf Generalvertreter von Siemens für Norditalien und beherrschte die italienische Sprache perfekt. Er schlug mir vor, uns in Zivil umzukleiden und uns in das von den Alliierten besetzte Italien abzusetzen. Wir könnten uns dort so lange als Italiener durchschlagen, bis wir entdeckt würden, und dann in Gefangenschaft gehen. Die Gelegenheit, die Entscheidung gleich zu treffen, war günstig. Wir befanden uns

zwecks Erkundung einer neuen Stellung weit entfernt von unserer Einheit. Außerdem bestand weder auf deutscher noch alliierter Seite eine geschlossene Frontlinie. G. trug immer eine große Summe Geldes bei sich. Ein Umkleiden wäre deshalb kein Problem gewesen. Es würde zu weit führen, alle Gedanken und Überlegungen hier wiederzugeben. Die Aussicht, so sein Leben retten zu können, war natürlich verlockend. Die Moral der Truppe war ohnehin schon tief gesunken. Keiner glaubte mehr an den Sieg. Wir wären auch nicht die ersten gewesen, die so etwas getan hätten. Ich konnte mich letzten Endes nicht zu diesem Schritt entschließen. Ausschlaggebend war das Gerücht, daß in solchen Fällen Eltern und Geschwister mit haftbar gemacht würden und in einigen Fällen schon von der Gestapo abgeholt worden seien. Das wollte ich nicht. G. hat das sehr bedauert und ist zwei Monate später alleine abgehauen.
Ein lustiges Erlebnis hatten wir während der schweren Kämpfe an der Casino- und Nettuno-Front. Weil die deutschen Streitkräfte trotz schwerster Flächenbombardements und heftigstem Artilleriefeuer die pausenlosen Angriffe der Alliierten immer wieder abwehrten, landeten sie im Rücken der Front bei Nettuno. Wir waren der 4. Fallschirmjägerdivision unterstellt und zur Artillerie-Verstärkung eingesetzt. Fast jede Nacht fuhren wir zu einem anderen Abschnitt, manchmal sogar zu mehreren, um Durchbrüche verhindern zu helfen. Verluste an Menschen und Material konnten aber auf Dauer nicht mehr ersetzt werden, so daß wir einem weit überlegenen Gegner auch hier weichen mußten.
Hier gingen wir eines Abends bei strömendem Regen auf frisch geackertem Land in Stellung. Alles war naß und dreckig, aber wir haben es auch noch geschafft, aus dem aufgestellten Zelt den nassen Boden herauszuschaufeln.
Nach zwei Tagen fast ununterbrochener Schießerei hieß es: Stellungswechsel, die Front wird zurückgenommen. Da es auch weiter geregnet hatte, waren auf dem Weg zu den Geschützen zwei bis zu 50 Zentimeter tiefe Schlammschneisen entstanden. Die Ketten unserer 18-Tonnen-Zugmaschine drehten sich in dem Schlamm zwar rund, aber das Geschütz bewegte sich nicht. Nachdem wir etwa eine Stunde lang versucht hatten, Zugmaschine und Geschütz flott zu machen, kam ein italienischer Bauer und sagte, er wolle seine beiden Zugochsen vorspannen, dann würde das klappen. Natürlich brachen alle in Gelächter aus. Schließlich ließen wir es aber auf einen Versuch ankommen - und siehe da, was

niemand für möglich gehalten hätte, wurde wahr. Die Ochsen zogen ruhig an, und mit Hilfe der Zugmaschine setzte sich das Geschütz in Bewegung. Ich sehe noch heute das stolze Gesicht des italienischen Bauern vor mir.
Anfang 1945 kapitulierten die bis nach Norditalien zurückgedrängten deutschen Streitkräfte. Nicht ergaben sich dagegen die hier stationierten SS-Einheiten. Sie versuchten, die Richtung Deutschland zurückflutende Armee aufzuhalten und wieder zum Kämpfen zu bewegen, was hier und da zu kleinen Scharmützeln führte. Wir schafften es bis Brixen.
Etwa zur gleichen Zeit trafen die Amerikaner von Norden her ein. Wir gingen in Gefangenschaft. Die Amerikaner behandelten uns human, transportierten uns nach Rimini und übergaben uns dort an die Engländer. Hier wurde eine größere Anzahl - nach unergründlichen Gesichtpunkten herausgesucht - nach Hause entlassen. Der unglückliche Rest, zu dem ich leider auch gehörte, wurde zum Arbeitseinsatz nach Neapel verlegt. Als wir über die provisorische Po-Brücke fuhren, habe ich noch mit Schrecken an die Dummheit gedacht, unbedingt über den Po zu kommen. Nur drei Wochen vorher war ich nämlich noch auf eine völlig überladene Fähre geklettert. In der Mitte des an dieser Stelle sehr breiten Flusses stand uns das Wasser schon bis an die Knie. Aber wir hatten Glück, die Fähre ist nicht gekippt.
In Cancello bei Neapel wurden wir bis zum Frühjahr 1946, also fast ein Jahr lang, festgehalten. Aber es sollte eine abwechselungsreiche, fröhliche und keineswegs entbehrungsreiche Zeit werden. Man könnte allein über diesen Zeitraum ein spannungsreiches Buch schreiben. Ich will mich hier auf einen Streifzug beschränken.
Wir wohnten mit je 1.000 Mann in Zeltlagern und arbeiteten tagsüber in einem riesigen Nachschublager für die gesamten englischen Einheiten im südlichen Raum einschließlich der damaligen Kolonien.
Vom kleinsten Nagel bis zu großen Kühlaggregaten, von 200-Liter-Olivenölfässern bis zu Elektromotoren, hier gab es alles, was man brauchte, um eine Armee zu unterhalten. Eingezäunt war das riesige Arsenal mit einem Doppelzaun, zwischen dem im halbstündigen Abstand Posten patroullierten. Wir mußten in Gruppen von 20 Mann einen bestimmten Abschnitt betreuen, also be- und entladen, stapeln und sauberhalten. Ich war einer Gruppe als Dolmetscher zugeteilt und brauchte nicht zu arbeiten. Die Arbeit war nicht belastend.

Oft fiel einen ganzen Tag lang gar keine an. Mittags ging das englische Aufsichtspersonal eine Stunde zum Essen. Dann kam unsre große Zeit. Wenn der englische Posten am Zaun vorbei war, entwickelte sich ein schwunghafter Handel mit Italienern, die alles kauften, was wir anboten. Ich habe gesehen, daß Gefangene mit einem Kran ein Olivenölfaß über den Zaun auf einen heranfahrenden LKW hievten. Die Italiener hängten das Faß ab und banden das Geld an die Ketten. Als dieser Handel im Laufe der Zeit übertrieben wurde und ausuferte, wurden wir mittags eingesperrt. Unser aller einhellige Meinung war: Mit Recht! Unsere Behandlung durch die Engländer und die Verpflegung waren übrigens ausgezeichnet. Als der "Mittagshandel" aufgeflogen war, haben sich Gefangene im Lager versteckt, sogar in Baracken einschließen lassen und nachts Geschäfte mit Italienern und teilweise auch mit englischen Posten abgewickelt.
Die englischen Soldaten waren im allgemeinen ziemlich arm. Sie hatten von Hause aus kaum Armbanduhren und nur vereinzelt Radios. Das wunderte uns sehr, hatten wir doch angenommen, England mit seinem riesigen Kolonialreich wäre ein reiches Land und hätte einen viel höheren Lebensstandard als wir. Die Engländer konnten es natürlich nicht verstehen, daß wir uns als Gefangene mehr leisten konnten als sie selbst. Wohl deshalb spielten dann viele mit. Ein Beispiel: Wir wurden jeden Abend bei unserem Einmarsch ins Wohnlager stichprobenweise "gefilzt", ob wir nichts mitgenommen hätten. Eines Tages sagte unser Aufseher zu mir: "Heute Abend habe ich Kontrolle am Tor. Ich stehe auf der linken Seite. Gehst in der linken Reihe, dann kannst Du was mitnehmen." Ich packte mir einen 1-PS-Elektromotor in den Brotbeutel und freute mich auf das gute Geschäft. Am Tor winkte mich der Engländer zu meinem nicht geringen Schreck doch heraus und untersuchte alle Taschen, auch den Brotbeutel. Natürlich dachte ich: "Jetzt hat er dich angeschmiert." Aber er sagte nur: "Go on!" Am nächsten Morgen erklärte er mir, daß er nur habe feststellen wollen, was ich mitgenommen habe, damit ich ihn bei seinem Anteil nicht übers Ohr haue. Natürlich wurden die Kontrollen im Laufe der Zeit strenger und die Strafen härter, aber den ganzen Handel in den Griff zu kriegen, das haben sie nicht geschafft.
Für unser Schwarzhandelsgeld konnten wir uns auf dem Schwarzmarkt praktisch alles leisten. Die Verpflegung wurde aufgebessert, die Unterkünfte besser

ausgestattet und italienische Frauen und Mädchen waren nachts ständige Gäste im Wohnlager. Einige englisch sprechende Gefange, darunter auch ich, hatten sich englische Uniformen besorgt. Wir sind des öfteren abends mit unserem Wasser- bzw. Verpflegungswagen als "Royal Ingenieurs" (Königliche Pioniere) verkleidet nach Neapel gefahren, immer mit etwas Angst vor der englischen "Militäry-Police". Aber es ist stets gut gegangen.
Begünstigt wurden diese Aktivitäten der Gefangenen durch die Tatsache, daß die Engländer etwa im November ihre Bewachungsmannschaften um unsere Wohnlager eingezogen und durch deutsche ersetzten. Wir mußten uns praktisch selbst bewachen. Dadurch war auch die Möglichkeit zu fliehen sehr einfach. Aber alle, die es versuchten, wurden spätestens in den Alpen erwischt und kamen wieder zu uns zurück.
Anfang 1946 wurde das Nachschublager allmählich aufgelöst und wir dadurch nicht mehr gebraucht. Im März erfolgte die Verlegung nach Tarent. Obwohl man diese Zeit nicht mit Gefangenschaft, wie sie die meisten erlebt haben, vergleichen kann, hat sie aber auch negative Seiten gehabt: Der Krieg war aus, und alle wollten nach Hause. Wer vorher schon mit den Gesetzen in Konflikt lag, hat hier sicher eine "gute" Schulung durchmachen können. Vor allem aber ist eine große Anzahl der Gefangenen geschlechtskrank geworden und hat sich hier zum Schluß noch ein Leiden für's ganze Leben geholt.
Im "Bußlager" Tarent, wie wir es nannten, hat man uns dann noch mal vier Wochen spüren lassen, daß wir den Krieg verloren hatten. Es gab nur ein Minimum an Essen, strengste Disziplin wurde verlangt und harte Strafen ausgesprochen. Danach gab man uns in Rimini wieder an die Amerikaner zurück, die uns ins ehemalige KZ-Lager Dachau brachten. Hier wurden die SS-Angehörigen herausgesucht, und der Rest konnte endlich nach Hause gehen, wo ich am Karfreitag 1946 eintraf.
Wenn man so lange Frontsoldat war und mit "Heilen Knochen" - um nochmal einen Landserausdruck zu verwenden - nach Hause gekommen ist, hat man viel, viel Glück und nochmal Glück gehabt. Dafür bin ich immer noch dankbar. Leider sind die schönsten Jugendjahre verloren gegangen. Heute bin ich noch mehr als damals der Meinung, daß jeder Krieg ein Verbrechen an jedem einzelnen Soldaten ist und keinesfalls das geeignete Mittel, irgendwelche Probleme zu lösen.

Am Eismeer

Erzählt von Wilhelm Uffelmann, Wallroth

Links Wilhelm Uffelmann, der Kompanieschuster; neben ihm Hauptfeldwebel Vandsa und der Kompanieschneider. Das Bild wurde am Eismeer aufgenommen. Im Hintergrund sieht man den Bunker, in dem die Schuster und Schneider arbeiteten.

In *Durtjes* wurde ich am 25. März 1912 in Wallroth, Hausnummer 83, geboren. Mein Vater Wilhem Uffelmann war von Beruf Maurer.

Ich hatte vier Brüder und vier Schwestern. Zwei meiner Brüder sind im Krieg gefallen. In der Zeit von 1918 bis 1926 besuchte ich die Volksschule in Wallroth. Danach begann ich eine dreijährige Schuhmacherlehre bei Schuhmachermeister Weber in Schlüchtern. Ich erhielt kostenloses Essen mit Unterkunft, jedoch keinen Lohn. Eine Seltenheit war es, wenn ich ab und zu eine Mark Taschengeld erhielt. Nach Beendigung meiner Lehrzeit im Jahre 1929 hatte Meister Weber keine Arbeit für mich.

Durch Vermittlung eines Handwerksburschen konnte ich bei Meister Hohmann in der Petersberger Straße in Fulda eine Stelle als Schuhmachergehilfe antreten. Kost und Logis waren frei, und außerdem erhielt ich drei Mark Wochenlohn. Den Wochenablauf möchte ich gern schildern. Montags um sechs Uhr früh ging ich von Wallroth zum Bahnhof Flieden. Mit dem Zug fuhr ich gegen sieben Uhr nach Fulda und traf dort um halb acht ein. An den darauffolgenden Wochentagen begann meine Arbeit um Viertel vor sechs. Zu dieser Zeit brachten Arbeiter, die in die Fabriken in Fulda gingen, schon Schuhe in unsere Werkstatt. Die Tagesarbeit endete abends gegen acht, halb neun. Die Mahlzeiten wurden zwischendurch eingenommen. Es gab gutes Essen, und mit dem Meister konnte man gut auskommen. Am Samstag abend fuhr ich mit der Bahn zurück. Für die Arbeiterrückfahrkarte hatte ich 80 Pfennig am Montag bezahlt. So blieben mir

von meinem Wochenlohn nur 2 Mark und 20 Pfennig übrig.
Als beim Meister Hohmann die Arbeit weniger wurde, mußte ich mich beim Arbeitsamt wegen Arbeitslosenunterstützung melden. Für den Zeitraum von sechs Monaten erhielt ich je Woche 9 Mark 87 Pfennig Unterstützung. Das Geld gab ich meiner Mutter, die sich darüber sehr freute. Mein Vater war arbeitslos. Er erhielt keine Unterstützung, sondern lediglich fünf Mark je Woche von der Arbeiterwohlfahrt. Das war für unseren großen Haushalt sehr, sehr wenig. Da war es gut, daß wir einige Ziegen hatten und jährlich ein Schwein schlachten konnten.
Zwei Jahre war ich arbeitslos. Das war eine harte Zeit, denn ich erhielt in den letzten anderthalb Jahren keinen Pfennig vom Arbeitsamt. Ab und zu konnte ich für Leute im Dorf in Schwarzarbeit Schuhe reparieren.
Da die Kunden mit meiner Arbeit zufrieden waren, entschloß ich mich, ab 1. September 1932 als selbständiger Schuhmacher im Häuschen meiner Eltern zu arbeiten. Bei meiner Arbeit betrugen die Monatseinnahmen einschließlich des gelieferten Materials 180 Mark. Von diesen Einnahmen mußte ich 2 Prozent Umsatzsteuer an das Finanzamt abführen.
Nach der Machtergreifung durch Hitler am 30. Januar 1933 wurde ich von einem Parteifunktionär unseres Dorfes wegen einem Beitritt zur SA angesprochen. Ich aber wollte der SA nicht beitreten. Da sagte er: "Wenn Du nicht in die SA gehst, sorgen wir dafür, daß die Leute in Wallroth bei Dir keine Schuhe reparieren lassen".
In unserer Nachbarschaft befindet sich seit jeher die Schreinerei Rüffer. Johannes Rüffer war so alt wie ich und sollte mit denselben Argumenten der SA beitreten. Da sagte dem Johannes seine Mutter zu meiner Mutter: "Euer Wilhelm und unser Hannes müssen zur SA. Es geht nicht anders." So sind wir beide ab dem 1. Mai 1933 Mitglieder der SA geworden und wurden bei deren Treffen von den anderen Männern mit den Worten "Jetzt kommen die Muß-SA-Männer" begrüßt.
Im Jahre 1935 wurde ich in die Handwerksrolle der Handwerkskammer Kassel eingetragen.
Ein neues Gesetz verlangte die Meisterprüfung von jedem selbständigen Handwerker. Deshalb legte ich im Jahr 1937 die Meisterprüfung vor der Prüfungskommission in Hanau ab.

Ab 1. Januar 1939 wurde es für jeden selbständigen Handwerker Pflicht, der gesetzlichen Angestelltenversicherung beizutreten. Das kann man als eine gute Maßnahme der damaligen Regierung bezeichnen, denn ich hatte bis zu diesem Datum noch keine Versicherung besessen. Mein monatlicher Beitrag betrug acht Mark.
Als Selbständiger arbeitete ich bis zum Jahr 1970. Wegen zu hoher Abgaben, vor allem in der Sozialversicherung, wechselte ich von der Selbständigkeit auf einen Arbeitsplatz in einer Fabrik für Schuhbodenteile. Im Jahre 1977 ging ich im Alter von 65 Jahren in Rente.

Am 15. Februar 1940 erfolgte meine Einberufung zur Wehrmacht. Bei einem Infanteriebataillon in Siegen wurde ich als MG-Schütze am Maschinengewehr ausgebildet. Daran anschließend kam ich am 17. April 1940 nach Guben in der Niederlausitz. Am 20. April 1940 fuhr unsere Einheit mit der Bahn nach Rostock. Wir wurden auf ein Schiff verladen, mit dem wir nach Gezern in Dänemark fuhren. Dann erfolgte unsere Weiterfahrt wieder mit der Bahn, und zwar nach Kopenhagen. Von hier flogen wir mit dem bekannten Transportflugzeug JU 52 über den Skagerak nach Oslo. Da unsere Flugzeuge keinen Begleitschutz hatten, mußten wir wegen Feindflugzeugen in geringer Höhe das Wasser überqueren. Wieder auf der Bahn, fuhren wir von Oslo westwärts nach Kongsberg. Zu Fuß erreichten wir dann die 6.000 Einwohner zählende Stadt Notodden. Geschlossen marschierte unser Bataillon, das waren vier Kompanien, auf dem Marktplatz von Notodden ein und sangen das Lied: "Auf der Heide blüht ein kleines Blümelein".
Es gibt viele Marschlieder. Da die "Erika" bei den Soldaten sehr bekannt war, möchte ich zur Erinnerung den Text aufsagen:

Auf der Heide blüht ein kleines Blümelein, und das heißt Erika.
Meist von hunderttausend kleinen Bienelein wird's umschwärmt, Erika.
Denn ihr Herz ist voller Süßigkeit, zarter Duft entströmt dem Blütenkleid.
Auf der Heide blüht ein kleines Blümelein, und das heißt Erika.

In der Heimat wohnt ein kleines Mägdelein, und das heißt Erika.
Dieses Mädel ist mein treues Schätzelein und mein Glück, Erika.
Wenn das Heidekraut rot-lila blüht, singe ich zum Gruß ihr dieses Lied:
Auf der Heide blüht ein kleines Blümelein, und das heißt Erika.

In mei'm Kämmerlein blüht auch ein Blümelein, und das heißt Erika.
Schon beim Morgengrauen sowie beim Dämmerschein schaut's mich an, Erika.
Und dann ist es mir, als spräch es laut: Denkst auch du an deine kleine Braut?
In der Heimat weint um dich ein Mägdelein, und das heißt Erika.

Nach zweitägigem Aufenthalt begann unser Abmarsch in die Berge. Nach 50 Kilometer Wegstrecke stießen wir auf den ersten Widerstand der norwegischen Armee. Es war Mai, und hier im Gebrige lag noch hoher Schnee. Bei den Kämpfen hatte unsere Kompanie die zwei ersten Toten zu beklagen. Die Gegenwehr der norwegischen Armee wurde gebrochen, und wir kehrten nach Notodden zurück. In dieser Stadt richteten wir uns auf einen Daueraufenthalt ein.
Im Januar 1941 erhielt ich Urlaub. Am 17. Januar 1941 heiratete ich bei sehr hohem Schnee in der Kirche von Wallroth meine Frau Katharina, geborene Lotz, aus Wallroth. Urlaubstage vergehen schneller als andere Tage. Deshalb ging diese schöne Zeit zu rasch vorüber, und ich mußte die Rückfahrt nach Norwegen antreten.
Im August 1941 hatte die "Norwegen-Zeit" ein Ende. Wir wurden in Trondheim auf ein Schiff verladen und fuhren an der Küste entlang vier Tage nordwärts. Wir erreichen Vardö und anschließend Vadsö. Dann war in Kirkenes an der Eismeerküste unsere Endstation. Nach unserem Ausschiffen marschierten wir zur Front. Die Frontlinie befand sich ungefähr 50 Kilometer vor der russischen Stadt Murmansk. Die Kampfhandlungen konnte man hier als Stellungskrieg bezeichnen, wobei die sonst üblichen Laufgräben wegen dem Gestein nur ganz flach sein konnten. Die Bezeichnung Kriechgräben war dann richtiger.
Unsere Unterkunft erfolgte in Bunkern aus Steinen und Erde oder in Finnenzelten. Diese Zelte, aus Sperrholz hergestellt, hatten eine runde Form und waren für 16 bis 18 Personen geeignet. Auf dem Zeltstellplatz erfolgte vorher eine etwa 60 Zentimeter tiefe Ausschachtung. Nach dem Aufstellen wurde das Zelt mit Steinen und Rasenstücken befestigt. In der Mitte des Zeltes stand ein Ofen. Da es dem Winter entgegen ging, wurde es jeden Tag kälter, um dann eisig kalt zu werden. Da konnte man so einen Ofen fast vergessen.
Unser erster Kampfeinsatz erfolgte am 11. September 1941 bei einem Angriff mit insgesamt drei Kompanien. Von Pionieren wurden wir auf Schlauchbooten

über den zehn Meter breiten Fluß Lizza geschoben. Wir mußten über einen Berg klettern. Als wir am Fuße des Berges, aus dem Wald heraus, zum Angriff übergehen wollten, da schoß der Russe, was das Zeug hielt. Unsere leichten Gebirgshaubitzen hatten zwar diesen Angriff vorbereitet, doch war von einer erfolgreichen Angriffsvorbereitung nichts zu spüren.
In meiner Gruppe befanden sich zwei Soldaten, beide 18, 19 Jahre alt. Der eine wollte besonders mutig ein. Am Waldrand stellte er sich frei hin und schoß zum Russen hinüber. Das dauerte aber nur wenige Augenblicke, da fiel er tödlich getroffen zu Boden. Der zweite befand sich in meiner unmittelbaren Nähe. Von Granatwerfersplittern wurde er schwer verletzt. Er rief immerzu: "Mamma, hilf mir!" Unser Hauptmann kroch zu ihm hin und tröstete ihn. Dann wurde seine Stimme leiser, bis sie verstummte.
Am Abend vor diesem Angriff las in unserer Unterkunft ein Soldat den letzten Brief von seiner Frau. Er sagte: "Morgen falle ich."
Wir sagten zu ihm: "So darfst Du nicht denken." Beim Kampf am Waldesrand wurde er von einer MG-Garbe an beiden Beinen schwer verletzt. Wir konnten unsere Stellung nicht länger halten und mußten zurück. Da rief er mir zu: "Willi, hilf mir!" Allein konnte ich ihn nicht schleppen. In dem Moment kommt der Hauptmann vorbei und ruft mir zu: "Sofort rauf zum Berg." Ich war der letzte und mußte meinen Kameraden verlassen. Das tat mir sehr weh.
Bei Nacht zogen wir uns zurück und erreichten wieder den Fluß Lizza. Alle Schlauchboote waren ohne Luft. Wir wateten durch das eiskalte Wasser und erreichten anschließend unsere Ausgangsstellung.
Am nächsten Morgen stellten wir fest, daß von unserer 120 Mann starken Kompanie ganze 28 Mann übrig geblieben waren. Die anderen fehlten wegen Verwundung, Tod oder Gefangenschaft. Hier sprechen Zahlen mehr als Worte.
Am 27. April 1942 hatten die Russen eine Bucht überquert und auf unserer Seite beachtliche Geländegewinne erzielt. Mit einem Gegenschlag sollte der Russe zurückgeworfen werden.
Bei sehr hohem, nassem Schnee griffen wir an. Ein Schneesturm erhob sich und fetzte uns den Schnee nur so um die Ohren. Ich hatte das MG zu schleppen. Wenn man sechs, acht Meter gelaufen war, hatte einen der Sturm schon wieder in den Schnee geworfen. Die Kleidung war vollkommen durchnäßt. Und dann noch kämpfen. Es war furchtbar.

Zuerst gelang es uns, den Russen zurückzudrängen. Aber dann wurde der Widerstand so heftig, daß an ein weiteres Vorankommen nicht zu denken war. Im Gegenteil. Der Russe holte zum Gegenschlag aus und trieb uns zurück.
Auf dem Berg sollte eine Rundumverteidigung erfolgen, jedoch war das bei der Übermacht der Russen kaum möglich. Zuletzt stand auf der Bergspitze nur noch ein schweres MG von uns und feuerte. Uns gegenüber lagen russische Scharfschützen. Jedesmal wurden die zwei Mann MG-Besatzung tödlich getroffen und mußten ersetzt werden. Da hieß es: "Uffelmann, fertig machen für das MG!" Jetzt war ich an der Reihe. Apathisch griff ich nach meinen notwendigen Sachen. Plötzlich kam das Kommando: "Rückzug vom Berg!" Ich atmete ganz tief durch und dachte nur eins: "Jetzt hat dir der Herrgott geholfen."
Am 15. Mai 1942 war alles vorbei, und wir befanden uns wieder in unseren Ausgangsstellungen. Ich war total erschöpft. Ich hatte dick geschwollene Füße, die nicht mehr in die Schuhe paßten. Vom Arzt aus durfte ich nachts in einem Rentierfell, mit den Haaren nach innen, schlafen. Das tat mir gut, und ich fand dies wunderbar.
Ein Soldat meiner Gruppe war von Beruf Eisenbahner. Er schrieb an seine Frau, sie möge bei einem Reichsbahnbeamten vorstellig werden, ihn etwas schmieren und bitten, daß dieser ein Gesuch schreiben möge, damit er von der Front in die Heimat versetzt würde. Der Brief wurde von der Wehrmachtspostkontrolle geöffnet. Der Soldat mußte vor das Kriegsgericht und wurde in ein Strafbataillon versetzt. Am Abend vor seiner Abreise weinte er bitterlich, denn was ihn, wahrscheinlich beim Minenverlegen, erwartete, wußte er und wußten wir zu genau.
Während des Stellungskrieges war ich als Kompanieschuhmachermeister tätig und gleichzeitig für die Bekleidungs- und Gerätekammer zuständig.
Mir machten gesundheitliche Probleme sehr zu schaffen. Mit einem Schweißdrüsenabzeß, Furunkel am Steißbein und Läusefraß von der Gürtellinie aufwärts kam ich ins Feldlazarett. Gegen den Abzeß und Furunkel erhielt ich zur Blutreinigung täglich Hefepulver. Gegen den Läusefraß gab es keine dauerhafte Heilung, denn wir hatten keine Waschmöglichkeit und waren gegen die Läuse chancenlos.
Ein 9-Tonnen-Kutter der Russen wollte Nachschub zur Fischer-Halbinsel bringen. An Bord befanden sich drei oder vier Ukrainer, die als Überläufer mit dem

Kutter in unserer Bucht anlegten. An Bord des Schiffes befand sich vorwiegend Verpflegung, die aus den USA stammte. Der Hafen Murmansk diente als Nachschubhafen und wurde von den Amerikanern versorgt.
Eine größere Menge Preßkopf war in 2-1/2-Liter-Dosen abgefüllt. Nachts fuhren wir mit unseren Skiern zur Anlagestelle und holten uns etwa 50 Kilo Preßkopf, den wir in unserer Unterkunft versteckten. Eine weitere Möglichkeit zum Organisieren ergab sich für uns nicht, da die gesamte Schiffsladung unverzüglich vom Divisions-Verpflegungslager übernommen wurde.
In meiner Kompanie befand sich auch Georg Ullrich aus meinem Heimatort Wallroth. Er war mit Feldwebel Koch aus Großauheim gut befreundet. Am 25. März 1943 befanden sich die beiden mit ihren Skier auf einer Erkundungsfahrt. Sie fuhren von unserem Berg herunter zum Meer. Plötzlich waren russische Soldaten da. Diese hatten mit einem Boot die zwei bis drei Kilometer breite Bucht überfahren. Während Feldwebel Koch noch rechtzeitig flüchten konnte, kam Georg Ullrich in Gefangenschaft. Nach dem Krieg erzählte mir der Georg, daß die Russen mit ihm folgendes geplant hatten. Er sollte einen deutschen Stützpunkt mit ca. 30 Soldaten anlaufen und sich zu erkennen geben. Die Russen wollten zuerst im Hintergrund bleiben, um dann alle gefangennehmen zu können. Der Georg hat dies abgelehnt, was die Russen akzeptierten. Er kam anschließend in ein Gefangenenlager in Sibirien und kam erst am 1. September 1949 nach Hause.
Ein Soldat unseres Regimentes desertierte und flüchtete Richtung Schweden. Da Schweden neutral war, hätte die Internierung auf ihn gewartet, und er wäre aus jeder Gefahr heraus gewesen.
Allerdings ging die Sache schief. An der finnisch-schwedischen Grenze wurde er von finnischen Soldaten erwischt und zurückgebracht. Das Kriegsgericht verurteilte ihn zum Tode durch Erschießen. Laut Regimentsbefehl mußten von jeder Kompanie Soldaten, die schon etwas auf dem Kerbholz hatten, der Vollstreckung beiwohnen. Da unser Kompaniechef nicht wußte, wen er hinschicken sollte, bekam unser Kompaniemelder, der jedoch ein untadeliger Mann war, den Befehl, bei der Erschießung zugegen zu sein. Als unser Melder von diesem Auftrag zurückkam, war er total erschüttert und deprimiert. Er konnte nicht verstehen, daß ausgerechnet er bei einem so schmerzlichen und traurigen Akt dabei sein mußte.

Zeitweilig lag unsere Einsatzstelle in der Nähe von Parchina, der heutigeName lautet Petzamo. Dies ist die nördlichste Stadt mit Hafen von Finnland. Aufgrund eines Erlasses durch die finnische Regierung erhielt die Bevölkerung alle Waren billiger als in den südlichen Landesteilen. Dies wurde gemacht, damit die Menschen hier im Norden seßhaft blieben.
Bei Parchina liegt der deutsche Soldatenfriedhof mit insgesamt 3.000 Gräbern für die an der Eismeerfront Gefallenen.
Befanden wir uns nicht in vorderster Einsatzstelle, sondern in einer rückwärtigen Stellung "in Ruhe", dann wurden ab und zu Gottesdienste mit Abendmahl durchgeführt. Soweit es mir möglich war, nahm ich an den Gottesdiensten teil. Sie wurden abwechselnd von einem katholischen oder evangelischen Pfarrer abgehalten, und ich freute mich darüber, wenn wir evangelischen und katholischen Christen gemeinsam zu unserem Herrgott beteten.
Am 14. Oktober 1944, es war der Geburtstag meiner Frau, gaben wir eine Stellung am Vormittag auf und zogen uns weiter zurück. Plötzlich kamen Soldaten auf uns zu. Wir wußten nicht, waren das Russen oder Deutsche. Doch dann knallte es auch schon. Während ich hinter einen zimmerhohen Stein sprang, verspürte ich einen Schlag gegen meinen Bauch. Da sah ich einen Russen, der auf mich geschossen haben mußte und schoß retour. Als ich hinter dem Stein mein Gewehr nachladen wollte, stellte ich fest, daß meine Patronentasche zerstört war. Drei Schuß Munition waren unbrauchbar. Der Russe hatte meine Patronentasche getroffen. Die Kugel lag plattgedrückt vor dem Metallniet der Halterung. So hat mir dieser kleine Niet das Leben gerettet.
Der Russe griff in Überzahl an, trieb uns mit Hurräh-Geschrei vor sich her, einem 10 Meter breiten, sehr tiefen Gebirgsfluß entgegen. Wir hatten Glück, daß wir bei einer Brücke ankamen, die kurz nach unserem Passieren von deutschen Pionieren gesprengt wurde. Die erste Kompanie mußte den Fluß weiter unten ohne Brücke überqueren. Viele Soldaten fanden im Wasser den Tod.
Hinter der geprengten Brücke traf ich zufällig meinen Schwager Georg Lotz *Gehannmertjes* aus Wallroth. Er versah seinen Dienst im zweiten Bataillon, ich dagegen im ersten Bataillon. Die Freude, meiner Schwager getroffen und die Gefahr gut überstandenen zu haben, war riesengroß. Mit den anderen Kameraden tranken wir Sekt, der plötzlich zur Hand war und scheinbar an diesem Tag

dazu gehörte. Außerdem wurde mir Post von zu Hause ausgehändigt. Dabei, oh Freude, das allererste Bild von meiner Tochter Ursula. An diesem Tag hatte ich Anlaß, meinem Herrgott mehrfach zu danken.
An diesem 14. Oktober 1944 war unser Hauptmann und Kompaniechef plötzlich verschwunden. Ein Feldwebel führte die Kompanie. Nach zwei Tagen tauchte der Hauptmann wieder auf und meldete sich als Versprengter bei seinem Bataillonskommandeur zurück. Was war passiert? Der Hauptmann hatte sich, warum auch immer, mit einem Fahrzeug und zwei Soldaten in das 100 Kilometer entfernte Kirkenes abgesetzt und war dann zurückgekommen.
Bei der Verhandlung vor dem Kriegsgericht wurden die beiden Soldaten freigesprochen, denn sie hatten auf Befehl gehandelt, jedoch traf den Hauptmann das Todesurteil. Er reichte ein Gnadengesuch ein und mußte warten, warten.
Im März 1945 kam folgende Mitteilung: Laut Führerbefehl ist das Gnadengesuch abgelehnt und das Urteil sofort zu vollstrecken. An dem grünen Anzug des degradierten Hauptmanns wurde auf der linken Brustseite ein weißes Stück Stoff angenäht. Zehn Soldaten wurden für das Erschießen kommandiert. Jedem von ihnen drückte man ein Gewehr in die Hand. Fünf Gewehre waren mit Übungsmunition, die anderen fünf mit scharfer Munition geladen. Keiner wußte, mit was sein Gewehr geladen war. Auf diese Weise wurde die Vollstreckung vorgenommen.
Ich wußte, daß sich mein Bruder Philipp auch als Soldat hier im Norden befand, jedoch durfte ich in meinem Brief meine Einheit nicht angeben. Es gelang mir, unter Zuhilfenahme unser Hausnummer 83 - Straßennamen gab es damals in Wallroth noch nicht - unser Regiment 3/88 verschlüsselt mitzuteilen. Dies geschah so: Nimm die letzte Zahl von unserer Hausnummer an die erste Stelle, anschließend kommt ein Schrägstrich, dann die zweite Zahl der Hausnummer doppelt, das ergibt die Regimentsnummer.
Der Kompaniechef von Philipp schickte ihn mit einem Kradfahrer los. Wegen der "Kettenhunde" hatte er ihm einen Marschbefehl mitgegeben. Die beiden durften zwei Stunden bleiben. Seinerzeit befanden wir uns in dem Ort Kwesbenes am Dreiländereck Finnland, Norwegen, Schweden.
Ich hatte nichts zu essen und ging deshalb zu unserem Spieß. Der sagte: "Selbstverständlich gibt es Essen." Philipp und der Fahrer erhielten ausreichend

zu essen, allerdings war die Freude über das uns geschenkte Treffen das Allerschönste an diesem Tag.
An meinem Geburtstag, dem 25. März 1945, befanden wir uns noch am Dreiländereck. Heinrich Lotz, von Beruf Metzger aus dem Haus *Rüffersch* in Wallroth tat von Kriegsbeginn an in einem Regiment mit mir seinen Dienst. Er gehörte zur 13. Kompanie und ich gehörte zur 2. Kompanie. In seiner Kompanie war er als Koch tätig und hatte, was die Verpflegung anbelangte, vielerlei Möglichkeiten. Er sagte zu mir: "Dein Geburtstag, den feiern wir." Siehe da, er hatte Fleisch in Lake eingelegt und Schnaps besorgt. So konnten wir kurz vor Kriegsende meinen Geburtstag zünftig feiern.
Im April 1945 begann der Rückmarsch durch Nordnorwegen. Wir sollten, so wurde uns berichtet, noch in Deutschland zum Kriegseinsatz kommen, was jedoch dann nicht geschah. Wir befanden uns nördlich der Stadt Fauske in Nordnorwegen, als am 8. Mai 1945 der Krieg zu Ende war. Wir durften an Ort und Stelle bleiben und brauchten unsere Waffen erst sehr viel später abzugeben. Wir freuten uns, daß dieser Krieg nun sein Ende gefunden hatte.
Heinrich Lotz gelang es, eine größere Menge Schnaps an zwei verschiedenen Stellen zu verstecken. Ein Versteck befand sich unter den Dielen in unserer Baracke. Der Pferdestall diente als zweites, sehr gutes Versteck. Hinter einem Pferd, das als "Massick", das heißt, es beißt um sich und verteilt Fußtritte, auch den Norwegern bekannt war, vergruben wir einen Sack voll Schnaps. Die Norweger machten um dieses Pferd einen großen Bogen, und wir holten uns jeden Abend eine Flasche Schnaps. Wenn wir auch Schnaps besaßen, so hatten wir andererseits fast nichts zu essen. Nachschub aus Deutschland gab es nicht, und die Norweger hatten selbst nicht viel zu essen. Wenn da ein Pferd für unser Regiment, Stärke ungefähr 1.000 Mann, geschlachtet wurde, war das nur ein Tropfen auf einen heißen Stein.
In Fauske befand sich ein Verpflegungslager der deutschen Wehrmacht. Ich hatte dort zu tun und organisierte für meine Kameraden und für mich einen Schinken und einen Klumpen Butter von etwa 1.000 Gramm. Als ich aus der Baracke herauskam, begegnete mir unser Zahlmeister. Er zog seine Pistole und sagte: "Legen Sie sofort diese Sachen hin, oder ich muß Sie erschießen." Da hab ich dann schnell alles hingelegt, denn nach Kriegsende wollte ich keinerlei Risiko eingehen.

Risiko eingehen.
Bei unserer Kompanie befanden sich ein Zug russischer Hilfswilliger mit zirka 30 Mann. Insgesamt mögen 150 bis 200 Hiwis bei unserem Bataillon gewesen sein.
Hiwis waren russische Kriegsgefangene, die sich freiwillig bereit erklärt hatten, innerhalb der deutschen Wehrmacht Dienst zu tun. Sie kamen nicht an vorderster Front zum Einsatz, sondern mußten z. B. für Nachschub sorgen oder in der Schneiderei bzw. Schuhmacherwerkstatt arbeiten.
Nach Kriegsende wurden die Hiwis sofort von uns getrennt. Auf Veranlassung der Norweger mußten deutsche Soldaten, wir besaßen noch unsere Waffen, die Hiwis auf Schiffe bringen, die sie wahrscheinlich nach Rußland transportierten. Die Hiwis, Freiwillige für Deutschland, aber Verräter für Rußland, befürchteten Schlimmes. So hatten die deutschen Soldaten allergrößte Schwierigkeiten, die Hiwis auf die Schiffe zu zwingen.
Wir blieben bis Anfang August 1945 in der Nähe von Fauske. Anschließend fuhren wir mit einem Schiff von Bodö nach Mosjörn und weiter mit der Bahn nach Trondheim. Dann ging es wieder auf ein Schiff, und wir landeten in Bremerhaven. Im Hafen wurden wir von Soldaten der US-Armee übernommen. Der Weitertransport geschah mit offenen Eisenbahnwaggons. Auf jedem zweiten Waggon unseres Zuges saß oben drauf ein Ami mit einer Maschinenpistole. So erreichten wir Hanau am Main.
Im Hanauer Hauptbahnhof hatten wir einen längeren Aufenthalt. In unserem Waggon befand sich ein Gefangener, der aus einem Dorf bei Hanau stammte. Er traf einen Eisenbahner, der in seinem Heimatort wohnte und hier am Hauptbahnhof beschäftigt war. Der Eisenbahner sagte zu ihm: "Gib Deinen Rucksack her, ich helfe Dir nach Hause." Der Gefangene ging nicht mit ihm, denn er wollte, wie wir alle, zuerst in ein Entlassungslager, um mit ordentlichen Papieren die Heimreise anzutreten.
Wie konnten wir wissen, daß aus der von uns erwarteten kurzen Zeit im Entlassungslager drei Jahre Gefangenschaft unter schwersten Bedingungen in Frankreich werden würden. Wie oft hatten wir in Frankreich an Hanau gedacht, denn jeder von uns hatte die Möglichkeit, auf einfache Weise zu flüchten.
Ergänzen möchte ich, daß es meines Wissens so etwas nie gegeben hat, daß man nach Kriegsende jahrelang die Gefangenen festhält.

Von Hanau aus fuhren wir über die Rheinbrücke bei Mainz und wurden hier von den Amis an die Franzosen übergeben. Unsere Fahrt wurde fortgesetzt und endete im Gefangenenlager in Bretzenheim bei Bad Kreuznach. Bei Regen mußten wir acht Tage unter freiem Himmel verbringen. Da war es gut, daß ich noch eine Zeltplane und eine Decke besaß. Zwei Dinge, die mir in dieser Zeit sehr geholfen haben.
Von Essen konnte man nicht reden; je Mann täglich ein Liter Wasser mit einigen Kartoffelschalen. Das war alles. Wenn man aufstand, wurde es einem vor Schwäche schwarz vor den Augen.
Von Bretzenheim kamen wir nach Bingerbrück und weiter ging es nach Frankreich. Über Metz und Paris erreichten wir Le Mans. Hier verbrachten wir einige Wochen, wurden nach dem Alphabet sortiert, und ich mußte mich von Heinrich Lotz, mit dem ich so lange zusammen war, trennen.
Mittlerweile hatte der Monat November 1945 begonnen. Ich hatte Pech, denn ich mußte in einem Kohlebergwerk in der Nähe der belgischen Grenze, etwa 20 Kilometer von der Stadt Lille entfernt, arbeiten.
In einem neu erbauten Barackenlager für 2.000 Gefangene wurden wir untergebracht. Das Essen war sehr knapp. Die Tagesration betrug 200 Gramm Brot, dazu eine Suppe. Die Bergleute erhielten zusätzlich 200 Gramm Brot. Im nächsten Sommer brachte man alle möglichen Kohlarten in unser Lager. Jedoch war jeweils der Kopf entfernt, und nur der Stiel mit den äußeren Blättern diente uns als Nahrung. Stiel und Blätter wurden gestampft, mit Wasser vermischt und uns verabreicht. In diesem Gemisch waren die Kohlraupen in großer Anzahl deutlich sichtbar. Vier oder fünf Raupen in einem Liter Flüssigkeit, das war der Normalfall.
Im Bergwerk arbeitete ich fast immer in der Nachtschicht. Sie begann um 22 Uhr und endete um sechs Uhr in der Frühe. Vorwiegend mußte ich beim Umstellen der Transportbänder meine Arbeit verrichten.
Bei mir arbeitete ein Pole, 24 Jahre alt, mit Namen Michael. Er sprach gut deutsch, denn seine Eltern waren in den 20er Jahren dieses Jahrhunderts von Polen nach Westfalen ausgewandert. Einige Verwandte wohnten auch im Jahre 1945 noch im Westfälischen. In den 30er Jahren war er von Westfalen nach Frankreich umgesiedelt.

Jede Nacht brachte mir der Michael ein Griebenschmalzbrot mit. Zwei Scheiben Franzosen-Weißbrot waren dick mit Griebenschmalz bestrichen. Das Brot roch schon wunderbar, wenn ich es in die Hand nahm. Wenn Michael nicht zur Nachtschicht erschien, war ich traurig, denn die französischen Zivilarbeiter gaben uns nichts zu essen. Es waren noch einige Polen im Bergwerk, die uns manchmal etwas Eßbares zukommen ließen.
Der Michael mochte die Menschen in Westfalen. So gab er mir für Gefangene, die aus Westfalen stammten, manchmal Brot mit ins Lager. Das war für mich gefährlich. Ich mußte sehr aufpassen, daß ich bei der Kontrolle am Lagertor nicht erwischt wurde, jedoch habe ich mit Geschick und Glück auch diese Schwierigkeiten überstanden.
Elf Monate war ich mit Michael zusammen. Er hat mir sehr geholfen, diese schwere Zeit zu überstehen, wofür ich ihm heute noch von Herzen dankbar bin. Ich hatte zwei Schlafdecken. Da habe ich eine zerschnitten und mir eine Jacke geschneidert. Weiterhin besaß ich eine schwarze Hose, die mir unser Schneider bereits in Norwegen aus dem Futterstoff eines Mantels gefertigt hatte. Bei einer Kontrolle mußte jeder seine Sachen auf einem Feld frei hinlegen. Die Franzosen meinten, ich wollte fliehen und nahmen mir Jacke und Hose weg. Das war für mich eine herbe Enttäuschung.
Um Schuhe reparieren zu können, brauchte ich Nähfaden. Im Bergwerk schnitt ich mir aus Transportbändern ein Meter lange Stücke heraus und benutzte die Fäden für die Schuhreparatur.
Ich trug ein Paar Schuhe, da war das Oberteil aus Leder und das Unterteil aus Holz. Ich beschloß, mir neue Schuhe zu fertigen. Ein Beil diente als Leisten. In der Grube hatte ich einen Schutzhut aus Leder "organisiert". Er war für zwei Paar Sohlen gut genug. So brachte ich nach und nach alles zusammen, und die Schuhe wurden fertig. Weiterhin fertigte ich mir ein Paar Gummigamaschen. Das Material stammte von einem langen Kraftfahrermantel, bei dem ich unten ein Stück abgeschnitten hatte. Erwähnen möchte ich auch meinen Rucksack. Aus Beständen der deutschen Wehrmacht war er bereits in Nordnorwegen in meinen Besitz übergegangen.
Ab dem Jahr 1947 erhielten wir eine geringe Entlohnung in französischen Francs. Mit diesem Geld konnten wir uns in der Lagerkantine einige Dinge kaufen. Außerhalb des Lagers gab es für uns keine Einkaufsmöglichkeit.

Vom Frühjahr 1947 an hatte ich andauernd leichtes Fieber. Eine Krankmeldung wurde erst bei einer Temperatur über 38 Grad akzeptiert. Ab Nobember 1947 mußte ich auf einer anderen Zeche arbeiten, und zwar bei Fugere im Raum Lenz. Unter Tage war es warm, über Tage eisig kalt. Wir hatten sehr schlechte Kleidung.

Eines Tages hatte ich plötzlich 41 Grad Fieber. Auf einem offenen LKW fuhr man mich vom Lager in das Krankenrevier. Der französische Arzt stellte einen Verdacht auf Rippenfellentzündung fest und ließ mich sofort in ein Krankenhaus nach Duai weiter transportieren. Damit Röntgen überhaupt möglich war, wurden mir zuerst 1.460 Kubikzentimeter Wasser, das schon eine eitrige Farbe zeigte, aus der rechten Brustseite abgesaugt. Wegen einer eventuellen Schädigung des Zwerchfells konnte nicht ausreichend punktiert werden, jedoch ging es mir nach dieser Behandlung schon etwas besser.

Das Krankenrevier für die Gefangenen befand sich in einer ehemaligen Artillerie-Kaserne. Die Räume waren in einem äußerst schlechten Zustand. Es war Winter und an den Fenstern fehlten viele Scheiben. Damit ist schon das Wesentliche gesagt. Aber ich war froh, daß es mit meiner Gesundheit allmählich aufwärts ging und möchte erwähnen, daß der Gedanke an das "Zuhause" mir immer wieder die Moral gefestigt und Mut gegeben hat.

Mitte Januar 1948 konnte ich das Krankenrevier in Duai verlassen. Mit dem Lazarettzug fuhr ich über Paris, Straßburg, Kehl, Tuttlingen, Ravensburg nach Weisenau. Im Krankenhaus in Weisenau wurde ich gut untergebracht. Meine Freude war groß, als mich meine Frau im Februar in Weisenau besuchte. Nach meinem Heiratsurlaub im Jahre 1941 hatte ich noch im Juli 1942 und August 1943 Urlaub gehabt. Daß nach so langer Zeit die Wiedersehensfreude riesengroß war, bedarf wohl keiner Frage.

Berta Creß aus Wallroth, eine Verwandte von mir, begleitete meine Frau.

In der Weisenauer Gegend gab es sehr gutes Obst. Nette Privatleute schenkten den beiden einige Äpfel, die wir in den bereits erwähnten Rucksack stopften. Meiner Frau und Berta freuten sich sehr über diese wunderbaren Äpfel.

Endlich war es soweit, der Tag der Entlassung nahte. Am 1. März 1948 kam ich in das Entlassungslager in Ravensburg und wurde hier am 3. März entlassen. Mit der Eisenbahn fuhr ich los und traf spät abends auf dem Frankfurter Hauptbahnhof ein. Da ich zu so später Stunde keinen Anschlußzug erreichen konnte, verbrachte ich die Nacht auf dem Hauptbahnhof. Am 4. März 1948, dem Tag meiner Heimkehr, fuhr ich zum Bahnhof Schlüchtern und anschließend mit der Autovermietung Möller in meinen Heimatdorf Wallroth.

Daß ich gut zu Hause angekommen bin, dafür danke ich meinem Herrgott.

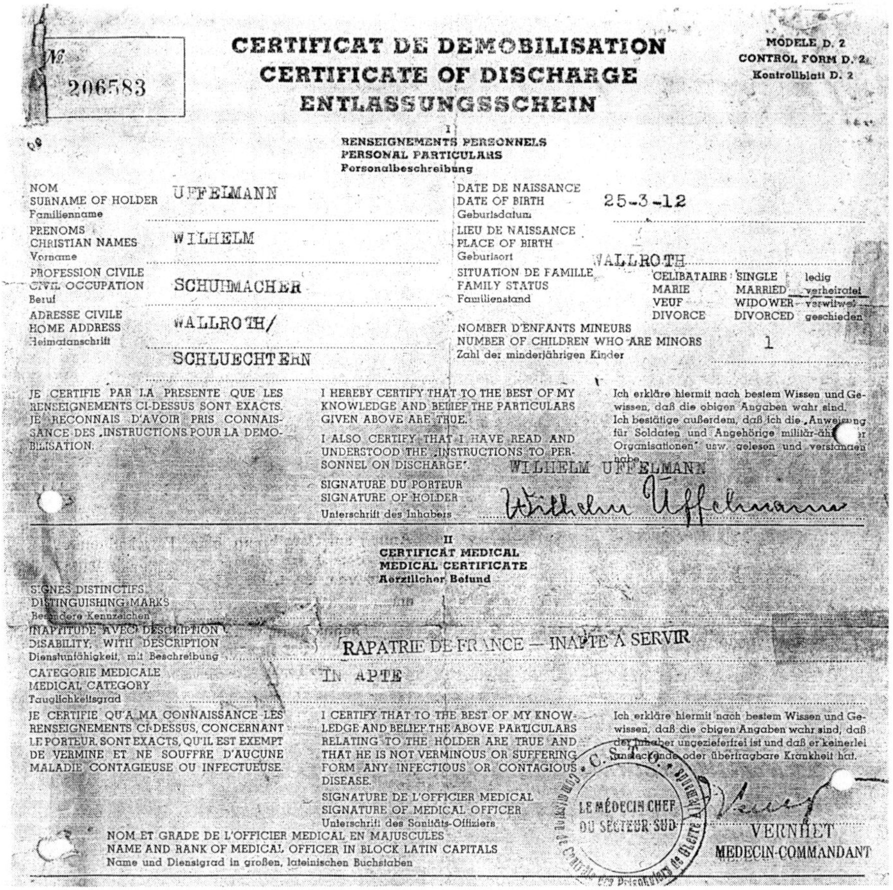

No 206583

CERTIFICAT DE DEMOBILISATION
CERTIFICATE OF DISCHARGE
ENTLASSUNGSSCHEIN

MODELE D. 2
CONTROL FORM D. 2
Kontrollblatt D. 2

I
RENSEIGNEMENTS PERSONNELS
PERSONAL PARTICULARS
Personalbeschreibung

NOM / SURNAME OF HOLDER / Familienname: UFFELMANN
DATE DE NAISSANCE / DATE OF BIRTH / Geburtsdatum: 25-3-12
PRENOMS / CHRISTIAN NAMES / Vorname: WILHELM
LIEU DE NAISSANCE / PLACE OF BIRTH / Geburtsort: WALLROTH
PROFESSION CIVILE / CIVIL OCCUPATION / Beruf: SCHUHMACHER
SITUATION DE FAMILLE / FAMILY STATUS / Familienstand: CELIBATAIRE / SINGLE / ledig — MARIE / MARRIED / verheiratet — VEUF / WIDOWER / verwitwet — DIVORCE / DIVORCED / geschieden
ADRESSE CIVILE / HOME ADDRESS / Heimatanschrift: WALLROTH/ SCHLUECHTERN
NOMBER D'ENFANTS MINEURS / NUMBER OF CHILDREN WHO ARE MINORS / Zahl der minderjährigen Kinder: 1

JE CERTIFIE PAR LA PRESENTE QUE LES RENSEIGNEMENTS CI-DESSUS SONT EXACTS. JE RECONNAIS D'AVOIR PRIS CONNAISSANCE DES INSTRUCTIONS POUR LA DEMOBILISATION.

I HEREBY CERTIFY THAT TO THE BEST OF MY KNOWLEDGE AND BELIEF THE PARTICULARS GIVEN ABOVE ARE TRUE.
I ALSO CERTIFY THAT I HAVE READ AND UNDERSTOOD THE INSTRUCTIONS TO PERSONNEL ON DISCHARGE.

Ich erkläre hiermit nach bestem Wissen und Gewissen, daß die obigen Angaben wahr sind. Ich bestätige außerdem, daß ich die Anweisung für Soldaten und Angehörige militär-ähnlicher Organisationen usw. gelesen und verstanden habe.

WILHELM UFFELMANN

SIGNATURE DU PORTEUR / SIGNATURE OF HOLDER / Unterschrift des Inhabers: Wilhelm Uffelmann

II
CERTIFICAT MEDICAL
MEDICAL CERTIFICATE
Aerztlicher Befund

SIGNES DISTINCTIFS / DISTINGUISHING MARKS / Besondere Kennzeichen:
INAPTITUDE AVEC DESCRIPTION / DISABILITY, WITH DESCRIPTION / Dienstunfähigkeit, mit Beschreibung: RAPATRIE DE FRANCE — INAPTE A SERVIR
CATEGORIE MEDICALE / MEDICAL CATEGORY / Tauglichkeitsgrad: IN APTE

JE CERTIFIE QU'A MA CONNAISSANCE LES RENSEIGNEMENTS CI-DESSUS, CONCERNANT LE PORTEUR SONT EXACTS, QU'IL EST EXEMPT DE VERMINE ET NE SOUFFRE D'AUCUNE MALADIE CONTAGIEUSE OU INFECTUEUSE.

I CERTIFY THAT TO THE BEST OF MY KNOWLEDGE AND BELIEF THE ABOVE PARTICULARS RELATING TO THE HOLDER ARE TRUE AND THAT HE IS NOT VERMINOUS OR SUFFERING FORM ANY INFECTIOUS OR CONTAGIOUS DISEASE.

Ich erkläre hiermit nach bestem Wissen und Gewissen, daß die obigen Angaben wahr sind, daß der Inhaber ungezieferfrei ist und daß er keinerlei ansteckende oder übertragbare Krankheit hat.

SIGNATURE DE L'OFFICIER MEDICAL / SIGNATURE OF MEDICAL OFFICER / Unterschrift des Sanitäts-Offiziers

LE MEDECIN CHEF DU SECTEUR SUD

NOM ET GRADE DE L'OFFICIER MEDICAL EN MAJUSCULES / NAME AND RANK OF MEDICAL OFFICER IN BLOCK LATIN CAPITALS / Name und Dienstgrad in großen, lateinischen Buchstaben: VERNHET MEDECIN-COMMANDANT

Rote-Kreuz-Schwester Käthe

Erzählt von meiner Cousine Käthe Dann, geb. Druschel, Oberhausen

Käthe Dann

Am 30. Dezember 1917 wurde ich in *Hennerjes* in Wallroth geboren. Mein Vater Johannes Uffelmann aus *Schneiderhennerje* befand sich noch im Krieg. Deshalb sollte die Heirat mit meiner Mutter Margarethe nach Kriegsende erfolgen. Doch, es kam anders. Mein Vater ist am 28. Oktober 1918, kurz vor Kriegsende, gefallen. Einige Tage vorher hatte er meiner Mutter noch einen Brief geschrieben. Den Bescheid für eine bescheidene Waisenrente habe ich heute noch vorliegen.

Im Frühjahr 1924 heiratete meine Mutter Fritz Bayer, und wir lebten dann in Ahl. Mein Stiefvater erhielt im Jahre 1934 eine Anstellung als Schäfer bei der Stadt Steinau an der Straße, und wir zogen in demselben Jahr in eine Wohnung im Steinauer Schloß. Von September 1934 bis März 1937 erhielt ich eine Ausbildung als Gehilfin im Einzelhandel bei dem Lebensmittelgeschäft Bose in Steinau.

Im Jahr 1937 trat ich dem Deutschen Roten Kreuz bei. Die anschließend durchgeführte Ausbildung als DRK-Helferin endete mit einer Abschlußprüfung.

Nach Kriegsbeginn am 1. September 1939 erfolgte am 8. September 1939 meine Einberufung in das Reservelazarett, das in einem ehemaligen Erholungsheim in Steinau untergebracht war. Bis zu diesem Zeitpunkt hatte ich bei der Firma Bose gearbeitet.

Im Winter 1939/40 waren ein Pionierbataillon aus dem Raum Stettin und ein bayrisches Regiment in den Dörfern des Altkreises Schlüchtern untergebracht.

Viele Soldaten aus Bayern hatten sich bei einer Winterübung auf dem Waldgelände beim Acisbrunnen in der Nähe von Schlüchtern Erfrierungen zugezogen, die bei uns behandelt werden mußten.
Im Jahr 1940 legte ich die Prüfung als DRK-Schwesternhelferin bei Chefarzt Dr. Clement im Krankenhaus in Schlüchtern ab.
Im Frühjahr 1941 wurde ich nach Ilmenau in Thüringen versetzt. Die Pestalozzischule hatte man zu einem Reservelazarett umfunktioniert. In diesem Lazarett begann ich mit meiner Tätigkeit. Ich arbeitete im Verbandszimmer und Labor. Außerdem mußte ich den Krankheitsverlauf, wir nannten dies die Krankengeschichte, der verwundeten Soldaten schriftlich festhalten.
In der Knabenschule in Ilmenau wurde ein neues Lazarett eingerichtet, und hier mußte ich jetzt täglich meinen Dienst antreten.
Unser Lazarett in der Knabenschule erhielt die Aufgabe, schwerverletzte, bettlägerige Soldaten aufzunehmen. Die amtliche Bezeichnung lautete: Schwer-Chirurgische Abteilung.
Es standen 178 Betten mit 3 Ärzten, 22 Schwestern und 8 Sanitätern zur Verfügung.
In diesem Lazarett ernannte man mich im Jahre 1942 zur Abteilungsleiterin. Dies war für mich als junge Schwester eine große, verantwortungsvolle Aufgabe. Mir oblag die Einteilung der Arbeitszeiten für die Schwestern. Weiterhin hatte ich mich um die Verteilung der Medikamente zu kümmern und darauf zu achten, daß alle Anordnungen befolgt wurden.
In Ilmenau erhielten wir in der Anfangszeit nur Verwundete von den Frontlazaretten. Als jedoch an der Ostfront die Zahl der verwundeten Soldaten enorm zunahm, wurden die Lazarettzüge von den Hauptverbandsplätzen hinter der Front direkt zu uns durchgeleitet. War ein Lazarettzug angesagt, dann begann für uns Schwerstarbeit. Diese Züge kamen aus Rußland, später Polen, waren vielleicht eine Woche unterwegs, ohne daß den Verwundeten ein Verband gewechselt wurde.
Nach der Ankunft trugen wir diese Verwundeten auf Tragen zum LKW, der sie zur Schulturnhalle brachte. Zuerst nahmen wir den Soldaten, von denen viele abgemagert und in einem erbärmlichen Zustand waren, Verbände und Gipsbandagen ab. Da brauchte man starke Nerven, denn was wir vorfanden, waren in erster Linie übelriechende, eitrige Wunden mit Läusefraß. Bei diesem Anblick

versagte mancher Schwester der Kreilauf. Besonders schlimm war es bei den Erfrierungen in den Kriegswintern, denn bei den erfrorenen Gliedmaßen konnte man wirklich von verfaultem, stark übel riechendem, schwarzem Fleisch sprechen.

Wir brachten die Verwundeten von der Turnhalle ins Bad und steckten sie dann in Schlafanzüge oder die Schwerverletzten in Nachthemden. Aber dann begann die wesentliche Arbeit, denn die Verwundeten mußten versorgt, manche mußten amputiert oder nachamputiert werden. An dieser Stelle muß ich den Verwundeten ein großes Lob aussprechen. Alle haben den Transport im Lazarettzug und die Weiterbehandlung geduldig in Kauf genommen. Das lag sicher daran, daß sie froh waren, dem schrecklichen Frontgeschehen entronnen zu sein und der Heimat entgegen fahren zu können.

Die Lazarettzüge kamen fast regelmäßig nicht zu den uns mitgeteilten Zeiten. Sollte z. B. ein Zug um 20 Uhr da sein, konnte es passieren, daß er nachts gegen 2 Uhr eintraf. Anschließend hatten wir bis 7 Uhr zu tun, um das Notwendigste zu erledigen und begannen dann sofort mit unserer Tagesarbeit. So haben wir in vielen Nächten kein Bett gesehen, es aber auch nicht als Last empfunden, denn diesen verwundeten Soldaten zu helfen und helfen zu können, glich die Belastungen alle aus.

Ich hatte bei der Familie Vogt im Wenzelsberg 4 in Ilmenau ein Privatzimmer. An die Familie Vogt erinnere ich mich sehr gerne. Ich war da bestens aufgehoben, denn sie behandelten mich wie eine eigene Tochter.

Außerdem gab es für unsere Operationsschwester und für mich im Krankenhaus ein Zimmer, das uns gemeinsam, allerdings im Wechsel, zur Verfügung stand. Eine von uns beiden mußte wegen eventueller Notfälle jederzeit dienstbereit sein. Es war üblich, daß ich bei Operationen für die Narkose zuständig war. Ich setzte den Verwundeten die Kappe auf die Nase und zählte die Äthertropfen ab, die von den Betreffenden eingeatmet wurden.

Der Nachtdienst wurde von unseren Sanitätern übernommen. Unser Stationsarzt wohnte im Lazarett, damit er in Notfällen jederzeit zur Verfügung stehen konnte.

Ganz besonders möchte ich unser gutes Betriebsklima erwähnen. Die Arbeit ging Hand in Hand. Einer stand dem anderen zur Seite. Wenn beim Schichtdienst jemand tauschen wollte, dann geschah dies ohne jegliche Probleme.

Erfreulich ist für mich zu berichten, daß unsere Verwundeten dankbare, zufriedene Menschen waren.
In den Jahren 1942 und 1943 besuchten mich in dem Lazarett "Knabenschule" mein Bruder Adam und meine Schwester Else. Im Jahr 1943 wurde mir die Medaille für Deutsche Volkspflege verliehen.
Die Besuche meiner Geschwister und die Verleihung der Medaille waren Ereignisse, über die ich mich freute.
Ein Soldat kam schwerverletzt mit Lungen- und Bauchschuß zu uns. Sein Zustand war mehr als bedenklich, und er brauchte dringend eine Bluttransfusion. Er hatte die Blutgruppe B, die nur selten vorkommt. Es waren auch keine Blutkonserven vorrätig. Da ich jedoch die Blutgruppe B habe, spendete ich ihm zweimal Blut und konnte ihm damit helfen. Später sagte die Frau des Soldaten bei einem Besuch : "Die Schwester Käthe hat dir das Leben gerettet." Später bin ich bei Bedarf der Blutgruppe B öfters als Spenderin eingesprungen.
Eines Tages erhielten wir eine Gruppe holländischer SS-Soldaten. Sie hatten alle offene Tuberkulose. Sie konnten nicht bei uns bleiben, denn für eine Behandlung hatten wir keinerlei Einrichtungen und mußten sie deshalb in ein anderes Lazarett weiterleiten.
Unsere Ärzte verordneten nicht nur Medikamente, sondern halfen auch auf anderen Wegen. Zum Beispiel verteilten wir abends an Verwundete mit einem schlechten Gesundheitszustand einen Cognac oder ein Glas Rotwein mit einem rohen Ei. Wenn allerdings genügend Rotwein zur Verfügung stand, dann gab ich jedem Verwundeten ein Glas. Darüber freuten sie sich und nahmen dankbar ihr Glas entgegen.
Im Keller stand ein Koffer ohne jegliche Besitzhinweise. Da niemand wußte, wem der Koffer gehörte, mußten wir ihn öffnen. Da sehe ich auf der Innenseite des Kofferdeckels ein Bild von einem Mann, den ich kannte. Er hieß Buchinger und hatte im Winter 1939/40 einen Lazarettaufenthalt in Steinau gehabt. Jetzt war des Rätsels Lösung bald gefunden. Wir hatten einen Verwundeten mit Namen Buchinger und beide waren Brüder. Der Buchinger in unserem Lazarett hatte eine Operation gut überstanden und befand sich auf dem Weg der Besserung. Plötzlich wurde ich höchstdringend zu ihm gerufen und stellte einen ganz schwachen Pulsschlag fest. Während ein Arzt herbeigerufen wurde, starb der Ärmste in meinen Armen.

Einem leichtverletzten Soldaten ging es wieder gut, und er sollte mit anderen unser Lazarett verlassen. Beim Mittagessen im Speisesaal stellten wir fest, daß er noch fehlte, und ein Sanitäter ging, um nach ihm zu schauen. Den Sani erwartete ein schreckliches Bild. Der Soldat hatte sich ein Bajonett quer durch den Hals gestoßen und war am Verbluten. Jede Hilfe kam zu spät. Wir waren alle erschreckt und hatten für diese Tat keinerlei Erklärung.
Mit der Fortdauer des Krieges wurde vieles schwieriger. Bei einer neuen Lieferung von Verbandsmaterial schauten wir überrascht, daß wir anstelle der Zellstoffbinden nur welche aus Papier erhielten. Von nun an gab es nur noch Papierbinden, die morgens verbunden, am Mittag schon durchgeweicht waren. Auch die Essensversorgung stellte uns mit jedem Kriegsjahr vor größere Probleme. Es gab zwar immer satt zu essen, aber die Auswahl der Speisen wurde immer kleiner. Gegen Kriegsende waren die Steckrüben eine wesentliche Nahrung. Sie gab es als Suppe, Salat oder mit Kartoffeln. Hierbei war es ein Glück, daß wir eine gute Köchin hatten, denn sie machte aus allem ein schmackhaftes Essen.
Schlimm wurde es für uns, als die Luftangriffe begannen. Bei Fliegeralarm mußten wir die Verwundeten in den Luftschutzkeller schaffen. Das war Schwerstarbeit, denn unser Lazarett lag zum Teil im 1. Stock und hatte als ehemalige Schule natürlich keinen Aufzug. Da nicht genügend Sanitäter zur Verfügung standen, mußten wir Krankenschwestern mit der Bahre oder auf unserem Rücken die Männer in den Keller und später zurücktransportieren. Manche Verwundete wollten nicht in den Keller. Aber das durfte nicht sein, und so mußten sie, ob sie wollten oder nicht, ebenfalls in den Keller. Ein junger Soldat war an beiden Beinen oberschenkelamputiert. Bei Alarm schaffte er es - ruck, zuck - auf der Fensterbank zu sitzen. Dort nahm ich ihn auf meinen Rücken, schleppte ihn in den Keller und später wieder nach oben.
Die Stadt Ilmenau liegt im wunderschönen Thüringer Wald. Insgesamt fünf Lazarette befanden sich in dieser Stadt. Ein verwundeter Soldat malte ein Bild vom Knöpfelstaler-Teich bei Ilmenau. Während des Malens wurde er oft gefragt, wem er das Bild schenken wolle. Er sagte dann: "Das ist noch mein Geheimnis." Als das Bild fertig war, schenkte er es mir mit einem herzlichen Dankeschön für gute Hilfe. Ich freute mich sehr, und es ist sicher verständlich, daß dieses Bild heute einen Ehrenplatz in meinem Wohnzimmer hat.

Die Kriegszeit in Ilmenau war für mich eine schwere Zeit, denn ich habe viele Soldaten leiden und sterben sehen. Die Verwundeten waren für die Hilfe durch uns Schwestern sehr dankbar und trotz schwerer Verletzungen oder Krankheit nicht unzuzfrieden. In dem Bewußtsein, vielen Menschen geholfen zu haben, denke ich trotz allem mit einem guten Gefühl an diese Jahre zurück.

Nach der Wende besuchte ich im August 1990 die Stadt Ilmenau. Erinnerungen wurden wach, besonders deshalb, weil Häuser und Schulen sich in der Zwischenzeit nicht verändert hatten. An diesen Besuch erinnere ich mich gerne, zumal ich ihn zusammen mit einer ehemaligen Kollegin vom Roten Kreuz aus Bad Hersfeld vornehmen konnte.
Die Zeit wird weitergehen, aber Kriege sollte es nach Möglichkeit nicht mehr geben.

Von Stalingrad nach South Carolina

Erzählt von Nikolaus Stoll, Wallroth

Nikolaus Stoll an der Küste in der Normandie in der Nähe von Brest

Am 9. Mai 1917, einem wunderschönen Maientag, wurde ich in unserem Haus *Hoajes* in Wallroth geboren. Von 1923 bis 1931 besuchte ich die Volksschule in Wallroth und begann anschließend eine Schreinerlehre bei der Schreinerei Alter in der Schmiedsgasse in Schlüchtern. Mit dem Fahrrad fuhr ich täglich von Wallroth nach Schlüchtern. Ich erhielt keinen Lohn, jedoch jeden Tag ein unentgeltliches Mittagessen. In manchen anderen Werkstätten erhielten die Lehrlinge eine Mark Wochenlohn.

Im Jahr 1934 legte ich die Gesellenprüfung ab. Nach meiner Prüfung konnte ich wegen Arbeitsmangel nur noch vier Wochen in der Schreinerei Alter bleiben, denn es war eine wirtschaftlich sehr schwere Zeit.

Da ich als Schreinergeselle keine Arbeit finden konnte, ging ich auf den Bauernhof *Meuersch* im Ortsteil Mühldorf in Wallroth in Stellung. Ich verrichtete alle landwirtschaftlichen Arbeiten. Der Monatslohn betrug 30 Mark. Kost und Logis waren frei. Wöchentlich mußten 60 Pfennig in die Rentenversicherung entrichtet werden, die von meinem Arbeitgeber bezahlt wurden.

Nach einem Jahr konnte ich in der Schreinerei Klüh in Wallroth in meinem Beruf tätig werden. Der Anfangswochenlohn betrug 12 Mark, dann 14 und zum Schluß 16 Mark. Bei der Schreinerei Klüh blieb ich sechs Monate. Wegen der besseren Verdienstmöglichkeiten ging ich zu einem Gleisbauunternehmen, das für die Reichsbahn in Schlüchtern und der näheren Umgebung tätig war. Ich erhielt 25 Mark Wochenlohn. Nach anderthalb Jahren verlegte diese Firma ihre Tätigkeit nach Bebra-Höhnebach. Bei Privatleuten besorgte ich mir ein Quartier und bezahlte für Übernachtung und Vollpension zwei Mark täglich. Das war ein sehr günstiger Preis. Von der Firma erhielt ich gegenüber Schlüchtern als Auslösung 20 Pfennig je Stunde zusätzlich und konnte damit mein Quartier finanzieren. Bemerken möchte ich, daß ich mit Stophacke und Steingabel jeden Tag sehr schwere Arbeit zu verrichten hatte.

Ich möchte nicht versäumen, von meiner Freizeitbeschäftigung zu erzählen, die mir sehr viel bedeutet hat und die durch den Krieg je abgebrochen wurde.
Ich interessierte mich schon immer für Musik und kann mich an der Musik begeistern. Da es in Wallroth keine Musikkapelle gab und noch nie gegeben hatte, beschloß ich im Jahr 1934 mit drei Gleichaltrigen, eine Kapelle zu gründen. Das war leichter gesagt als getan, denn uns fehlte es an allem, was man dazu benötigte.
Ich wollte ein Akkordeon spielen, jedoch mußte ich mir ein solches erst einmal kaufen. Ein neues Instrument konnte ich mir nicht leisten, denn wo sollte ich hierfür das Geld auftreiben? Ich war nach Beendigung meiner Lehre arbeitslos und erhielt keine Arbeitslosenunterstützung. Erwähnen möchte ich, daß Familienväter, wenn sie arbeitslos wurden, nur sieben Mark Unterstützung je Woche erhielten.
Jedenfalls konnte ich mir für 80 Mark ein wenig gebrauchtes Akkordeon von Hertha Drescher, der Frau unseres Dorflehrers Heinrich Drescher, erwerben. Doch ich hatte ein großes Problem. Wie konnte ich zu 80 Mark kommen?
Aus dieser Notlage kam ich heraus, indem ich im Winter 1934/35 als Holzhauer in den Gemeindewald von Wallroth ging. Das ganze Winterhalbjahr brauchte ich, um mir dieses Geld zu erarbeiten.
Mein Akkordeon besaß nur 12 Bässe, aus heutiger Sicht ein kleines Instrument, jedoch konnte ich darauf alle Lieder spielen und war darüber glücklich und zufrieden.
Im Jahr 1935 hatten wir es geschafft, und unsere Kapelle war komplett. Kurt Stoll *Boaste* aus Breitenbach spielte Geige, Adam Storck *Balse* aus Wallroth Schlagzeug, Wilhelm Lotz *Gehammertjes* aus Wallroth und ich Akkordeon.

Ein halbes Jahr übten wir sehr, sehr fleißig und konnten dann zum ersten Mal öffentlich auftreten. Wir spielten bei Tanz-, Partei- und Vereinsveranstaltungen. Vom Veranstalter erhielten wir kein Entgelt, deshalb erhoben wir durch Freunde je Person 10 Pfennig Eintritt. Bei den Tanzveranstaltungen gab es ab und zu eine Damenwahl, die auch noch etwas Geld in die Tasche brachte. War eine Veranstaltung zu Ende, hatten wir einige Mark eingenommen. Aber das Geld war für uns nicht das Wichtigste, sondern daß wir mit der Musik anderen und uns eine Freude bereiten konnten.
Später gründeten wir innerhalb der Hitlerjugend einen kleinen Spielmannszug mit sechs Querpfeifen und zwei Trommeln. An Sonntagnachmittagen marschierte unsere Gruppe auf dem Waldweg im Knos, weit ab vom Dorf, auf und ab, um uns für unsere Auftritte vorzubereiten. Außerdem nahmen unsere Trommler Adam Storck und Wilhelm Creß am Unterricht in Schlüchtern teil. Bei verschiedenen Veranstaltungen, z. B. am 1. Mai, hatten wir unsere Auftritte.
Als im Jahr 1937 der erste - die anderen folgten in kurzen Zeitabständen - zum Arbeitsdienst einrücken mußte, bedeute dies das Ende unserer gemeinsamen Musik. Der lang anhaltende Krieg zerriß alle Bande und verhinderte ein Neubeginn nach Kriegsende.
Am 3. April 1938 erfolgte meine Einberufung zum Reichsarbeitsdienst nach Eschwege. In einem Steinbruch brachen wir Steine, die für eine Flußregulierung verwandt wurden. Unser Tagelohn betrug 25 Pfennige. Nach drei Monaten erfolgte unsere Verlegung nach Eckenstein bei Karlsruhe.
Die Verteidigungseinrichtungen des Westwalls, Bunker und dergleichen, zogen sich am Rhein entlang. Täglich mußten wir hier Stacheldraht für Drahtverhaue verlegen. Außerdem erhielt jeder von uns für die militärische Ausbildung einen Karabiner zugeteilt. Die Arbeitsdienstzeit betrug normalerweise sechs Monate. Wir mußten einen Monat länger bleiben. Ende Oktober 1938 wurde ich entlassen.
Schon am 18. November 1938 erfolgte meine Einberufung zur Wehrmacht nach Fulda. Ich wurde der 10. Kompanie im 3. Bataillon des Infanterieregimentes 88 zugeteilt. Hier erfuhr ich ein Jahr lang härteste Ausbildung, was wir Soldaten als Schleiferei bezeichneten. Anfang August 1939 wurden einige Soldaten von unseren Kompanien, darunter auch ich, in die Lamboykaserne nach Hanau verlegt. Dort drillte man uns für den Reichsparteitag in Nürnberg. Wegen des

bevorstehenden Krieges fand der Parteitag nicht statt, und wir kamen Ende August 1939 wieder nach Fulda zurück.

Mit dem Kriegsbeginn am 1. September1939 erhielten wir unsere Kriegsausrüstung und wurden anschließend nach Schöneck im Saarland verlegt.

Bei Wintereinbruch marschierten wir in ein Dorf im Hunsrück und verbrachten bei strenger Kälte den Winter 1939/40.

Am 6. Januar 1940 heiratete ich, verbunden mit 14 Tagen Urlaub, Elisabeth Lotz aus *Rüffesch* inWallroth. Diese Zeit war schnell vorbei. Gerne wäre ich länger in Wallroth geblieben, aber meine Einheit im Hunsrück wartete auf mich.

Im Frühjahr 1940 beorderte man uns auf eine Höhe bei Trier.

Am 9. Mai 1940, meinem Geburtstag, begann der Frankreichfeldzug. Wir marschierten über Luxemburg und Belgien nach Frankreich. Immer hieß es marschieren, marschieren, marschieren. Unser Marschziel war der Fluß Aisne, zwischen den Flüssen

---

Zu den Bildern: (Fotos: Paul Förster)
Oben: Abfahrt von Fulda zum Kriegseinsatz
Mitte: Französiche Kriegsgefangene. "Zum ersten Mal sahen wir Menschen mit schwarzer Hautfarbe."
Unten: Der Krieg in Frankreich 1940

Maas und Marne. Hier kamen wir an dem Tag X, so nannten man dies, zum Einsatz. Unsere schweren Waffen bereiteten mit einem Trommelfeuer den Angriff vor, und bei heftigem Widerstand überquerten wir in Schlauchbooten die 15 Meter breite Aisne und anschließend den Aisne-Kanal. Nach weiterem Fronteinsatz war nach sechs Wochen dieser Feldzug zu Ende.

Wir blieben noch zwei bis drei Wochen in Frankreich und kamen dann zum Truppenübungsplatz Grafenwöhr in Bayern. Die Einheiten wurden neu aufgestellt. Außerdem erfolgte erstmalig eine Blutgruppenuntersuchung. Für den Afrikaeinsatz wurden Soldaten mit der Blutgruppe 0 gesucht. Da ich die Blutgruppe B habe, kam ich für Afrika nicht in Frage. Meine neue Einheit nannte sich die 113. Infanteriedivision. An den Fahrzeugen stand die Zahl 113 in verschlüsselter Form. WL=100, L=10, w=3, ergibt 113. Da diese Verschlüsselung eine große Ähnlichkeit mit einem bestimmten Körperteil hatte, nannte man unsere Division die "Arschbacken-Division".

Ende Mai/Anfang Juni mußten wir Grafenwöhr verlassen und an dem am 22.

Zu den Bildern: (Fotos: Paul Förster)
Oben: Deutscher Soldatenfriedhof in Frankreich
Unten: Deutsches Propagandaplakat "Habt Vertrauen zum deutschen Soldaten!"

Juni 1941 beginnenden Rußlandkrieg teilnehmen. Als wir in Grafenwöhr zum Bahnhof marschierten, hieß es plötzlich "Gas". Bei größter Hitze mußten wir die Gasmasken aufsetzen und weitermarschieren. Diese Gasübung empfanden wir als eine unnötige Schikane.
Unsere erste Einsatzstelle war Krakau. Dann hieß es immerzu kämpfen, marschieren, kämpfen, marschieren. Wichtig ist es zu erwähnen, daß wir unsere Waffen und die Munitionskästen mitschleppen mußten. Nur die Verpflegung, die Feldküche und unsere Tornister wurden mit Pferdegespannen transportiert. Marschiert wurde vorwiegend nachts. Da haben wir in manchen Nächten 50 bis 60 Kilometer ohne Feindberührung zurücklegen müssen. Als der Rußlandfeldzug begann, sagten wir Feldhasen, so nannte man uns Infanteristen: "Oje, in Rußland, da kämpfen und laufen wir uns tot."
Als wir uns einmal in breiter Front im Gelände vorwärts bewegten, gab es plötzlich Gasalarm. Wir setzten unsere Gasmasken auf und waren erleichtert, als sich die Angelegenheit als Fehlalarm herausstellte, denn auf das Giftgas wollten wir gerne verzichten. Irgend ein Soldat hatt "ein Haas" gerufen, und es war "Gas" verstanden worden.
Wir kamen zu den Pripjet-Sümpfen. Dabei handelt es sich um ein riesiges Sumpfgebiet. Diese Sümpfe wurden unserer Division als Kampfgebiet zugeteilt. Bei oft härtestem Widerstand in diesem Gebiet voranzukommen, war äußerst schwierig. Wir wateten durch Wasser und Sumpf. Wo dies nicht möglich war, bauten uns die Pioniere schmale Laufstege. Natürlich bereitete es große Schwierigkeiten, uns mit Nachschub zu versorgen - besonders nachts. Die Flüsse, so auch der Fluß Irscha, wurden an den Flachstellen zu Fuß überquert. Da wurde sich nackt ausgezogen, das Kleiderbündel auf den Kopf, das Gewehr auf die Schulter genommen und durch die oft breiten Flußstellen gewatet.
Wir waren froh, als wir die Pripjet-Sümpfe verlassen konnten und wieder festen Boden unter den Füßen hatten. An dieses Gebiet habe ich eine besondere Erinnerung. Ich stand bei Morgengrauen mit meinem schweren Maschinengewehr allein auf Posten. Meine Kameraden befanden sich im Bunker. Da kamen drei russische Soldaten, es waren lange Kerls, höchstwahrscheinlich ein Spähtrupp, direkt auf mich zu. Ich wollte mit dem MG einen Warnschuß abgeben, um die Russen gefangenzunehmen und meine Kameraden aufmerksam zu

machen. Ich drückte auf den Abzug, doch oh Schreck, es machte nur "klick". Das MG hatte Ladehemmung und ich in mir ein unheimlich komisches Gefühl. Aber ich hatte Glück. Als die Russen mich hinter dem Maschinengewehr sahen, warfen sie bei dem "klick" ihre Waffen weg und ergaben sich. Ich steckte die Russen in ein leeres Erdloch neben dem Bunker und informierte meine schlafenden Kameraden. Sie waren mächtig erstaunt, denn sie hatten von dem Vorgang nichts bemerkt.

Bei mir in der Kompanie befand sich Paul Förster aus Bad Soden, Kreis Schlüchtern. Er war von Beruf Fotograf, und die Eltern besaßen in Bad Soden ein Fotogeschäft, das er bis zum heutigen Tag weiterführt. Er hat oft fotografiert, vor allen Dingen dort, wo es nicht sein durfte. So hat er auch diese drei Gefangenen abgelichtet, und das Bild ist noch heute in meinem Besitz. Paul Förster versah seinen Dienst als Kompaniemelder. Das war eine schwere Aufgabe.

Wenn wir eine Rast einlegten, dann mußte er zu Fuß die Meldungen zu den Nachbarkompanien, dem Bataillon oder Regiment bringen. Er mußte immerzu rennen. Andererseits hat Paul Förster durch diese Tä-

Bilder von Paul Förster:
Oben: Der Feldpostbriefkasten an der Feldküche
Unten: Deutsche Fahrzeuge auf der "Rollbahn"

tigkeit mehr gehört und gesehen als wir und diesen Vorteil auch für seine Fotoaufnahmen genutzt.
Von den Pripjet-Sümpfen kommd, rückten wir in Richtung Kiew weiter vor. Wir waren am Kessel von Kiew beteiligt und marschierten nach der Kesselschlacht in Kiew ein. Dort gab es einige Tage Ruhepause, und dann ging es weiter über den Dnjepr in Richtung Charkow.
Der Winter begann. Es wurde grimmig kalt. In vorderster Stellung liegend, machten uns Eis und Schnee mit Schneestürmen schwer zu schaffen. Wir verkrochen uns in Schneehöhlen und Erdlöchern. Da wir keine Winterkleidung hatten, waren die Verluste durch Erfrierungen sehr hoch. Meistens gab es Erfriereungen an den Füßen, denn unseren Lederstiefeln fehlte das wärmende Material. Da waren die Russen mit ihren Filzstiefeln besser dran.
Noch im Winter erreichten wir Charkow. Wir marschierten durch die Stadt und nahmen anschließend auf freier Fläche und in den Dörfern den Kampf gegen die Russen und den russischen Winter wieder auf. Von Krakau bis Charkow hatten wir in vier Monaten ungefähr 1.500 Kilometer mit Kämpfen und Marschieren zurückgelegt. Da ich nur 1,65 Meter groß bin und auch nicht von sehr kräftiger Gestalt, war es mit zwei bis vier Munitionskästen an beiden Händen für mich manchmal unmenschlich, diese Strapazen durchzustehen.
Vom Juni bis in den Winter machte mir eine starke Halsentzündung schwer zu schaffen. Die russischen Quartiersleute halfen mir so gut, wie sie konnten. Das freute mich, und so bin ich diesen Menschen heute noch dankbar.
Im Sommer 1942 ging unser Vormarsch in Richtung Stalingrad weiter. Die Kämpfe wurden bei oft nur geringen Geländegewinnen schwerer. Anfang Oktober befanden wir uns nördlich von Stalingrad an dem sogenannten Nordriegel. Das Gelände war von tiefen Schluchten durchzogen. Ich stand in meinem Panzerloch, einem Schutzloch für einen Mann. In etwa 200 Meter Entfernung sah ich einen russischen Panzer. Plötzlich schlug eine Panzergranate neben meinem Loch ein. Der Panzer mußte mich gesehen haben. Ich blutete, vom Luftdruck verursacht, aus Nase und Mund und dachte nur eins: "Hier mußt du raus." Ich nutzte die Staubwolke des Granateinschlages, rannte zurück und sprang in den Schützengraben. Ich befand mich direkt vor dem Zuggefechtsstand, der in einem kleinen Erdbunker untergebracht war. Da krachte es, bestimmt von demselben Panzer, schon wieder. Von dem rechten Stiefel flog

der Absatz weg, die Ferse riß auf, und ich sah im nächsten Moment einen Soldaten, der wahrscheinlich zum Zuggefechtsstand gehörte, in regloser Haltung im Schützengraben sitzen. Diese Granante hatte ihm den Großteil seines Gesichts weggeschlagen. Hilfe war hier nicht mehr möglich.

Nein, nein, hier konnte ich auch nicht bleiben. So schaffte ich mich, so gut es nur ging, zum Kompaniegefechtsstand. Die Kameraden verbanden mich, und ich krabbelte weiter in einen Erdbunker, in dem ich ganz alleine war. Da kam genau auf diese Stelle zu der russische Panzer gefahren. Ich dachte: "Was macht er jetzt?" Nichts passierte. Auf einmal fuhr der Panzer zurück, und ich kroch sofort zum Kompaniegefechtsstand zurück. Die Kameraden waren überrascht und wunderten sich sehr, daß die Russen mich nicht mitgenommen hatten.

Aus vorderster Front humpelte ich, am rechten, verletzten Fuß ohne, am linken Fuß mit Stiefel, zurück zum Verbandsplatz. Uns Verwundete lud man in Eisenbahnwaggons und fuhr uns über Wien und Linz in ein Lazarett in Bad Hall. Ich freute mich, endlich wieder in der Heimat zu sein.

Durch meine Verwundung entging ich dem Kessel von Stalingrad. Meine Division verblutete in diesem eisernen Ring. Ich habe keinen meiner ehemaligen Kameraden wiedergesehen.

Nachdem die Heilung in Bad Hall gute Fortschritte gemacht hatte, erhielt ich 14 Tage Heimaturlaub und kam dann in die Genesungskompanie nach Josephstadt bei Prag. Vor meinem erneuten Fronteinsatz wurden mir nochmals 14 Tage Genesungsurlaub gewährt. Es war Frühjahr 1943, und wiederum war der Südabschnitt in Rußland meine Einsatzstelle. Als ich eintraf, war der Rückzug schon in vollem Gange. Vom Frühjahr 1943 bis Herbst 1943 mußten wir hart kämpfen und unter schweren Verlusten immer wieder den Rückzug antreten. So war es auch an einem Herbsttag. Wir hatten uns, auf freiem Feld liegend, etwas in Schutzlöcher eingegraben. Drüben bei den Russen ging es laut her. Das war jedesmal das Zeichen, daß wir bald mit einem Angriff rechnen mußten. Bei dichtem Nebel griffen am nächsten Morgen die Russen mit lautem Hurräh-Geschrei an. Der Ablauf war dann so, wie wir ihn im letzten halben Jahr fast jedes Mal erlebt hatten. Wir Infanteristen erhielten keine Unterstützung von den schweren Waffen, den Panzern, der Artillerie oder von Flugzeugen. Wir mußten zurück und jedesmal Verwundete und Kranke liegen lassen. Das tat in der Seele weh.

Beim Vormarsch bis Oktober 1942 hatten wir große körperliche Strapazen auf uns nehmen müssen, jedoch waren wir in unserer Einheit schon jahrelang zusammen. Da konnte sich einer auf den anderen verlassen. Keiner ließ den anderen im Stich. Aber diesen Rückzug, bei dem es chaotisch zuging und man oft nicht wußte, wo Freund oder Feind, den kann man nicht beschreiben, denn er war mehr als fürchterlich.
Sehr schwer war es für junge Soldaten, die, aus der Heimat kommend, erstmalig am Kampfgeschehen teilnahmen. Sie kannten solche Strapazen nicht und waren als Soldat und als Mensch überfordert. Ein Beispiel: Ein junger Soldat sagte: "Herr Unteroffizier, ich kann nicht mehr." Der Unteroffizier antwortete: "Wir müssen weiter." Der Soldat sagte noch einmal: "Ich kann nicht mehr." Jetzt wird der Unteroffizier energisch. "Auf geht's!" Da hielt sich der junge Soldat den Gewehrlauf in den Mund, drückte ab und fiel tot um.
Auf dem Feld stehend, schoß ich mit meiner Maschinenpistole in eine kleine Viehhütte. Plötzlich verspürte ich einen starken Schmerz an der Innenseite des rechten Oberschenkel. Ich war, wahrscheinlich von einem Infanteriegeschoß, verwundet, konnte aber glücklicherweise noch humpeln. Ich schleppte mich zum Verbandsplatz. Ein LKW brachte uns Verwundete zum nächsten Bahnhof. Mit der Eisenbahn kam ich in ein Lazarett in der Nähe von Chemnitz.
Nach Verheilung meiner Wunde fuhr ich auch diesmal wieder zur Genesungskompanie nach Josephstadt und anschließend in Urlaub. Nach dem Urlaub mußte ich mich wieder bei der Genesungskompanie in Josephstadt melden. Auf der Fahrt nach Josephstadt stieg ich, da alle anderen Züge überfüllt waren, in einen D-Zug ein. Das war für uns Soldaten verboten. Ich wurde von der Streife erwischt und erhielt drei Tage Arrest, die ich nach meiner Ankunft gelassen antrat.
Im Frühjahr 1944 kam ich zu einer neuen, mir unbekannten Einheit bei der Stadt Sête an der französischen Mittelmeerküste. Anschließend wurde unsere Einheit nach Brest an der Atlantikküste verlegt. Als Amis und Engländer in Caen landeten, befanden wir uns noch in Brest, mußten aber sofort in großer Eile zu unserer Einsatzstelle am Fluß Orne in der Normandie marschieren.
Es war der Vormittag des 3. August 1944. Mit dem schwerem Maschinengewehr lagen mein Kamerad und ich in einem Loch. Vor uns war freies Feld und hinter uns eine Hecke. Da hörte ich etwas unterhalb, jedoch hinter der Hecke,

englische Worte. Ich dachte, wie können Engländer hierher kommen, denn dort, wo ich die Stimmen hörte, befanden sich zwei deutsche Soldaten aus meiner Gruppe mit Karabinern, die den Auftrag hatten, die Schlucht zu überwachen. Plötzlich fielen Schüsse. Ich sprang durch die Hecke, um zu sehen, was los war. Da hatte ich auch schon einen Gewehrlauf am Bauch sitzen und die Engländer riefen: "Hands up!". Ich konnte nichts mehr ändern, nahm die Hände hoch und gleich darauf geschah dasselbe mit meinem Kameraden.
Aus der Richtung, aus der die Engländer gekommen waren, befanden sich zwei junge deutsche Soldaten ohne jegliche Kriegserfahrung. Bestimmt hatten sie den feindlichen Spähtrupp kommen sehen, doch nichts unternommen. Als sie zum Übergeben aufgefordert wurden, taten sie dies nicht und blieben vor Angst im Loch hocken. Da schossen die Engländer zum Loch hinein und verwundeten die beiden. Da es nur leichte Verwundungen waren, hatten diese Soldaten letztendlich großes Glück gehabt.
Ein englischer Soldat brachte uns über den Fluß Orne - von dort waren wir gekommen - zu einem Gefechtsstand in einem Zelt. Wir wurden verhört und konnten die Nacht in einem anderen Zelt bleiben. Am nächsten Tag transportierte man uns in ein Sammellager, in welchem wir zwei bis drei Tage verbrachten. Anschließend kamen wir in ein größeres Zeltlager in der Nähe von London. Die Tagesverpflegung bestand aus zwei Stückchen Weißbrot und einem kleinen Stückchen Butter. Das war sehr wenig, jedoch wurden wir anständig behandelt. Nach 14 Tagen brachte uns die Eisenbahn nach Liverpool. Im Hafen wurden wir auf einen großen Truppentransporter der US-Marine verladen. An Bord befanden sich nur deutsche Gefangene. Wir liefen aus dem Hafen aus und wurden zum Schutz gegen deutsche U-Boote auf beiden Seiten in einem größeren Abstand von zwei Kreuzern begleitet. Obwohl wir eine ruhige See hatten, wurden doch sehr viele seekrank. Sehr erfreulich war, daß es auf dem Schiff gutes Essen gab.
Unsere Reise endete im Hafen von New York. Bevor wir an Land gingen, erfolgte eine Entlausung. Dies geschah mit Dampf, wie wir es auch von der deutschen Wehrmacht her kannten.
Vom Hafen aus mußten wir durch einen Stadtteil von New York zu einem Bahnhof laufen. Schon im Hafen wurden wir von Hafenarbeitern, dann auch unterwegs von anderen Leuten, mit "Heil Hitler" begrüßt. Dies war uns sehr

peinlich. Die dachten bestimmt, wir seien alle Nazis und hätten den Krieg gewollt. Aber letztendlich waren wir als Soldaten in einen Krieg geraten, den wir bestimmt nicht gewollt hatten.
Die Eisenbahn brachte uns in den Staat Alabama. Das Gefangenenlager hieß Ozileika. Als ehemaliger Unteroffizier wurde ich in einem Barackenlager für Unteroffiziere, Feldwebel und Hauptfeldwebel untergebracht. Das Essen war gut, und wir brauchten, wie im Genfer Abkommen vereinbart, nicht zu arbeiten. Von hier konnte ich erstmalig meiner Frau Nachricht geben. Sie teilte mir mit, daß sie von der Deutschen Wehrmacht eine Vermißtenmeldung erhalten habe und sich nun freue, daß ich, wenn auch in Gefangenschaft, noch am Leben sei.

Am 8. Mai 1945 endete dieser Krieg und ab diesem Tag wurde bei uns alles anders. Die Amis hielten sich nicht mehr an das Genfer Abkommen. Sie brachten uns in ein Arbeitslager in der Nähe der Stadt Hulli-Hill im Staate South Carolina. Mitten im Wald befand sich eine Rodung, auf der das Barackenlager stand. Wir waren jetzt alle Holzhauer und mußten bei glühend heißer Sonne mit dem Kahlschlag von Fichten und Kiefern fortfahren. Für die Arbeit standen nur Handgeräte zur Verfügung, jedoch muß ich sagen, daß die Sägen eine sehr gute Qualität besaßen. Wir arbeiteten immer zu zweit, schnitten die Stämme auf zwei Meter Länge und mußten am Tag 10 bis 12 Raummeter herrichten.
Wer schon als Holzhauer tätig war, der weiß, daß man sehr hart arbeiten muß, um dieses Soll bei brütender Hitze zu erreichen.
Wenn wir dünne Stämme schneiden mußten, taten wir uns leichter, als wenn dicke Stämme vor uns lagen. Wichtig war auch, daß man einen Partner hatte, der sägen konnte und wollte, denn jeden Abend wurde die geleistete Arbeit kontrolliert.
Das Essen war zufriedenstellend. In den Baracken herrschte auch nachts eine so große Hitze, daß wir nicht schlafen konnten, morgens müde zur Arbeit gingen und uns in der prallen Sonne schon morgens früh um sieben Uhr das Schwitzwasser den Hintern runter lief. Wie hundemüde wir uns dann nach der Arbeit abends nach Hause schleppten, das brauche ich nicht zu schildern. Wegen des Wasserverlusts erhielt jeder Gefangene täglich drei Salztabletten.
Nachdem ich vier Monate im Wald gearbeitet hatte, wurde verfügt, daß jeder, dessen Körpergewicht unter 60 Kilo lag, von der Waldarbeit befreit wurde. Da

ich weniger als 60 Kilo wog, kam ich in ein Lager, das sich in Meeresnähe befand, jedoch noch im Staat South Carolina. Die nächstgrößere Stadt war Charleston.
Anmerken möchte ich, daß die genannte 60-Kilo-Untergrenze für alle, egal wie groß jemand war, galt. Ich denke, das war nicht gerecht, denn ich war mit meinen 1,65 Meter gegenüber den langen Kerls im Vorteil.
Bevor ich vom neuen Lager erzähle, möchte ich noch von einer Besonderheit im Lager in Hulli-Hill berichten. US-Bürger kamen mit ihren Autos angefahren und wollten die deutschen Gefangenen sehen. Sie fragten uns: "Wo habt Ihr denn Eure Hörner? Uns wurde gesagt, die Nazis haben Hörner am Kopf." Ich meine, hierzu ist jeder weitere Kommentar überflüssig.
Im neuen Lager arbeitete ich auf einer Ranch, auf der Weißkraut, Bohnen, Gurken, Kartoffeln und Mais angebaut wurden. Jeden Morgen holte man uns, zehn Gefangene, im Lager ab und brachte uns am Abend zurück. Es war sehr heiß, und wir hatten bei hoher Luftfeuchtigkeit eine brütende Hitze. Wir verrichteten alle anfallenden, oft auch sehr schweren Arbeiten. Bei der Feldarbeit wimmelte es von großen und kleinen Schlangen. Es gab viele Schlangenarten, jedoch waren alle ungefährlich. Für uns Gefangene war eine Arbeit bei so vielen Schlangen ungewohnt, und deshalb erschraken wir immer wieder aufs Neue, wenn diese plötzlich auftauchten und wir uns, auf Rat der Aufseher, nur durch Totschlagen wehren konnten.
Manche Gefangene erschlugen Klapperschlangen, nahmen sie mit ins Lager, zogen die Haut ab und spannten diese zum Trocknen auf ein Brett. Nach getaner Arbeit war das Schlangenleder fertig. Sie wollten dieses Leder nach der Entlassung mit nach Hause nehmen, wobei ich sehr daran zweifele, ob dies dann auch gelungen ist.
Nachdem ich schon einige Zeit auf der Ranch gearbeiter hatte, plagten mich jeden Mittag ab 14 Uhr Magenschmerzen, die bis 21 Uhr anhielten. Im Krankenhaus stellte man nervöse Magenbeschwerden fest. Was zuerst schlecht aussah, wurde für mich zu einem Glücksfall, denn ich kam von der Ranch weg in eine Küche der US-Army. Jetzt war mir geholfen, und ich konnte außerdem Verpflegung für Kameraden, die im Wald arbeiteten, mit ins Lager nehmen. Das war zwar verboten, jedoch riskierten wir viel und hatten auch das notwendige Quentchen Glück, um in schwierigen Situationen nicht erwischt zu wer-

den. Ich möchte ein Beispiel nennen: Während unserer Küchenarbeit haben wir rohe Eier in eine Feldflasche geblasen, unbemerkt durch die Kontrolle gebracht, im Lager in die Pfanne gegeben und gebacken.
Im Lager hatte ich einen Kameraden, der aus Viernheim in Südhessen stammte. Er war ein langer Kerl, arbeitete im Wald und hatte andauernd großen Hunger. Bis zu meiner Entlassung habe ich ihn nahrungsmäßig im wahrsten Sinne des Wortes mit durchgeschleppt.
Endlich kam der Tag der Entlassung. Im Lager mußte jeder von uns seinen gesamten Besitz auf seine Zeltplane ausbreiten. Wir durften nur zwei Stangen Zigaretten, vier bis fünf Päckchen Tabak und unsere Wäsche mitnehmen.
Wir griffen zu Trick 17. Wir legten Kleinigkeiten, z. B. zwei bis drei Stangen Zigaretten, unter die Plane und konnten dadurch einiges retten, denn alles andere wurde auf einen Haufen geworfen und verbrannt.
Man brachte uns zum Hafen nach New York. Hier traf ich Heinrich Alt aus Wallroth, der heute in Schlüchtern wohnt. Gemeinsam traten wir die Schiffsreise an und trafen nach neun Tagen im Lager Bollweck in Frankreich ein. In diesem Lager gab es ganz schlechtes Essen. Jeden Tag aßen wir Grießsuppe ohne Salz. Damit wir etwas zu arbeiten hatten, mußten wir täglich Gras rund um das Lager ausrupfen. In diesem Lager begegneten Heinrich und ich dem Johannes Jöckel *Mellchesch* aus unserem Nachbarort Reinhards.
Nach 14 Hungertagen traten wir eine ungewisse Reise an, die erfreulicherweise im Entlassungslager Nürnberg endete.
Dann war es soweit. Der Heinrich, der Hannes und ich erhielten unsere Entlassungspapiere und konnten die Heimreise antreten. Mit der Eisenbahn fuhren wir nach Sterbfritz, denn hier wohnten die Eltern von Heinrich. Sie gaben uns, obwohl sie nur wenig besaßen, zu essen. Anschließend fuhren wir weiter zum Bahnhof Schlüchtern. Heinrich kannte den Taxiunternehmer Franz Preis aus Schlüchtern. Er fuhr uns drei ohne jeglichen Umstand nach Hause.
Als ich am 26. Juli 1946 zu Hause ankam, gab es für mich eine große Enttäuschung, denn meine Frau traf ich nicht an. Sie weilte mit unserem sechs Jahre alten Sohn Heinz, der an schwerem Asthma litt, zur Kur in Bad Soden im Taunus. Am nächsten Tag fuhr ich nach Bad Soden, und wir alle waren sehr glücklich, endlich wieder vereint zu sein.

Der unendlich lange Weg

Erzählt von Paul Großjohann, Wallroth

Paul Großjohann rechts im Bild bei Schachwettkämpfen in Thale (Harz)

Am 9. Oktober 1917 wurde ich in Freienwalde im Kreis Saatzig in Pommern geboren. Saatzig liegt heute in Polen. Meine Mutter sagte: "Du warst ein ganz schneller, eine kräftige Wehe und schon warst Du da."
Wir wohnten in einem Bahnwärterhaus, denn mein Vater arbeitete als Schaffner und Stellwerker bei der Deutschen Reichsbahn. Bei meiner Geburt war er aber im 1. Weltkrieg.
Ich hatte noch zwei Brüder und eine Schwester. Acht Jahre besuchte ich die zwei Kilometer entfernte Volksschule in Voßberg. Wir hatten Voßberg als Schulort gewählt, da Freienwalde vier Kilometer von uns entfernt lag.
Da ich sehr schwach war, blieb ich nach meiner Schulentlassung ein Jahr zu Hause. Anschließend begann ich eine dreieinhalbjährige Lehre als Schmied bei Schmiedemeister Hermann Ristau. Er war Inhaber einer Schmiede- und Maschienenschlosserei in Freienwalde. Vorher war es der Wunsch meiner Eltern gewesen, daß ich mit einer Verwaltungslehre bei der Stadt Freienwalde beginnen sollte. Ich wollte jedoch nicht in einem Büro arbeiten.
An meinen Meister Ristau habe ich eine nette Erinnerung. Er schloß mit zwei Männern aus Freienwalde eine Wette über 100 Mark ab. Dabei ging es um folgendes: Er trägt allein mit vorgebundener Lederschürze unseren 260 Kilo schweren Amboß aus der Schmiede bis zur 20 Meter entfernten Straßenmitte

und wieder zurück. Seine beiden Wetteilnehmer mußten dasselbe zu zweit tun und erhalten dann von ihm 100 Mark. 100 Mark waren seinerzeit viel Geld. Unser Meister nahm den Amboß zur Brust, trug ihn bis zur Straßenmitte und zurück. Als die beiden das gleiche probierten, schafften sie dies nicht und mußten 100 Mark zahlen. Da sie jedoch kein Geld hatten, verzichtete unser Meister großzügigerweise auf die Bezahlung

Am 3.Oktober 1936 legte ich die Gesellenprüfung ab und ging am 10. Mai1937 zu Schmiedemeister Hannemann nach Plathe, um mich weiterzubilden. Plathe liegt auch in Pommern, an dem Fluß Rega. An der Wand des Speiseraums stand ein Spruch, den ich mir gut gemerkt habe:

Wer Neider hat, hat Brot,
wer keine hat, hat Not.

Vom 3. Oktober 1937 bis 31. Mai 1938 dauerte meine Reichsarbeitsdienst-Zeit an zwei verschiedenen Standorten in Pommern. In dieser Zeit bewarb ich mich um eine Stelle bei der Deutschen Reichsbahn, um mich beruflich zu verbessern. Deshalb mußte ich sofort nach dem Reichsarbeitsdienst, und zwar am 1. April 1938, mit einem Praktikum bei der Firma Fehlberg, einem Bahngleisbaubetrieb in Berlin, beginnen. Während dieser Zeit besuchte ich die Motorsportschule Drammberg in Pommern und konnte dort den Führerschein Klasse 2 erwerben. Im Herbst 1938 erfolgte meine Einberufung zum Pionier-Bataillon 32 nach Schwedt an der Oder. Schon während meiner Dienstzeit beim Reichsarbeitsdienst hatte ich mich freiwillig zur Wehrmacht gemeldet, um diese Zeit möglichst schnell hinter mich zu bringen,

In meiner Rekrutenzeit erfolgte der Einmarsch in die Tschechoslowakei. Ich fuhr einen LKW. Mit den Tschechen gab es keinerlei Probleme. Wir blieben vier Monate und kehrten dann nach Schwedt zurück.

Da beim Marschieren in Kasernennähe das Singen nicht geklappt hatte, mußten wir zur Strafe auf der Hindernisbahn die Eskalierwand laufend überklettern. Am Ende des "Strafexerzieren" gingen wir in die Kantine und tranken kaltes Bier. Kurze Zeit später bekam ich starke Kolikschmerzen im Magen und mußte abends noch einen Arzt aufsuchen. Wegen dieser Magenschmerzen blieb ich vier Tage im Krankenrevier. Bei meiner Entlassung sagte der Arzt: "Hoffentlich bleibt bei Ihnen kein lebenslanger Schaden zurück." Der Schaden blieb. Bis

zum heutigen Tag habe ich wegen meinem schwachen Magen immer mal wieder Beschwerden.
Bei Kriegsbeginn am 1. September1939 lagen wir in der Stadt Allenstein in Ostpreußen. Wir rückten vor, und unser Pionierbataillon baute unsere erste Kriegsbrücke, Brückenschlag genannt, über den Bug. Leutnant Haase war unser erster und einziger Gefallener vom gesamten Bataillon.
Wie ein Brückenschlag erfolgt, möchte ich erläutern: Unsere Artillerie bereitete durch Beschuß die Bildung eines Brückenkopfes auf dem gegenüberliegenden Flußufer vor. Dann fuhren unsere Sturmboote über den Fluß und bildeten den Brückenkopf. Während der Überfahrt wurden die Boote von unseren Maschinengewehren geschützt. Anschließend brachte die Brückenbaukompanie, zu der ich gehörte, mit den Motorbooten ein Brückenbauteil nach dem anderen auf das Wasser. Wegen des feindlichem Beschusses mußte dies oft mit größter Vorsicht geschehen.
Beim weiteren Vormarsch hieß es plötzlich: "Halt, hier ist die Demarkationslinie."
Wir blieben einige Tage, und es wurde uns berichtet, ein deutscher Infanterist hätte ein polnisches Mädchen vergewaltigt und müßte zur Aburteilung vor das Kriegsgericht. Das Strafmaß wurde uns nicht bekannt, jedoch waren bei unserer Wehrmacht solche Vergehen strengstens verboten.
Nach dem Kriegsende in Polen kehrten wir nach Schwedt zurück. Anschließend erhielten wir einige Tage Urlaub.
Am 2. Oktober 1939 fuhr unsere Einheit mit der Reichsbahn nach Schlüchtern und von dort mit unserer Fahrzeugkolonne nach Wallroth. Unsere Fahrzeuge stellten wir in den Wald "Kohlstücke" bei Wallroth ab. Wir wurden in Privatquartieren im Dorf untergebracht. Mein Quartier befand sich bei Reinhard Kaufmann in *Dammbauers*.
Alle Soldaten unserer Kompanie waren in ihren Quartieren bestens aufgehoben. Obwohl uns die Kompaniefeldküche zur Verfügung stand, wurde fast ausnahmslos bei den Wallrother Familien gegessen. Das Verhältnis zwischen Soldaten und Bevölkerung war kameradschaftlich und einmalig gut.
In Wallroth lernte ich Else Link, meine spätere Frau kennen, die in der Nachbarschaft meines Quartiers wohnte. Natürlich habe ich deshalb eine besonders schöne Erinnerung an die Wallrother Zeit. Aber meine positive Beur-

teilung der Menschen in Wallroth hat nichts mit meiner Frau Else zu tun. Ich kann das sagen, weil ich es in deutschen Landen auch ganz anders kennengelernt habe.
Im Winter 1939/1940 gab es sehr viel Schnee mit eisiger Kälte. Deshalb wurden unsere Fahrzeuge aus dem Wald ins Dorf verlegt. Fast jeden Tag waren wir mit der Schaufel unterwegs, um den vielen Schnee wegzuräumen.
Wegen kleiner Vergehen mußten wir im hohen Schnee oberhalb des Friedhofes strafexerzieren.
Für uns Soldaten fand die Weihnachtsfeier im Gasthaus Fehl statt. Wegen einer völlig unbedeutenden Sache mußte ich an diesem Abend mit drei Kameraden als Strafe die Wache übernehmen. Kurze Zeit vorher war ich zum Gefreiten befördert worden. Deshalb wurde ich auf der Wachstation, die in einem leerstehenden Bauernhof untergebracht war, als Wachhabender eingeteilt. Aus Ärger über die Bestrafung habe ich zwei Wachsoldaten nach Hause geschickt. Der andere Soldat und ich haben uns abwechselnd zum Schlafen hinlegt.
Oberhalb von Wallroth auf dem "Hirzfeld" befanden sich Gruben und Löcher vom Lehmabbau. Auf diesem Gelände habe ich die Führerscheinprüfung für Halbkettenfahrzeuge auf einer Zugmaschine mit zwei Anhängern abgelegt. Diese Fahrzeuge hatten im Vorderteil die Räder zum Lenken und im Hinterteil die Ketten zum Antrieb.
Am 18. Januar 1940 mußten wir Wallroth leider verlassen. Wir wurden nach Bremm an der Mosel verlegt, blieben dort sechs Wochen und kamen dann nach Villmar an der Lahn.
Im Mai 1940 begann der Frankreichfeldzug. Über Luxemburg, Sedan, Aminex und Rennes erreichten wir Brest an der Atlantikküste. Unser weiterer Weg führte uns über La Rochelle nach Bordeaux. In Boudeaux wurden wir auf die Eisenbahn verladen und in Straßburg wieder ausgeladen. Die nächste Station war Neuß am Rhein und endlich erreichten wir auf dem Landweg im Juli 1940 unsere Kaserne in Schwedt.
Ich hatte einige Tage Urlaub und anschließend ging es ins Manöver. Hier wurde vorwiegend das Tarnen von Fahrzeugen geübt.
Unsere Kaserne mußten wir im Herbst 1940 verlassen und erreichten mit unseren Fahrzeugen den Ort Troppan/Kathrein in der Tschechei. Unser Pionier-Bataillon wurde der 12. Panzerdivision zugeteilt. Täglich erhielten wir weitere

militärische Ausbildung. Immer wieder mußten bei Wasserübungen Brücken auf- und abgebaut werden.
Vor Weihnachten 1940 wurde ich zu einem Panzerlehrgang nach Wuensdorf bei Berlin abkommandiert. Mit Panzern übten wir die Angriffsvorbereitung, das Einnebeln und und den Angriff.
Nach dem Lehrgang durfte ich, welche Freude, einige Tage zu meinen Eltern in Urlaub fahren.
Im April - Mai 1941 verlegte man uns nach Schwiebus in der Nähe von Posen. Unser Bataillon wurde mit Ersatzsoldaten aufgefüllt. Ich wurde mit anderen Kameraden als ihr Ausbilder eingesetzt. Während der "Schwiebus-Zeit" nahm ich an einem Unteroffiziers-Lehrgang teil. Dort wurden uns auch russische Sprachkenntnisse beigebracht. Man erzählte uns, die Russen hätten der deutschen Armee den Marsch durch Rußland zu den Ölfeldern im Orient genehmigt.
Am 6. Juni 1941 lag in der Nähe von Schwiebus so viel Schnee, daß es schwierig war, mit unseren Fahrzeugen die Berge hochzukommen.
Zu der deutschen Bevölkerung in Schwiebus hatten wir ein hervorragendes Verhältnis.
Am 22. Juni1941 begann der Krieg gegen Rußland. Sehr schnell stießen unsere Panzer über Minsk, Duchonskina, Smolensk bis Witebsk vor. Bei dem schnellen Vormarsch hatten wir zwischen den Reihen unseres Pionierbataillons plötzlich einen Russenpanzer. Das war schon eine Überraschung.
Im November 1941 kam unsere Division nach Tosno. Hier erfolgte meine Beförderung zum Unteroffizier. Unser weiterer Weg führte nach Tschudowo und dann nach Welikyeluky. Dies war eine armseelige Gegend mit sumpfigen Gelände und sehr armen Menschen. In einem Lehmhäuschen befand sich ein einziger Raum, in dem sich die ganze Familie versammelte. In diesem Raum war ein großer Backofen, dessen Decken der Großfamilie als Schlafstelle diente. Das bewegliche Hab und Gut einer solchen Familie war so gering, daß man es auf einem Zweiradkarren wegschieben konnte. Von Straßen konnte man in diesem Sumpfgebiet nicht sprechen. Das waren morastige Wege, die man ab und zu über Holzknüppeldämme etwas besser befahren konnte.
Es war im August/September 1941. Wir kamen mit unserer Zugmaschine von dem Fluß Wolcho und befanden uns in dem Ort Emga. Otto Witthuhn fuhr die Zugmaschine, und ich begleitete ihn als stellvertretenden Zugführer. Wir beide

erhielten die Auftrag, von unserer Kompanie, der Brüko, zur ersten Kompanie zu fahren. Unser Weg führte durch waldreiches Gelände. Schon bei der ersten Ortsdurchfahrt wurden wir von russischen Granatwerfern beschossen und mußten mehrmals in Deckung gehen. Nach einigen Schwierigkeiten erreichten wir die erste Kompanie und blieben über Nacht. Am nächsten Morgen sagte der Oberleutnant zum Sanitätsunteroffizier: "Haben wir genügend Verbandszeug, es wird heute sehr schwer werden."
Wir Pioniere, jetzt im Infanterieeinsatz, griffen die Russen an. Wir hatten schwere Verluste und mußten uns zurückziehen. Zehn Verwundete konnten wir nicht mitnehmen. Otto und ich erhielten den Auftrag, die zehn Kameraden mit unserer Zugmaschine zu holen. Wir fuhren los, doch mußte der Russe zwischenzeitlich weiter vorgerückt sein, denn wir wurden nach kürzester Zeit unter schweren Beschuß genommen. Ich gab Otto den Befehl zum Wenden. In dem Moment sprang er vom Fahrzeug. Ich setzte mich hinter das Steuer, um mit einem Wendemanöver die Rückfahrt anzutreten. Doch da passierte es. Der Motor bekam einen Treffer und die Maschine stand. Ich nahm meinen Karabiner, sprang vom Fahrzeug und verspürte einen Schlag gegen die rechte Gesichtshälfte. Wie sich später herausstellte, erfolgte eine leichte Verwundung durch einen Handgranatensplitter. Ich ging unter unserem Fahrzeug in Deckung. Während ich nach der einen Seite schoß, wurde ich von der anderen Seite an den Beinen gezogen und die Russen riefen: "Rucki wärch!" (Hände hoch). Ich lies meinen Karabiner liegen, krabbelte unter der Maschine hervor und sofort wurden meine Hände auf dem Rücken über Kreuz gelegt und mit der Schnur meiner Zeltplane gefesselt.
Die Russen brachten meinen Fahrer Otto. Als ich unter der Zugmaschine lag, hatte ich ihn laut schreien gehört und ich dachte, er ist verwundet, jedoch wurde er zu diesem Zeitpunkt schon gefangen genommen. Vorher war er vom Fahrzeug gesprungen, da er die Russen in der Nähe gesehen hatte.
Otto durfte seien Stahlhelm abnehmen und die Feldmütze aufsetzen. Ich mußte den Stahlhelm auf dem Kopf lassen und meinen Mantel anziehen. Außerdem wurde Otto nicht gefesselt. Ich glaube, die Russen dachten, ich sei ein Offizier und sie hätten mit mir einen guten Fang gemacht.

Wir beide liefen los und wurden auf unserem Marsch von sage und schreibe acht Russen bewacht.
Wir liefen und liefen. Wie ich den Gesprächen entnehmen konnte, sollten wir zum Verhör gebracht werden. Ich sagte zu Otto: "Wir sind im Kreis gelaufen, denn wir befinden uns wieder da, wo sie uns gefangen genommen haben." Nach diesem Gespräch bekamen wir beide Sprechverbot. Außerdem wurde die Marschformation geändert, denn wir gingen jetzt im Gänsemarsch. Zuerst zwei Russen, dann kam ich, dann vier Russen, dann Otto und zum Schluß wieder zwei Russen. Es wurde Nacht, und ich mußte eine kleine Notdurft verrichten. Meine Hände blieben gebunden. Den Hosenlatz öffneten die Russen.
In einem Wald wurde gerastet und die Vorbereitungen für die Übernachtung liefen an. Mit den Händen auf dem Rücken mußte ich mich an einen Baum setzen. Ein Russe setzte sich direkt neben mich und schlug seinen Mantel um uns beide. Sein rauher Stachelbart kratzte an meiner Wange. Otto durfte sich allein frei hinsetzen. Zu mir sagten die Russen: "Offizier", obwohl ich nur Unteroffizier war.
Am nächsten Morgen marschierten wir weiter. Wir kamen zu einem Teich, an dem wir eine Rast einlegten. Ich gab den Russen zu verstehen, daß ich eine große Notdurft verrichten mußte. Die Russen lösten meine Fesseln und die Angelegenheit wurde problemlos abgewickelt. Am Teich konnten wir Wasser trinken. Essen hatten wir, solange wir bei den Russen waren, noch keins erhalten und bekamen auch jetzt nichts. Wahrscheinlich hatten sie selbst nichts zum Beißen. Jedenfalls hatten wir nicht gesehen, daß die Russen etwas gegessen haben.
Wir liefen weiter. Wir liefen, liefen, ich immer gefesselt, den ganzen Tag. Nach meiner Feststellung marschierten wir kreuz und quer durchs Gelände. Wir übernachteten und begegneten am nächsten Morgen einem russischen Verwundetentransport. Auf mehreren, von zwei Pferden gezogenen Panjewagen lagen die Verwundeten. Der Treck hatte eine andere Marschrichtung als wir und wurde von 20 bis 30 Soldaten begleitet. Als diese Russen uns beide sahen, gingen sie mit ihren Karabiner und aufgepflanzten Seitengewehren auf uns los und wollten uns lynchen. Unsere Wache hatte allergrößte Mühe, diese Männer von uns abzuhalten und deshalb bin ich dieser Wache heute noch dankbar, denn ihr hatten wir unser Leben zu verdanken.

Anmerken möchte ich, daß an der Front alle russischen Soldaten ihren Karabiner mit aufgepflanztem Seitengewehr trugen.
Beim Weitermarsch kamen wir an einen Waldrand und mußten ungefähr 100 Meter über eine freie Fläche laufen, damit wir halblinks den nächsten Wald erreichen konnten. Als wir uns mitten auf der Freifläche befanden, wurden wir aus dem Wald halbrechts vor uns von starkem Maschinengewehrfeuer überrascht. Panikartig rannten die Russen in den vor uns liegenden Wald. Wir rannten mit. Als wir den Wald erreichten, schlug ich sofort einen Haken nach links und rief: "Otto, komm!" Otto kam, und wir liefen im Halbkreis zu dem Weg zurück, auf dem wir kurz vorher den Wald verlassen hatten. Wir überquerten den Weg, blieben weiter rechts am Waldrand stehen und schauten und horchten, ob uns die Russen verfolgten. Nichts tat sich. Ich sagte zu Otto: "In meiner Tasche war ein kleines Taschenmesser, schau mal nach, ob es noch da ist." Tatsächlich fand Otto das Messer. Die Russen hatten es übersehen, und Otto konnte mir die Fesseln entzweischneiden.
Auf der Freifläche stand hohes Gras. Wir nahmen an, daß die MG-Salven von deutschen Soldaten abgefeuert worden waren und robbten durch das Gras, um dorthin zu gelangen. Nach etwa 100 Metern kam mir der Gedanke, daß vielleicht Russen geschossen hatten, die dachten, wir beiden hätten die Russen gefangengenommen. Daraufhin krochen wir zum Wald zurück.
Jetzt war das Wichtigste, die richtige Orientierung bzw. Himmelsrichtung zu finden. Wir schauten uns die Bäume an, denn dort, wo die Stämme voller Moos sind, liegt Nordwesten. Die Sonne schien und wir steckten einen Holzstab in die Erde, um ebenfalls die Himmelsrichtung und außerdem die Uhrzeit festzustellen. Dann legten wir unsere Marschroute fest und liefen los. Nach geraumer Zeit hörten wir eine deutsche Kommandostimme: "Erster Zug fertigmachen". Da wußten wir, das ist unsere Rettung. Uns standen die Tränen in den Augen, und ich dachte: "Herrgott, du hast deine Hand über uns gehalten."
Wir gingen zum Waldesrand, erhoben unsere Hände und riefen: "Kameraden, schießt nicht, wir sind aus Gefangenschaft geflohen." Freudig wurden wir von den Kameraden empfangen.
Wir befanden uns bei der 8. Panzerdivision, während wir zur 12. Panzerdivision gehörten. Wir wurden sofort Major Mempel vorgestellt und nach allem gefragt. Außerdem machten wir überraschende Feststellungen. Meine Hose war von

den Knien bis zur Gürtellinie von Schüssen durchsiebt. Weiterhin war eine Gewehrkugel vom Koppelhaken abgeprallt und um meinen Körper herum geflogen. Die Mütze von Otto hatte einen Durchschuß, ohne daß ihm etwas passiert war. Alle Kameraden sagten zu uns: "Ihr beide habt großes Glück gehabt." Jedoch hatte ich für dieses Glück eine andere, bessere Deutung.
Otto und ich erhielten je ein Laib Wittler-Brot und noch andere Dinge zum Essen. Ebenso wurde unser Durst gestillt.
Man verständigte unsere Einheit, und wir beide sollten diese mit einem Spähtrupp erreichen. Das war uns nicht recht, denn wir hatten keine Waffen. Trotzdem mußten wir mitgehen, stießen bald auf russischen Widerstand und mußten wieder zurück. Jetzt wurde die Möglichkeit geschaffen, daß uns ein Panzer zu unser Kompanie brachte.
Kurze Zeit später mußten Otto und ich zum Verhör auf die Armeekommandantur nach Reval, dem heutigen Tallin. Man wollte viel von uns über die Ausrüstung der Russen wissen. Darüber konnten wir nicht viel berichten, denn wir hatten nur sehr wenig gesehen.
Vor Weihnachten 1941 schlugen wir eine Brücke über den Fluß Wolchow bei der Stadt Tichwin. Auf der Fahrt nach Tichwin hielten wir in einem Dorf. Es fuhren Fahrzeuge vorbei und plötzlich winkte ein Soldat. Das Fahrzeug hielt an, und wir wurden von Georg Druschel *Lotzmechels* aus Wallroth begrüßt. Vom Winterquartier 1939/40 in Wallroth kannte er unsere Kompanie. Diese Begegnung war für uns alle ein freudiges Ereignis.
An Weihnachten 1941 knackte ich die erste Laus. Ein Glück, daß es überall die auf einfache Art und Weise gebauten Saunas gab. Das war eine gute Sache. In diesem Fall halfen sie uns bei der Läuseplage.
Im Januar 1942 befand ich mich als Unteroffizier mit meiner Gruppe auf Vorposten. Der Zugführer, gleichzeitig Feldwebel, kontrollierte die Wachen und meldete dem Kompaniechef, er habe einen Wachposten schlafend vorgefunden. Bei der Vernehmung gab ich an, dies müßte ich anzweifeln, denn ich hätte kurz vorher bei meinem Rundgang keinen Schlafenden festgestellt. Jetzt sollte ich vor das Kriegsgericht, da ich Zweifel an der Aussage dieses Feldwebel vorgebracht hatte. Vors Kriegsgericht kam ich nicht, jedoch mußte ich zur Strafe mehrmals als Führer eines Spähtrupps zur Verfügung stehen.
Ein Spähtrupp bestand aus einem Unteroffizier als Spähtruppführer, der mit

einer Maschinenpistole ausgerüstet war und etwa vier Soldaten, die Karabiner trugen. Ein Spähtrupp sollte nur auskundschaften und sich möglichst nicht in Kampfhandlungen einlassen.
Bei meinem Strafauftrag hatte ich einen großen Vorteil. Es meldeten sich genügend Freiwillige, die mit mir gingen, und so habe ich auch diese Zeit gut überstanden.
Im Winter 1941/42 war es grimmig kalt. Wir hatten viele Erfrierungen zu beklagen, da uns die Winterbekleidung fehlte. Uns wurde erzählt, daß diese Bekleidung im Südabschnitt von Rußland eintraf, wo es gar nicht so kalt war. Wie konnte so etwas passieren?
Ende des Winters 1941/42 wurde unsere Einheit wegen einer unbedingt notwendigen "Auffrischung", Ersatzsoldaten und Ersatzgeräte mußten übernommen werden, aus vorderster Front abgezogen. Bei der ebenfalls notwendigen Entlausung stellte man bei vielen Soldaten weitere Erfrierungen fest.
Anschließend kamen wir in nach Lettland in die Stadt Riga. Wir sahen, daß Häuser leerstanden und auf den Straßen Männer, Frauen und Kinder von Soldaten abtransportiert wurden. Später und heute frage ich mich, ob das vielleicht Juden waren?
Außer im Bordell gab es in Riga nirgends Bier zu trinken. Also gingen wir dorthin, wo es natürlich knackevoll war. Wir tranken nicht allzuviel, denn im Krieg ist immer Vorsicht geboten, obwohl viele Zivilisten deutsch sprachen und die Bevölkerung eine deutschfreundliche Einstellung hatte.
In Riga lag eine spanische, die sogenannte "Blaue Division". Die Bevölkerung erzählte uns, daß manche Spanier ihre Gewehre verkauften, um Geld zur Verfügung zu haben.
Unsere Einheit wurde nach Rathonow bei Berlin verlegt. Ich erhielt ein Privatquartier bei einem Brillenfabrikanten. Das war eine gute Sache, denn für die bevorstehende Verlobung mit meiner Else besorgte er mir die Trauringe.
Nach einem Kurzurlaub ging im Frühjahr/Sommer 1942 die Fahrt wieder nach Rußland. Wir erreichten Schitomir, Kiew und Kursk. Oft ging unsere Fahrt quer durch Getreidefelder, denn eine feste Straße, das war eine Seltenheit.
Wir trafen eine ungarische Einheit. Die Ungarn stahlen das gesamte Federvieh. Dies war bei uns verboten, und sowas hatten wir auch gar nicht im Sinn.
Ein Zivilist kam zu unserer Zugmaschine und bat um Brot. Wir gaben ihm einen

Laib. Im nächsten Moment kam ein Soldat der Feldgendarmerie und fragte: "Was habt Ihr gemacht?" Wir sagten, daß wir nichts Verkehrtes getan hätten. Das sagte er: "Das war ein Jude", und nahm mich mit zu unserem Oberleutnant. Der Oberleutnant stand auf meiner Seite, und so wurde für mich Schlimmeres verhindert.
Die russischen Frauen hatten kein Petroleum für ihre Lampen. Wir gaben ihnen Benzin, sie schütteten etwas Salz hinzu und fertig war der Lampenbrennstoff. Mit der Zivilbevölkerung bestand ein gutes, freundschaftliches Verhältnis.
Für uns Pioniere gab es eine Änderung. Zuvor gehörten wir der 12. Panzerdivision an und wurden jetzt der Heerestruppe unterstellt. Dies bedeutete, daß unser Einsatz dort erfolgte, wo die Not am Größten war.
Unser Vormarsch ging weiter über Woronesch, Kursk, Orel, Charkow, Dnjepropetrowsk und Stalino mit einem sehr großem Bahnhof zu dem kleinen Fluß Mius. An diesem Fluß mußten wir eine Brücke bewachen.
Ein Generalmajor fuhr über die Brücke und sah keine Wachposten. Da ich Wachhabender war, wurde ich mit einem Krad zu ihm zum Verhör gefahren. Auf seine Vorhaltungen sagte ich, daß sich die Wache bei seiner Überfahrt unter der Brücke befand. Die Kontrolle unter der Brücke sei sehr wichtig, damit nicht von Feindeshand Sprengladungen angebracht werden könnten. Meine Aussage wurde akzeptiert, und damit war die Sache erledigt.
Vom Fluß Mius aus fuhr ich in Urlaub. Meine Mutter machte sich große Sorgen um mich. Ich sagte: "Mutter, habe keine Angst, ich komme wieder nach Hause. Nicht jede Kugel trifft, und außerdem habe ich Gottvertrauen."
Nach dem Urlaub traf ich wieder am Mius ein. Ein Soldat meiner Gruppe brachte von einer Überlandfahrt ein russisches Mädchen auf seinem Fahrzeug mit. Damit das Mädchen nicht erkannt wurde, hatte er es in seinen Mantel gepackt und anschließend in einem nahen Dorf untergebracht. Dieses Mädchen hatte den Soldaten über Geschlechtskrankheiten aufgeklärt und diese Aufklärung gab er an uns weiter. Eines Tages konnte der Soldat nicht mehr laufen, und ich fuhr mit ihm ins Lazarett. Nach einer Untersuchung wurde mir gesagt: "Fahren Sie Ihren Kollegen in die 'Ritterburg'." Damit war die Abteilung für Geschlechtskrankheiten in einem anderen Lazarett gemeint, denn man hatte den Asiatischen Tripper bei ihm festgestellt. Als es ihm im Lazarett besser ging, mußte er 21 Tage Strafe, bei uns Soldaten "Bau" genannt, absitzen und kam zu

unserer Einheit nicht wieder zurück. Wir verließen den Fluß Mius, fuhren über vorwiegend feste, jedoch nicht aspahltierte Straßen durch das Donezbecken. Wir erreichten zunächst den Ort Zimiljems-Lanbka und später Kotenilkowo am Don, in der Nähe von Stalingrad. Über den sehr breiten Don bauten wir eine Pontonbrücke. Nach der Fertigstellung erhielten wir von anderen Pinioniereinheiten deren Geräte, fuhren weiter und bauten nochmals eine Brücke über den Don.
Als wir uns in der Kalmückensteppe befanden, mußte ich mit einem LKW rumänische Soldaten auf einen Höhenzug vor Stalingrad bringen. Ein Soldat meiner Gruppe sprang vom LKW und wurde von einer Sandviper gebissen. Wir brachten ihn in Lazarett. Er mußte als erstes viel Schnaps trinken und wurde anschließend behandelt. Nach einigen Tagen kam er wieder zu uns zurück.
Unsere Kompanie lag in einem Dorf und bewachte die Donbrücke. Vollkommen unproblematisch wohnten wir mit der Zivilbevölkerung in deren Häusern zusammen. Im scharfen Kontrast zum Norden von Russland waren die Häuser in gutem Zustand und mit Betten und Möbeln ausgestattet. Um Fische zu fangen, warfen wir Sprengkörper in den Don, teilten den Fischfang mit den Dorfbewohnern und hatten mit ihnen ein wirklich gutes, kameradschaftliches Verhältnis.
Es kamen rumänische Soldaten ins Dorf, und wir mußten ein Großteil der Häuser an sie abgeben.
Zu dritt gingen wir von unserer neuen Unterkunft zu unseren vorhergehenden Quartiersleuten. Wir waren überrascht, denn die Rumänen hatten in allen Häusern die Leute aus ihren Wohnungen geworfen. Da konnte man sich vorstellen, daß ein angespanntes Verhältnis entstanden war. Unsere Quartiersleute wollten uns zu essen geben. Das sahen die Rumänen und waren verärgert. Zwischen ihnen und uns kam es zu Reibereien, und plötzlich war das Haus von Rumänen umstellt. Zwei Offiziere führten uns ab. Wir wurden verhört. Da man uns nichts vorwerfen konnte, durften wir zu unserer Einheit zurück.
Es war kurz vor Weihnachten 1942, und eine Panzerdivision mit Sturmgeschützen fuhr über unsere Brücke in Richtung Stalingrad.
Heiligabend 1942. Alarm! Es hieß, die Rumänen hätten sich ergeben und der Russe sei durchgebrochen. Wir bekamen den Befehl zum Rückzug durch das Donezbecken nach Nikopol am Dnjepr. Wir erhielten neue Brückenbaugeräte

und bildeten auf der Ostseite des Dnjepr einen neuen Brückenkopf. Im Frühjahr 1943 bekam ich in Nikopol plötzlich hohes Fieber. Zuerst wurde ich auf dem Hauptverbandsplatz behandelt und sofort in ein Lazarett in Kriwoi-Rog weitergeleitet. Ich hatte furchtbare Gliederschmerzen und wurde auf Rheuma behandelt. Trotz wochenlanger Behandlung trat keine Besserung ein. Dann bekam ich starken Durchfall, und eine russiche Ärztin stellte Typhus fest.
Als ich halbwegs genesen war, fuhr ich mit einem Lazarettzug in Richtung Heimat.
Plötzlich ein riesiger Donner und wir flogen in unseren Waggons nur so hin und her. Was war passiert? Unser Zug war mit einem entgegenkommenden Zug, wahrscheinlich durch verkehrte Weichenstellung, frontal zusammengestoßen. Unsere Lok und der nächste Wagen wurden stark beschädigt und waren aus dem Gleis geflogen. In der Zugmitte hatte es drei Wagen ineinander verkeilt und übereinander geschoben. Es gab Tote und Verletzte. Wir in unserem Wagen konnten von Glück sagen, denn er wurde nicht beschädigt, und so kamen wir mit dem Schrecken davon.
Es war ein herlicher Sonnentag. Wir lagen an der Böschung und warteten, wie es nach diesem Unglück weitergehen sollte. Auf einmal bekam ich Fieber, das immer höher anstieg. Ein Tierarzt betreute mich. Mit anderen Schwerverwundeten wurde ich mit der Bahn nach Kirowograd transportiert. Wegen Transportunfähigkeit nahm man mich aus dem Zug und wies mich in ein Lazarett ein. Ich freute mich sehr, als in Kirowograd eine Besserung eintrat. Als ich dann transportfähig war, konnte ich endlich die Weiterfahrt in Richtung Heimat antreten.
Ich fuhr in die Stadt Gomel und bekam wieder hohes Fieber. Abermals mußte ich aus dem Zug raus und in ein Lazarett. Da ich nichts essen konnte, wurde ich künstlich ernährt. Als ich wieder etwas zu mir nehmen konnte, erhielt ich Wunschkost. Das hieß, daß ich mir von den zur Verfügung stehenden Essen das für mich Passende aussuchen konnte.
Das Laufen mußte ich nach und nach wieder erlernen. Der Chefarzt, übrigens ein prima Mann, sagte, meine Krankheit sei allein die Folge der Typhuserkrankung.
Einmal sagte der Chefarzt im Scherz: "Noch ist Polen nicht verloren." Wegen dieser auch heute noch gebräuchlichen Redensart mußte er jedoch vor das

Kriegsgericht, verlor seine Chefarztstelle und mußte dann als normaler Arzt seinen Dienst tun.
Mein Bettnachbar hatte immerzu hohes Fieber, eine Krankheit konnte man aber nicht feststellen. Eines Tages wurde bei ihm zu ungewohnter Zeit gleichzeitig mit drei Thermometern in Mund, unter dem Arm und im After das Fieber gemessen. Nirgends wurde erhöhte Temperatur festgestellt. Jetzt war klar, daß mein Nachbar getrickst hatte. Der degradierte Arzt sagte zu ihm: "Sei froh, daß Du in meine Hände gefallen bist, sonst würdest Du nicht mehr lange leben", und schickte ihn anschließend in Genesungsurlaub.
Im Lazarett besuchte uns öfters ein Pfarrer. Er schrieb meinen Eltern einen Brief, über den sie sich sehr freuten, denn sie hatten lange nichts von mir gehört.
Als es mir besser ging, sagte eine Schwester zu mir, meine Genesung sei ein Wunder, niemand habe daran geglaubt.
Im Spätsommer 1943 wurde ich nach Thale im Harz verlegt. In den ersten Wochen wurde mir Bettruhe verordnet, die ich auch brauchte.
Bei meiner weiteren Gesundung konnte ich mich auch meiner großen Leidenschaft, dem Schachspielen, widmen. Dies hatte sich herumgesprochen, und so wurde ich nach Weihnachten 1943 an einem kalten Wintertag zum Chefarzt ins Hauptlazarett nach Neinstädt gebracht, um mit ihm Schach zu spielen. Doch bei diesem Einmal blieb es nicht. Öfter wurde ich von ihm zum Schachspielen eingeladen, jedesmal abgeholt und wieder zurückgebracht.
Diese Verbindung zum Chefarzt brachte mir Vorteile. Zum Beispiel hatte ich unbegrenzten Ausgang.
Außerhalb vom Lazarett hatte ich auch beim Schachclub Thale gespielt. Innerhalb der Orte Thale, Wernigerode, Halberstadt und Quedlingburg fanden Vereinsmeisterschaften statt. Ich spielte bei Thale mit. Wir wurden Meister, und darüber freuten wir uns.
Mich traf es sehr, sehr schmerzlich, als ich hier in Thale erfahren mußte, daß mein Bruder Willi, der zwei Jahre älter als ich war, an der Rußlandfront gefallen war.
In Thale blieb ich bis Juni 1944, kam dann zur Marschkompanie nach Radenow und mußte wegen einem Harnröhrenkatarrh sofort aufs Revier. Plötzlich brachten sie einen Soldaten in Handschellen herein, und ich denke, den kennst du doch. Er hatte sich nicht bei seiner Einheit gemeldet und wurde als Desserteur

bezeichnet. Ich konnte vor Gericht Gutes über ihn berichten. Der Gerichtsoffizier, als humaner Mann bekannt, ließ es gnädig angehen und so blieb ihm die Todesstrafe erspart. Bestraft wurde er, aber das Strafmaß ist mir nicht bekannt.
Im August 1944 erhielt ich acht Tage Heiratsurlaub. Ich fuhr nach Wallroth und heiratete meine "Liesel", im Ort als Else bekannt, mit richtigem Namen Elise Link.
Im Elternhaus von Liesel, genannt *Schusterjes*, feierten wir der Kriegszeit entsprechend in bescheidenem Rahmen unsere Hochzeit im Familien- und Verwandtenkreis.
Ich überzog meinen Heiratsurlaub um zwei Tage und fuhr in die Kaserne zurück.
Als ich ankam, war meine Einheit abgerückt. Meine Truppe, die Sturmpionierbrigarde 627, befand sich bereits in Warschau, und wir mußten ebenfalls dorthin. Der Oberst empfing mich und sagte: "Was wollen Sie hier, Sie sind nicht ostverwendungsfähig." Das war etwas Neues für mich. Die Aussage des Oberst beruhte auf meiner zweitägigen russischen Gefangenschaft.
Aber da ich nun mal da war, sollte ich mich bei der Abteilung V, der Schirrmeisterei, melden. Anschließend wurden wir im Warschau-Kampf eingesetzt. Das war eine sehr schwere Aufgabe. Unser Leutnant, der gleichzeitig Führer des Werferzugs war, war gefallen, und ich mußte seine Aufgabe übernehmen, obwohl ich keinerlei Erfahrung, geschweige denn eine Ausbildung mit dieser Waffe hatte. Um in Deckung zu gelangen, fuhr ein Soldat meines Zuges mit seinem Fahrzeug und aufgebauter Kanone durch ein Hoftor. Hierbei wurde die Zielvorrichtung abgerissen, und die Kanone war nicht mehr einsatzfähig. Obwohl er schuldlos war, bekam er allergrößte Schwierigkeiten, da man ihm eine Absicht unterstellte. Ein anderer Zugführer und ich stellten ihm ein gutes Zeugnis aus, und so kam er ohne Schaden davon.
Aus Dankbarkeit schenkte er jedem von uns beiden zwei 20-Dollar-Münzen. Außerdem schenkte er je eine 20-Dollar-Münze seinen Kameraden. Wie war er zu diesen Münzen gekommen? In einem Keller hatte er zwischen einem toten Mann und einem Ziegenbock ein Stoffbeutel gefunden. In diesem befanden sich, mehrmals eingenäht, 150 20-Dollar-Münzen und Dollar-Scheine. Diesen Beutel hatte er mitgenommen und behalten.
In Warschau fanden wir kistenweise deutsche Fieberthermometer, während an

der Front dringend Thermometer gebraucht wurden. Wie war das zu verstehen? Wir wurden auf die Eisenbahn verladen und gingen an der Weichsel erneut in Stellung. Nach einigen Stunden Kampfeinsatz mußten wir vor der Übermacht der Russen diese Stellung aufgeben. Anschließend trieb uns der Russe immer weiter Richtung Ostpreußen.
Der Kradmelder überbrachte mir den Auftrag, die Nachhut zu übernehmen. Wir befanden uns in Ostpreußen, und die Lage hatte sich etwas beruhigt. Zu zweit fuhren wir mit einem Beiwagenkrad nach Allenstein, um Ersatzteile zu holen. Auf der Rückfahrt sahen wir weinend ein etwa 15jähriges deutsches Mädchen am Straßenrand stehen. Wir nahmen es mit zu seinen Eltern, die bereits fluchtbereit vor ihrem Haus standen.
Der Russe war wieder durchgebrochen, und wir fuhren auf einer anderen Wegstrecke zu unserer Einheit zurück. Als wir dort ankamen, war außer unserem Nachhutkommando niemand mehr da. Wir bauten das Ersatzteil ein und brachten damit das Fahrzeug in Ordnung. Jetzt war es höchste Zeit, hier wegzukommen. Mit zwei Fahrzeugen und einigen Soldaten übernahmen wir die Nachhut und rückten ab.
Mittlerweile herrschte auf allen Straßen das totale Chaos. Es war Ende Januar 1945. Die deutsche Zivilbevölkerung flüchtete bei eisiger Kälte vor den Russen, und wir waren mitten dazwischen. Eltern suchten ihre Kinder und umgekehrt. Pferdewagen gingen entzwei und Pferde verendeten. Es war unbeschreiblich. Nur wer diese Leiden erlebt hat, kann diese Zustände nachempfinden.
Wir fuhren mit unserm LKW. Plötzlich ein lauter Knall, und schon lagen wir mit unserem LKW im Straßengraben. Wir waren, oh Schreck, auf eine von Deutschen verlegte Mine gefahren. Zum Glück war uns nichts passiert, und wir konnten mit einem anderen LKW weiterfahren.
Mit der Verpflegung war es problematisch. Etwas Brot hatten wir noch, das andere mußten wir uns organisieren. Zum Beispiel schossen wir ein Schwein tot und nahmen es auf unserem LKW mit.
Wir befanden uns in der Stadt Rößel. Unsere Einheit hatte vor einem Haus einen mit Munition beladenen LKW abgestellt. Der Hausbesitzer, ein alter Mann, bat uns, den LKW wegzufahren, da bei einer Explosion sein Haus zerstört würde. Ich mußte dies ablehnenen, denn der Russe war ganz dicht hinter uns und wir in größter Eile.

Wir erreichten die Stadt Battenstein und wollten Rast machen. Wir waren vollkommen übermüdet, hatten tagelang keinen Schlaf gehabt und waren von der andauernden Panik total kaputt.
Ich stieg aus dem Fahrzeug. Im nächsten Moment kam der Kompaniemelder und überbrachte mir folgenden Auftrag: Zwei Halbkettenfahrzeuge mit aufgebauter Kanone hatten eine verkehrte Treibstoffmischung und nicht das der Vorschrift entsprechende Benzin-Methylalkohol-Gemisch getankt und mußten abgeschleppt werden. Ich möchte erwähnen, daß der Nachschub von Treibstoff und Munition oft ein riesengroßes Problem war.
Außer diesem Auftrag überbrachte der Melder die mündliche Nachricht, daß ich zum Feldwebel befördert worden war.
Der Melder war mit einem Hanomagschlepper, der mit einem Fahrer, einem Soldat auf jedem Vorderkotflügel und weiteren Soldaten besetzt war, bei uns angekommen. Gemeinsam wollten wir den Auftrag ausführen. Der Fahrer sagte, er könne vor Übermüdung nicht mehr fahren, denn er schlafe laufend ein. So setzte ich mich ans Steuer und fuhr mit einem komischen Gefühl in die Richtung, aus der wir gerade gekommen waren.
Es war fast dunkel, und wir befanden uns drei Kilometer vor dem Ort Wuslak in der Nähe von Bischofstein. Zwei Soldaten saßen vorne links und rechts auf den Kotflügeln und vier Mann waren in der Kabine.
Uns kam ein Tiger-Panzer entgegen. Ich hielt ihn an und fragte, ob die Frontlinie noch unverändert sei. Mir wurde gesagt, es hätte sich noch nichts geändert und ich könnte weiterfahren.
Kurz darauf blinkte auf der Straße ein rotes Licht als Zeichen zum Anhalten. An meiner Seite öffnete ich die Tür auf und sah einen russischen Soldaten. Im nächsten Moment schlug ich die Tür wieder zu und gab Gas. Beim Türaufreißen hatte ich in einer Senke direkt neben der Straße einen Panzer gesehen. Ob es ein russischer oder deutscher Panzer war, konnte ich nicht feststellen. Jedenfalls erreichten wir Wuslak. Aber dann war eine Weiterfahrt unmöglich, denn die Straßen waren von Fahrzeugen und Menschenmassen verstopft. Wir mußten uns den Russen ergeben. Ein Russe nahm mir meine Pistole ab und richtete sie sofort auf mich. Im nächsten Moment schlug ich ihm in einer Reflexbewegung mit der flachen Hand gegen den Hals. Rückwärts stürzte er zu Boden, und ich rannte los. Vor mir war ein großer Platz mit vielen Menschen. Ich lief um die

Straßenecke, war vielleicht an zwei Häusern vorbei, als ich ein Schlag wie ein Peitschenhieb links unten am Rücken verspürte. Ich stürzte in den Schnee und dachte, wahrscheinlich bist du von einer Kugel getroffen. Zwei russische Soldaten kamn vorbei, sahen das viele Blut im Schnee und dachten, ich sei tot, denn ich hörte, wie sie sagten: "Kaputt".
Sie nahmen mir die Armbanduhr ab und fanden die beiden 20-Dollar-Goldmünzen. Beim Anblick der Münzen waren sie überrascht und glücklich, denn sie riefen: "Salatoi" (Gold). Schnell zogen sie mir noch meine Stiefel aus und verschwanden. In ihrer Dollarfreude hatten sie sogar den Trauring an meiner Hand übersehen.
Bei Dunkelheit und eisiger Kälte lag ich im Schnee. Ich war halb bewußtlos und mir fehlte das Zeitgefühl. Irgendwann raffte ich mich auf, sah meine Blutlache im Schnee und in nächster Nähe einen deutschen Soldaten. Ihn rief ich. Er kam, zog seine Tarnjacke aus, zeriss sie und band die Lappen um meine Fuße, damit sie mir nicht erfrieren. Wir beide gingen in Richtung Dorfrand. Schon nach wenigen Metern hatten scharfe Eiskanten meine Lappen durchschnitten. Wir erreichten den Dorfrand, und ich sah in unmittelbarer Nähe ein weiteres Dorf, vielleicht auch ein Dorfteil von Wuslak. Ich sagte zu meinem Begleiter: "Geh in das Dorf und schau, ob die Russen schon da sind." Er kümmerte sich aber nicht darum, sondern verließ mich und verschwand über freies Feld in Richtung Westen.
Barfuß erreichte ich dieses Dorf und ging sofort in einen großen Kuhstall. Die Kühe befanden sich noch im Stall, waren jedoch von ihren Ketten abgebunden. Von Menschen war nichts zu hören und zu sehen. Ich kletterte auf den Stallboden, der gleichzeitig als Heuboden diente, und legte mich unter das Heu. Im Heu schlief ich total erschöpft sofort ein. Als ich wach wurde, hörte ich Panzergeräusche auf der Dorfstraße, war aber zu schwach, um aufzustehen und nachzusehen.
Was ging mir nicht alles durch den Kopf? Wie sollte es weitergehen? Meldest du dich, wenn Russen kommen bei denen oder, oder, oder? In dieser großen Not dachte ich an mein Gottvertrauen und betete, betete, betete.
Ich lag tage- und nächtelang auf dem Heuboden. Mal schlief ich, mal war ich halb wach. Wenn ich halb wach war, dachte ich, du mußt hier raus, du mußt, du mußt!

Ich schleppte mich ins Haus. Ein Hungergefühl hatte ich all die Tage nicht gehabt. Jetzt dachte ich, du mußt was essen und brauchst Strümpfe und Schuhe. Aber im ganzen Haus war nichts zu finden. So kam ich auf den Dachboden und fand in einem Raum ein Strohlager. Totmüde legte ich mich ins Stroh und schlief sofort ein. Ich wurde wach und hörte immerzu die Panzer rollen. Auf einmal ging die Tür auf und zwei russische Frauen kamen herein. Sie sahen mich, schrieen laut auf und riefen auf russich: "Deutscher Soldat". Die russischen Soldaten kamen, ihre Gewehre im Anschlag, hereingestürmt. Zuerst nahmen sie mir meine Papiere ab, die sie mir aber bald wieder zurückgaben. Die Russen sahen, daß ich hilflos war. Sie gaben mir Schnaps zu trinken, halfen mir beim Aufstehen und gaben mir einen Stock zum Gehen, denn meine Füße waren dick geschwollen und voller Blasen. Alle waren zu mir anständig und hilfsbereit.
In dem langen Krieg habe ich die verschiedensten Völker kennengelernt. Meine Feststellung: Es gibt nicht gute oder schlechte Völker, sondern überall die unterschiedlichsten Menschen.
Die Russen gaben mir zu verstehen, ihr Kommandant wollte in das Haus einziehen und deshalb müsse ich es verlassen. Ich kletterte wieder auf den mir schon bekannten Heuboden. Die Russen kümmerten sich nicht mehr um mich. Hunger hatte ich keinen, aber ich mußte was essen, so dachte ich, sonst schaffst du das nicht.
Im Stall schaute ich mir die Kühe an. Viele hatten schon Euterentzündung. Ich fand eine Kuh, die gerade abgekalbt hatte. Wie konnte ich an ihre Milch kommen? Zuerst saugte ich mit meinem Mund an einer Zitze, allerdings ohne Erfolg. Dann molk ich mit der einen Hand in die hohle andere Hand und konnte mühsam etwas Milch trinken. Nach kurzer Zeit wurde mir übel und Erbrechen war die Folge. Jetzt war erst mal wieder alles vorbei.
Die russischen Wachen marschierten fortwährend um das Gehöft. Vorsichtig schaute ich aus den Stallfenstern in die Umgebung, um einen Fluchtweg ausfindig zu machen. Außerdem kontrollierte ich durch Zählen, wie lange die Soldaten für einen Rundgang benötigten.
In einer Nacht, als die Posten gerade am Stall vorbeigekommen waren, verließ ich ihn und humpelte barfuß auf freies Gelände. Mühsam schleppte ich mich voran, hatte trotz der kurzen Wegstrecke das Gefühl, kilometerweit gelaufen

zu sein, und dachte, hoffentlich kommt bald ein Haus, denn weit schaffst du es nicht mehr.
Ich kam an einem Bach vorbei und trank von dem Wasser. Endlich sah ich in der Nähe ein Gehöft stehen. Wieder ging ich in den Kuhstall. Die Kühe waren angebunden. Also waren auch Menschen auf dem Hof. Ich kletterte auf den Stallboden und sah einige Zeit später, zwischenzeitlich war es Morgen, zwei Personen vom Haus in den Stall kommen. Ich trat vor. Da war der Bauer erschrocken und sagte zu mir: "Ergib Dich den Russen, sonst bekomme ich allergrößte Schwierigkeiten und muß damit rechnen, daß mich die Russen erschießen." Ohne Widerspruch, jedoch total enttäuscht, verließ ich den Stall. Ich ging am Haus vorbei und begegnete deutschen Frauen. Sie sahen, daß ich barfuß war. Aus dem Gebäude holten sie mir Hausschuhe und Brot. Im Freien stehend, versuchte ich, etwas Brot zu essen. Ich kaute und kaute, und bekam das Brot nicht runter. Die Frauen empfahlen mir, in den nächsten Ort zu gehen. Ein inneres Gefühl sagte mir, daß ich dies nicht tun sollte. Ich ging weiter und mußte bald meine Schuhe wieder ausziehen. Die Blasen an den Füßen hatten sich geöffnet, und ich hatte starke Schmerzen. Ich nahm die Schuhe unter den Arm, ging weiter, sah in einiger Entfernung einen Gutshof und bewegte mich langsam auf ihn zu.
Ich sah Personen auf mich zukommen. Wer war das? Es waren drei deutsche Mädels mit einem Handschlitten. Sie hatten mich vom Hof aus beobachtet und beschlossen, mich abzuholen. Sie hoben mich auf den Schlitten und zogen mich in Richtung Gehöft. Unterwegs beratschlagten sie, wo sie mich unterbringen könnten. Da sagte die eine: "Wir bringen ihn in das Insthaus (Arbeiterhaus)." Dann sagten alle: "Wir müssen uns beeilen, damit wir alle verschwunden sind, bevor die Russen kommen." Gemeint war eine Russenpatrouille, die jeden Morgen zwischen 8 und 9 Uhr auf den Hof kam. Die Mädels mußten sich um diese Zeit wegen Vergewaltigungen verstecken.
Zuerst mußte bzw. durfte ich meine Militärsachen ablegen und erhielt eine komplette Zivilkleidung. Sämtliche Papiere, Bilder und dergleichen wurden vernichtet. Ich erhielt warmen Kaffe und zu essen, wobei ich anfangs nur sehr wenig zu mir nehmen konnte. Die Versorgung meiner Wunden war besonders wichtig. Die drei Mädels, die mich auf dem Schlitten abgeholt hatten, es waren Hedwig Behrendt, eine Cousine von ihr mit gleichem Namen und Irmgrad

Gomm, taten dies mit viel liebevoller Sorgfalt. Das waren einmal die Blasen und Wunden an den Füßen und zum anderen der Einschuß im Rücken.
Zu diesem Schuß eine Erläuterung: Einige Zeit nach meiner Entlassung im Jahre 1949 verspürte ich plötzlich Schmerzen in meiner Brust. Ich ging zu meinem Hausarzt. Er tastet die Brust ab und bemerkte eine harte Stelle. Mit einer örtlichen Betäubung holte er eine Pistolenkugel mit 6,35 Millimeter Durchmesser aus meiner Brust. Eine Einschußstelle hinterläßt immer ein kleines, eine Ausschußstelle jedoch ein großes Loch. Deshalb war es für mich von großem Vorteil gewesen, daß die Kugel steckengeblieben war, denn sonst wäre ich mit größter Wahrscheinlichkeit bereits bei der Verwundung verblutet.
Ich brauchte unbedingt ein sicheres Versteck, und wieder war es der Heuboden über dem Stall. Die drei Mädels rupften eine Höhle in den sehr festen Heuhaufen. In dieser Höhle fand ich einen sehr guten Unterschlupf. Da ich nur wenig essen konnte, kamen sie mehrmals am Tag mit Essen zu mir. Wenn die Russen lange auf dem Hof blieben, dann konnten sie erst spät ihre Verstecke verlassen und zu mir kommen.
Bei dem Hofgut handelte es sich um einen größeren Betrieb. Alle Tiere waren noch vorhanden und wurden von 50 bis 60 Leuten, überwiegend Frauen, versorgt. Daß der Krieg noch in vollem Gange war, hörte man am Kanonendonner, der aus der Ferne zu uns schallte.
Das Allerschlimmste, was es auf dem Hof gab, das waren die Vergewaltigungen der Frauen und Mädels. Jeden Tagen kamen sechs oder sieben russische Soldaten. Wenn sie eintrafen, mußte jede weibliche Person ihr Versteck aufgesucht haben, denn wenn sie eine Frau fanden, wurde sie nicht einmal, sondern gleich mehrmals vergewaltigt.
Anfangs tauchten die Russen morgens zwischen 8 und 9 Uhr auf, doch dies änderten sie und kamen zu den unterschiedlichsten Zeiten. Für die Frauen und Mädels wurde es dann sehr schwer, rechtzeitig ein passendes Versteck zu finden.
Auf dem Hof befand sich eine Frau mit ihrer 13jährigen Tochter. Sie dachte, dem Kind passiert nichts. Doch da hatte sie sich getäuscht. Die Tochter wurde mehrmals vergewaltigt, und die Mutter weinte und weinte.
Wieder einmal kamen die Russen zu ungewohnter Zeit. Ein Mädchen, 15 Jahre alt, konnte ihr Versteck nicht mehr erreichen und flüchtete in meine Höhle. Sie

hatte sich mit vielen Röcken und einem großen Kopftuch alt, dick und unansehnlich zurecht gemacht. Diesmal hatte sie es geschafft. Als die Luft wieder sauber war, konnte sie die Höhle verlassen. Aber dann ging es ihr wie allen Frauen. Zu irgendeinem Zeitpunkt wurden sie trotz vieler Kleider und alt aussehend erwischt und vergewaltigt.

Eines Tages weinte dieses 15jährige Mädel bitterlich. Was war die Ursache? Bei ihm war die Regelblutung ausgeblieben, und sie befürchtete, schwanger zu sein. Ich tröstete sie, so gut es ging. Ich möchte anmerken, daß ich bei allen Hofbewohnern ein großes Vertrauen genoß und außerdem untereinander ein kameradschaftliches Verhältnis bestand, wie es besser nicht sein konnte.

Eine Frau, ungefähr 65 Jahre alt, dachte; die Russen würden ihr nichts antun. Als sie eines Tages von den Russen mitgenommen wurde, meinte sie und auch wir, daß sie verhört werden sollte. Sie kam zurück und war vergewaltigt worden. Sie sagte nur: "Diese Schweine."

Ein Mädel, etwa 17 Jahre alt, hatte es längere Zeit verstanden, sich vor den Russen zu verstecken. Aber dann passierte es doch. Sie fanden das Mädel im Fohlenstall. In diesem Stall waren die Fohlen untergebracht und auf dem darüberliegenden Heuboden lag mein Versteck. Das Mädel wehrte sich mit seinen Zähnen, Händen, Füßen und lautem Schreien. Da schossen die Russen, um sie einzuschüchtern, in die Stalldecke. Jetzt wurde es für mich in meiner Höhle gefährlich, denn die dünne Decke bot nur wenig Widerstand. Jedoch konnte das Mädchen gegen die Soldaten letztendlich nichts ausrichten. Während sie, so erzählte sie uns, von vier Männern an Armen und Beinen festgehalten wurde, verging sich einer an ihr. Sie wurde von sieben Russen mißbraucht. Ich mußte in meiner Höhle ohnmächtig zuhören, wie die Russen mit tiefer Stimme riefen: "Karoscho, Karoscho (die ist gut)."

Ein weiteres Mädel, 18 Jahre alt, nahmen die Russen mit und brachten sie nach zwei Tagen zurück. Als sie ankam, konnte sie kaum noch laufen. Die Russen hatten sie, so erzählte sie uns, über zwanzigmal mißbraucht. Zum Schluß hätte ein Russe mit Namen Pavel Einhalt geboten, sonst hätte sie dies alles wahrscheinlich nicht überlebt. Sie mußte von ihren Familienangehörigen behandelt werden.

Die Frauen und Mädels waren nach den Vergewaltigungen in großer seelischer Not. Sie weinten, schämten sich, waren niedergeschlagen und in einer so

schlechten Verfassung, wie man es gar nicht beschreiben kann. Von ihnen hörte ich das Wort bestialisch. Diesem Wort habe ich nichts hinzuzufügen.
Auf dem Nachbarhof, dort wo ich vorher gewesen war, hatte sich auch ein deutscher Soldat versteckt. Er kam öfter an unserem Hof vorbei und ging zum naheliegenden Wald, baute sich ein Versteck, um von hier aus zum passenden Zeitpunkt Richtung Westen zu flüchten. Wahrscheinlich wurde er auch vom Bauern bedrängt, den Hof zu verlassen. Er sagte zu mir: "Mach mit, denn hier auf dem Hof werden Dich die Russen eines Tages erwischen." Ich sagte: "Das hat für mich keinen Zweck, denn ich kann kaum laufen." Als ich jedoch besser laufen konnte, haben mich Fluchtgedanken jeden Tag sehr beschäftigt. Allerdings sah ich kaum eine Möglichkeit, eine Flucht wegen der übergroßen Schwierigkeiten, zu denen auch eine Flußüberquerung gehört hätte, erfolgreich durchzuführen.
Täglich kamen die Russen auf den Hof und versuchten, alle Verstecke aufzufinden. Mittlerweile, es wird Ende Februar 1945 gewesen sein, waren meine Füße einigermaßen verheilt. Auf dem Hof hatte ich von diesen ach so guten Leuten ein Paar fast neue Schuhe erhalten, die mir, was für ein Glück, ausgezeichnet paßten. Außerdem erhielt ich schöne, warme Strümpfe.
Um vor den Russen sicherer zu sein, verließ ich meine Höhle und verkroch mich im Fohlenstall hinter Futtertrog und Futterraufe in einem Versteck. Wieder kamen die Russen und stachen mit Gabeln da und dort rein. So auch in mein Versteck. Ich lag auf dem Boden und hatte unter meinem Kopf ein kleines Kissen. Als sie stachen, trafen sie das Kissen und mein Kiefer. Jetzt merkten sie, daß hier etwas nicht stimmte und stachen weiter zu. Zum Glück brachten sie mir keine weiteren Verletzungen bei, aber ich mußte mich zu erkennen geben.
Die Soldaten zielten sofort mit ihren Gewehren auf mich und hätten mich erschossen, wenn ihr Vorgesetzter nicht Einhalt geboten hätte.
Auf dem Hof lebte eine russisch sprechende Polin. Diese wurde herbeigeholt. In einem kurzen Verhör sagte ich: "Ich bin kein Soldat." Anschließend wurde ich von den Soldaten auf ihrem Fahrzeug mitgenommen.
Wo ich mich jetzt befand, konnte ich nicht sagen, jedoch nahm das richtige Verhör hier seinen Anfang.
Bei meiner ersten Gefangennahme im September 1941 hatten mir die Russen

alle Papiere abgenommen. Also mußte ich aus Sicherheitsgründen Name, Geburtsdatum und Wohnort ändern. Als Name gabe ich Großjahn an. Mein richtiges Geburtsdatum 9. Oktober 1917 änderte ich auf 9. Oktober 1927 und als Wohnsitz nannte ich Königsberg, Bahnhofstr. 19, was natürlich auch nicht stimmte.

Das erste und die weiteren Verhöre, die nur nachts stattfanden, waren furchtbar. Mit verbundenen Augen, stundenlang verhört, immer wieder von vielen Schlägen unterbrochen, war es fast nicht zum Aushalten. Alle Vorderzähne haben sie mir eingeschlagen. Ein Pole war Dolmetscher. Er sagte: "Der lügt", und wieder gab es ungezählte Schläge. Ihren Äußerungen konnte ich entnehmen, daß sie in mir einen Spion vermuteten. Da sie viel von mir wissen wollten, gaben sie mir ausreichend Essen und Trinken.

Die stunden- bzw. nächtelangen Verhöre gingen weiter. Dann wollten sie von mir wissen, wer mir auf dem Hof das Essen gegeben hat. Ich sagte: "Das weiß ich nicht", und wieder gab es Schläge. Um die Essenbringer herauszufinden, wurde ich zum Hof zurückgebracht. Als ich ankam, waren alle Hofbewohner, ungefähr 50 bis 60 Leute, auf dem Hofplatz angetreten. Ich sollte den Russen zeigen, wer mir Essen und Trinken gebracht hatte. Ich ging die Reihen durch und sagte: "Ich erkenne niemand." Anschließend wurde die Rückfahrt angetreten. Ich erhielt gutes Essen und in der Nacht ging das Verhör weiter. Gut war, daß ich etwas russisch verstand, was ich natürlich nicht zugab. So war eine der ersten Fragen im ersten Verhör gewesen, ob ich russisch sprechen könnte.

In diesem Verhör stellten sie mir Fragen, Fragen, und nochmals Fragen. Sie machten Gedächtnisproben. Zum Beispiel: "Wer ist Goebbels? Wer ist Himmler?" und ob ich "Mein Kampf" gelesen hätte. Dann fragten sie mich, ob ich als Spion für sie arbeiten wolle. Sie wollten mich unbedingt als Spion abstempeln und sahen in mir einen ganz schweren Jungen. Ich stellte mich dumm und immer wieder dumm.

In meinem Kopf rumorte es. Ich dachte, wenn die Mädels auf dem Hof sagen, daß ich Soldat war, dann sieht die Sache für dich sehr schlecht aus. Also entschloß ich mich und sagte: "Ich war Gefreiter, Jahrgang 1921, und gehörte zu einem normalen Pionierbataillon." Da gab es erst mal Schläge, daß ich meinte, die hauen mir den Kopf vom Rumpf.

Diese Verhöre unter schwierigsten Bedingungen gingen über Tage weiter. Ich

wurde mit einem Jeep an eine andere Stelle gebracht. Im Keller eines Wohnhauses mußte ich weitere Verhöre über mich ergehen lassen. Am nächsten Tag kamen die drei Mädels vom Hofgut, die mir so gut geholfen hatten. Ein Posten brachte sie zu mir in den Keller, und er blieb immer in unmittelbarer Nähe. Wir durften kein Wort miteinander sprechen. Vermutlich waren die Mädels wegen mir hier. Entweder es hatte sie jemand wegen des Essenbringens verraten, oder sie hatten sich selbst zu erkennen gegeben.
Die Verhöre, immer nachts, wurden fortgesetzt. Geschlagen wurde ich immer noch, jedoch nicht mehr mit dieser unmenschlichen Härte.
Nach einigen Tagen brachte man mich in ein Zuchthaus in Insterburg. Als Essen erhielten wir ein- oder zweimal am Tag einen Eimer voll Wasser mit einigen Kartoffelstückchen und das für zehn Mann. Bei etwas Glück konnte man ein Bröckchen erwischen.
In Insterburg blieb ich nur einige Tage, dann wurde ich mit den anderen Insassen zum Bahnhof gebracht. Wir waren 779 Männer, Zivilisten und Soldaten bunt gemischt, und etwa 1.200 Frauen - jüngere und ältere, zum Teil über 70 Jahre alte Personen. Wir wurden auf Viehwaggons aufgeteilt, und dann begann die Fahrt nach Rußland.
Täglich erhielten wir pro Person eine Scheibe Knäckebrot und Wasser. Das war alles. Ein Mann hatte es fertig gebracht, Schmalz und Schinken mit in unseren Waggon zu nehmen. Er wollte davon nichts abgeben, sondern es für seine Familie, die sich allerdings in anderen Waggons befand, reservieren. In der Nacht, als er schlief, nahmen wir uns etwas Schmalz und erzählten es ihm am nächsten Morgen. Das Schmalz hatte bei uns eine verheerende Wirkung. Uns wurde übel, und wir bekamen Durchfall. Damit war das Thema Schmalz für uns erledigt.
Wir wurden schwer bewacht. Bei den Aufenthalten auf den Bahnhöfen durften die Türen nicht geöffnet und die Waggons nicht verlassen werden. Die Notdurft, groß und klein, mußte innen an einer Waggonseitenwand, die mit einigen Brettern versehen war, verrichtet werden. Wie es da im Waggon gestunken hat, kann man sich ausrechnen. Außerdem kontrollierten die Posten bei jedem Halt die Waggons. Fußboden, Dach, überhaupt alles wurde abgeklopft. Dies machten sie, um Fluchtversuche zu verhindern.

Nach ungefähr acht Tagen nahm unsere Wachmanschaft die ersten Toten aus den Waggons und legte sie am Bahnkörper ab.
Bei mir im Waggon war ein Mann, der hatte seine Familie, seinen Hof, überhaupt alles verloren. Er wollte nichts essen, sondern sterben. Wir redeten ihm gut zu, und wir konnten ihn bewegen, wieder Nahrung zu sich zu nehmen.
Wir waren ungefähr drei Wochen unterwegs, als wir am Bahnhof von Kanasch eintrafen. Wir Männer mußten die Waggons verlassen und auf dem Bahnhofsgelände antreten. Der Mann mit dem Schinken und dem Schmalz sah zufällig seine Frau und wollte ihr von seinem Vorrat bringen. So etwas durfte jedoch nicht sein. Seine Frau rief ihm zu, er solle dies lassen, denn die Russen hätten ihn ohne viele Umstände erschossen.
Während der Frauentransport weiter ging, kamen wir in ein Lager in Kanasch. Dies ist ein Ort in der Nähe der Stadt Kasan, unweit der Wolga. Die Russen nannten dieses Lager "Regimelager". Wir nannten es Vernehmungs- oder Sonderlager. Die Lagerinsassen waren ehemalige Funktionäre der NSDAP, SS-Männer und angebliche Agenten. Mich hatten sie als Spion hierhergebracht. Außerdem befanden sich Männer vom Volkssturm unter uns. Dem Volkssturm, der am Kriegsende gegründet wurde, gehörten Männer im Alter von 45 bis 60 Jahre an. Zum Volkssturm sagte man damals: Das ist das letzte Aufgebot. Warum diese Männer hier in Kanasch waren, wußten wir nicht. Vielleicht meinten die Russen, das wären Partisanen gewesen.
Als wir im Lager eintrafen, wurde als erstes gefragt, wer russisch sprechen könne. Ein Pole meldete sich und wurde sofort zum Lagerleiter bestimmt. Er begrüßte uns mit den Worten: "Ihr deutschen Schweine." Da wußten wir, was uns erwartete. Man brachte uns in Baracken unter. In den Räumen befanden sich Holzpritschen, jeweils zwei übereinander. Hier schliefen wir auf dem blanken Holz.
Zwei Tage lang wurde ich verhört und nochmals verhört und am nächsten Tag ging es zur Arbeit. Hinter den Häusern von Kanasch mußten wir die Fäkalien der Russen wegräumen. Wenn wir mal ein Stückchen verschimmeltes Brot fanden, stürzten wir uns alle darauf.
Unser Lageressen sah wie folgt aus: Morgens Wassersuppe mit Fischen und Gräten. Mittags eine dünne Suppe mit Kuddeln, lauter dünne, stinkende Därme, abends wieder eine dünne Suppe mit 400 Gramm Brot. Wir aßen alles, was

irgendwie eßbar war, denn wir hatten riesengroßen Hunger.
In unserem Lager befanden sich Zwillinge. Die beiden Jungs, erst 13 Jahre alt, wollten angekeimte rohe Kartoffelschalen essen. Ich hinderte sie daran und sagte: "Wenn Ihr dies Zeug eßt, bekommt Ihr Durchfall und überlebt nicht. Eßt Gras und Brennesseln." Sie hörten auf mich. Warum die beiden in unserm Lager sein mußten, war allen unklar.
Wir hatten viele Tote zu beklagen. Eines Abends wurde mir befohlen, bei der Bestattung der Toten zu helfen, die splitternackt waren. Ihr Leib war geöffnet und wieder zugenäht. Warum, weiß ich nicht. Wir mußten diese Toten in ein drei Meter tiefes Massengrab werfen. Beim Anpacken hatte man plötzlich die Haut in den Händen. Demnach mußten diese Verstorbenen schon längere Zeit gelegen haben. Wer von dem Bestattungskommando zurückkam, erhielt ein Extraessen, das aus einem einigermaßen guten Getreidebrei bestand. Ich konnte nichts essen, denn mir war speiübel.
Ab Anfang April mußte ich in einer Waggonfabrik arbeiten. An Seilen zogen wir zusammen mit russischen Arbeitern die Waggonachsen über den Fußboden von Arbeitsstelle zu Arbeitsstelle. Das war eine Quälerei. Ich machte dem russischen Vorarbeiter den Vorschlag, die Achsen auf Eisenrollen oder Eisenrohren zu transportieren. Die Idee fand er gut. Ich wurde beauftragt, die Kommandos zu geben. Siehe da, es klappte prima, und alle hatten jetzt ein leichteres Arbeiten.
Meine nächste Arbeit erfolgte berufsbedingt in der Schmiede. Meine wesentliche Tätigkeit bestand im Biegen von Winkeleisen. Da ich mir schnell eine gute Geschicklichkeit angeeignet hatte, gingen meine Leistungen über die Norm hinaus. Wir arbeiteten im Schichtdienst, und nach mir wurde auf meinem Arbeitsplatz ein Russe tätig. Ich legte fertige Winkeleisen in eine Ecke, dicht neben dem Schmiedefeuer. Jeder Russe wußte, daß wir solche Dinge machten, um zusätzlich etwas Eßbares zu erhalten. Mehrere Tage hatte der Russe die Eisen weggenommen, aber von Essen sah ich nichts. Wiederum waren die Winkeleisen verschwunden, aber diesmal lagen gekochte Kartoffeln in der Asche. Meine Freude mußte dem Posten aufgefallen sein. Er kam herbei und zertrat alle Kartoffeln vor meinen Augen. Der russische Arbeiter verschwand von diesem Arbeitsplatz, und ich war um eine Hoffnung ärmer.
Ein deutscher Gefangener hatte sich während einem Arbeitseinsatz zum Aus-

treten gemeldet. Er trat vor die in Reihe angetretenen Gefangenen und hob die Hand. Der Posten erschoß ihn, denn er hatte dies als Fluchtversuch gedeutet. Es galt immer wieder dasselbe. Entscheidend war, wem man in die Hände fiel. Mit 20 Mann mußten wir Bauholz auf Waggons verladen. Von einem Posten wurden wir mit einem scharfen Schäferhund bewacht. Ohne jeden Grund hetzte er den Hund auf uns. Drei Kameraden wurden gebissen und mußten in unserem Lager das Krankenrevier aufsuchen. Zwei von den Verletzten sahen wir später wieder, den dritten bekamen wir nicht noch mal zu Gesicht. Allerdings sahen wir auch den Posten nicht noch mal.

Hierfür gab es für uns eine wahrscheinliche Erklärung. Wir hatten im Lager einen deutsch sprechenden jüdischen Arzt, der auch für das Revier zuständig war. Dieser Arzt, ein wunderbarer Mensch, half, wo er nur konnte. So nahmen wir an, daß er wegen der Hundebisse Beschwerde geführt hatte und der Wachposten versetzt wurde. Bei dieser Gelegenheit möchte ich erwähnen, daß es sinnlos war, den Russen Fragen zu stellen, denn man bekam nie eine Antwort. Unsere Schlafräume hatten wenig Tageslicht und keine Möglichkeit, sie zu belüften. Deshalb war immer ein verbrauchte, übel riechende Luft in den Räumen.

Die Lagerlatrine diente für die tägliche Notdurft. Ein Graben auf dem Lagergelände, darüber zwei Balken und ein Dächlein, das war alles. Da für die Geruchsbeseitigung kein Kalk zur Verfügung stand, kann man sich vorstellen, wie sich im Sommer der Gestank verbreitete. In den Latrinengraben sind Gefangene reingefallen und nicht wieder rausgekommen. Eine Erklärung gab es hierfür nicht, höchstens Vermutungen.

Die Russen hatten ihre Gefangenenlager in drei Strafzonen aufgeteilt. Nach welchen Gesichtspunkten dies geschah, war mir unbekannt. Ich weiß nur vom Lager Kanasch, daß die Insassen verurteilt wurden, ganz gleich, ob die Anschuldigungen stimmten oder nicht.

Ende August 1945 wurde das Lager Kanasch aufgelöst. Mir ging es schlecht, denn ich hatte bis hoch zum Bauch Wasser in den Beinen. Die Schlafpritschen in unseren Baracken waren vielleicht noch zu einem Viertel belegt. Die meisten der nicht mehr anwesenden Gefangenen waren vorwiegend an Unterernährung verstorben und lagen in dem von mir beschriebenen riesengroßen Massengrab. Wo die anderen geblieben sind? Ich weiß es nicht.

In Kanasch befand sich bei mir bis zur Lagerauflösung ein russischer Arbeiter. Er war als Zwangsarbeiter in Insterburg in Ostpreußen gewesen. Die Russen sagten zu ihm "Emigrant" und behandelten ihn nicht besser als uns. Mit ihm hatte ich in der Schmiede gearbeitet und von ihm das Bördeln von Blechen erlernt. Gemeinsam hatten wir z. B. Kochgeschirr für die Kameraden und für uns gefertigt.

Wir fuhren von Kanasch mit der Eisenbahn weg und stiegen zu einem späteren Zeitpunkt irgendwo aus. Auf dem Bahnhof mußten wir, ungefähr 200 Mann, in Reihen antreten. Es wurden zwei Spengler gesucht. Der Russe, von dem ich das Bördeln erlernt hatte, sagte, ich solle mich melden. Ich meldete mich und werde genommen. Als er sich meldete, wurde er zurückgewiesen. Nun wurde ich beauftragt, mir den zweiten Mann zu suchen und nahm mir den 72 Jahre alten Schmiedemeister Kretschmar aus Ostpreußen.

Ein Wachposten brachte uns beide in das Frauenlager in Tscheboksary. In diesem Lager befanden sich die 1.200 Frauen, die mit uns Männern von Insterburg in diese Region gekommen waren.

Kretschmar und ich mußten Badewannen, Eimer und Dachrinnen fertigen. Eine weitere Arbeit war das Herbeiholen von Proviant.

Streng von den Frauen getrennt, lebten wir im Lager und durften auch nicht mit ihnen sprechen. Im Speiseraum saßen wir abseits, konnten jedoch die Frauen sehen. Plötzlich erblickte ich Hedwig Behrend mit ihrer Cusine und Irmgard Gomm.

Mein Kamerad und ich konnten beim Provianttransport ein Stück Leber besorgen. Von Schaffellen schabten wir den Talg ab. Dieser diente uns zum Backen der Leber. Geschickt hatten wir es verstanden, die drei Mädels zu verständigen und zum Essen einzuladen. Die drei Mädels waren da, die Leber gerade fertig, da kam der Posten herein und nahm alles weg. Die Mädels wurden weggeführt und von jetzt an war alles noch sehr viel strenger. Sicher hatte man die drei vom Wachturm aus gesehen und daraufhin den Posten verständigt.

Seinerzeit waren die drei Mädels meinetwegen vom Hofgut in Ostpreußen weggebracht worden. Bei unserer kurzen Begegnung erzählten sie mir, daß sie die anderen Frauen vom Hofgut gesehen hätten, als ein Eisenbahnzug am Lager vorbeigefahren sei. Dies war für mich eine Beruhigung, daß die drei Mädels wegen mir nicht schlechter dran waren als die anderen Hofbewohner.

Wegen der Verpflegung möchte ich nicht unerwähnt lassen, daß die Russen seinerzeit auch sehr wenig zu essen hatten.
Die Frauen mußten Flöße, die auf der Wolga ankamen, an Land ziehen. Dies war Schwerstarbeit, zumal alle nur Holzschuhe trugen. Noch schwieriger wurde es, als im beginnenden Winter die Flöße festfroren und freigehackt werden mußten. Außerdem litten die Frauen sehr darunter, daß sie in Ostpreußen von ihren Familien getrennt wurden. So machten sich alle um ihre Familienangehörigen, die Mütter besonders um ihre Kinder, große Sorgen.
Ende Oktober/Anfang November 1945 verließen Kretschmar und ich das Frauenlager, und man brachte uns nach Selenodolsk an der Wolga. Als wir im dortigen Lager eintrafen, waren die Gefangenen zur Untersuchung angetreten. Es hieß: "Es geht ein Transport nach Deutschland, und wir kommen heim." Dies zu hören war das Schönste, was uns passieren konnte. Wir waren überglücklich. Die Russen rasierten uns die Haare an allen Körperteilen ab. Anschließend ging es in die Sauna. Jetzt waren wir läusefrei, sauber und vorzeigbar. Splitternackt wurden wir einer russischen Ärztin und einem östereichischen Arzt vorgestellt. Es gab keine Untersuchung, sondern nur einen Vorbeimarsch, bei dem wir beide Arme hochheben mußten. Das Armehochheben konnten wir uns nicht erklären. Erst später erfuhr ich, daß sie unter dem Oberarm nach tätowierten Blutgruppen schauten, um auf diese Weise SS-Männer zu finden. Bis zu diesem Zeitpunkt wußten ich und viele andere nichts von einer Blutgruppentätowierung der SS, denn bei uns Soldaten war die Blutgruppe in die Erkennungsmarke eingeprägt. Den beiden von der Prüfungskommission kam es in der Hauptsache auf die körperliche Verfassung an. Bei meinem Anblick sagte der österreichische Arzt sofort zur Ärztin: "Der ist gesund." Ich sagte: "Ich habe Wasser." Da sagte die Ärztin: "Macht nichts!" und ich mußte mich zu einer kleinen Gruppe Gefangener stellen. Wir waren 17 Mann und hatten uns bei Hauptmann Kreppler zu melden. Der Hauptmann sagte zu uns: "Morgen geht Ihr Kommando Kabusta (Kraut) ernten."
Am nächsten Tag mußten wir auf einem Acker das Weißkraut auf Haufen legen. Bei dieser Arbeit aßen wir uns erstmal ordentlich satt.
Beim Rückmarsch am Abend sahen wir in einiger Entfernung eine Kolonne Gefangener zum Bahnhof marschieren. Als wir im Lager eintrafen, war noch eine größere Anzahl Gefangener da, und wir dachten, mit denen kommen wir

heim. Kurze Zeit später marschierten alle Gefangene ab und uns ließ man zurück. Im Lager waren einige Tausend Gefangene gewesen. Alle konnten Richtung Heimat fahren und nur eine kleine Minderheit blieb zurück. Nach der großen Vorfreude überfiel mich ein Gefühl von Enttäuschung und Traurigkeit, wie ich es nicht beschreiben kann.
Ich nehme an, daß meine bessere körperliche Verfassung - im Frauenlager hatte ich mich etwas erholt - und auch meine Einstufung als Spion den Ausschlag gegeben haben müssen
Die Entlassenen konnte man alle als arbeitsunfähig einstufen. Entweder sie litten an Distrophie oder es waren alte Männer. Stark abgemagert, sahen viele wie Skelette aus. Solche Leute konnte der Russe nicht brauchen, denn die kosteten unnötige Verpflegung.
Am nächsten Tag arbeiteten wir wieder mit zehn Mann auf dem Krautfeld. Bei unserer abendlichen Rückkehr stellten wir fest, daß über 2.000 Gefangene, vorwiegend Ungarn, aber auch Rumänen, tagsüber eingetroffen waren. Unsere Sachen waren durchwühlt, und einer von uns stellte fest, daß ihm einiges fehlte. Diese Gefangenen wurden zum Teil entlassen.
Erwähnenswert ist, daß nach meiner Feststellung die Gefangenen der verschiedenen Nationen von den Russen einheitlich behandelt wurden.
Wir mußten in zwei Holzfurnierwerken arbeiten, die sich in der Nähe unseres Lagers befanden. Außer der Tätigkeit in den Werken mußten wir bei starkem Frost Flöße am Wolgaufer abbauen und Eisenbahnwaggons mit Maschinen aus Deutschland entladen.
Aus einem Arbeitslager hinter dem Ural kamen ungefähr 100 deutsche Gefangene zu uns. Alle deutschen Gefangenen bildeten eine Kompanie, und mich bestimmte man zum Kompanieführer. Die Bezeichnung Kompanie und Kompanieführer stammte von der deutschen Wehrmacht und wurde in den Gefangenenlagern weitergeführt. Die Kompanieführer besaßen einen eigenen Raum. Jeder hatte sein eigenes Bett und im Speiseraum saßen wir an einem Tisch. Unsere Aufgabe: Brot, Zucker und Tabak an die Kompanieangehörigen verteilen und zu den Essenszeiten aufrufen.
Ich erhielt den Auftrag, mit meiner Kompanie einen Sportplatz zu bauen. Ohne Wasserwaage eine waagerechte Fläche zu erstellen, war nicht ganz einfach. Für den Transport der Erde standen uns keine Schubkarren, sondern nur Tragebah-

ren zur Verfügung. Trotz dieser Schwierigkeiten konnten wir unseren Auftrag recht gut erfüllen.
Unsere Verpflegung richtet sich nach der erfüllten Norm (Arbeitsleistung). Wer seine Norm erfüllte, erhielt täglich 600 Gramm Brot und zum Mittag etwas "Kascha", einen Graupenbrei. Weiterhin ungefähr 20 Gramm Zucker und eine Kleinigkeit "Machorka". Wer seine Norm nicht bewältigte, bekam nur 400 Gramm Brot und eine dünne Fischsuppe mit weich gekochten Gräten und Därmen, jedoch keinen Brei. Eine Besonderheit möchte ich erwähnen: Wer Geburtstag hatte, erhielt einen Laib Brot.
Monatlich zahle man uns 200 Rubel Arbeitslohn. Hiervon wurden 150 Rubel sofort ausgezahl, den Rest erhielten wir im Laufe des Monats. Gut war für uns, daß wir für das Geld Nahrungsmittel kaufen konnten. So kosteten z. B. 500 Gramm Butter 18 Rubel und ein Kilo Brot 4,50 Rubel.
Ich hatte von der großen Enttäuschung berichtet, die mich und natürlich auch die anderen Dagebliebenen überfallen hatte, als die Kameraden Richtung Heimat fuhren. Jetzt dachten einige, wenn du abmagerst, bist du beim nächsten Deutschlandtransport mit dabei. Sie gaben Teile von ihrem Brot und Zucker gegen Tabak an ihre Kameraden ab.
Ernst Jauch stammte aus der Nähe von Nürnberg. Er war ein guter Kamerad, sprach perfekt russisch und war für mich als Dolmetscher tätig. Er sagte zu mir: "Paul mach mit, wenn wir abmagern, kommen wir heim." Ich sagte: "Ernst, da mache ich nicht mit, diese Sache ist mir zu riskant."
Der Ernst und andere magerten ab, jedoch war von Heimkehrtransporten nichts zu hören. Allerdings hatte diese Kur den großen Nachteil, daß die Betreffenden keine Widerstandskraft mehr hatten und von Krankheiten dahingerafft wurden. So auch Ernst Jauch. Eine Lungenentzündung bedeutete sein Ende.
Drei bis vier Monate war ich als Kompanieführer tätig. In unserem Lager wurde eine antifaschistische Formation gegründet, der alle beitreten sollten. Die Mehrzahl der Gefangenen tat dies nicht. Ich war der Meinung, daß links- oder rechtsextreme Politik den Menschen nichts bringt, und deshalb schloß ich mich der genannten Formation nicht an.
Ein beauftragter Gefangener kam zu mir und holte die Kompanieliste ab. Am Abend stellte man diesen Gefangenen als Kompanieführer vor. Ich wurde als Faschist bezeichnet, mußte meine Sachen packen und wieder in der Man-

schaftsbaracke einziehen. Von jetzt an war ich nur noch stellvertretender Kompanieführer, einige Tage später Brigadeführer und gleich darauf wieder normaler Arbeiter.
Ich ging über den Lagerhof und begegnete einem Gefangenen. Wir beide schauten uns an und erkannten uns. Er sagte sofort meine Anschrift: Paul Großjohann, Bahnwärterhaus 19, Freienwalde. Es war mein ehemaliger Lehrer Müller, zuletzt Offizier bei der Deutschen Wehrmacht. Ich sagte ihm, daß ich meinen Name auf Großjahn geändert, deshalb noch nicht nach Hause geschrieben hätte und eventuell hier im Lager meinen richtigen Namen angeben wollte. Er sagte, dies solle ich nicht tun, denn das könnte von großem Nachteil sein. Seinen Rat habe ich befolgt.
Von einer Mühle mußten wir das Mehl an die verschiedenen Empfangsstellen transportieren. Zuerst füllten wir kleine Mehlsäckchen, versteckten diese unter unserem Mantel und brachten sie in unser Lager. Das funktionierte nur eine Weile, dann wußten die Russen Bescheid, und wir mußten uns etwas anderes ausdenken.
Wieder füllten wir kleine Säckchen und versteckten sie in der Hose unter dem Geschlechtsteil. Das ging über eine längere Zeit recht gut, bis ein "Flintenweib", wie wir eine Frau in Uniform bezeichneten, die uns schon als sehr streng bekannt war, am Lagereingang kontrollierte. Mit einem gezielten Griff an die richtige Stelle hatte sie ein Mehlpäckchen entdeckt. Jetzt wurde uns alles Mehl abgenommen, und wir hatten keine Möglichkeit, zukünftig noch Mehl zu "organisieren".
Auf einem großen Feld steckten wir Saatkartoffenl. Es wurde Abend, und wir waren mit unserer Arbeit noch nicht fertig. Da die Wachposten nach Hause wollten, mußten wir ein großes Loch schaufeln, alle restlichen Saatkartoffeln hineinwerfen und schon war "Feierabend".
Zu viert fuhren wir mit einem LKW, begleitet von einem Wachposten, zum Bahnhof, um Fische abzuholen. Auf dem Bahnhofsgelände stand ein Kistenstapel, mengenmäßig etwa eine Waggonladung, Schokolade. Die Schokolade wurde von einem Flintenweib bewacht. Wir beschlossen, eine Kiste zu stehlen und dachten uns einen Trick aus.
Beim Fischetransport stolperte einer und machte eine Bauchlandung. Als die Wachfrau dort hinschaute, steckten wir eine Kiste in einen halbgefüllten Fische-

sack und brachten ihn mit größter Mühe, jedoch unbemerkt, zu unserem LKW. Als wir den LKW beladen hatten und wegfuhren, erzählten wir dies unserem Wachposten und baten ihn, auf dem Heimweg anzuhalten und die Schokolade aufzuteilen. Wir fuhren und fuhren, jedoch hielt der LKW nicht. Dann befanden wir uns wieder im Lager und standen mit leeren Händen da. Einer von uns vieren war bitterböse und sagte: "Der wird gemeldet."
Wir änderten den wahren Sachverhalt etwas ab und haben den Wachposten gemeldet und ihn nachher nie wieder gesehen. Da hatten wir eine kleine Genugtuung.
An der Wolga befand sich eine Schiffswerft. Wir mußten deutsche Maschinen, Drehbänke, Fräsen usw. aus Eisenbahnwaggons entladen und zu den verschiedenen Abteilungen der Werft bringen. Da die anderen Gefangenen wußten, daß ich einige Erfahrung auf diesem Gebiet hatte, wurde ich wieder zum Brigadier befördert. Diese Transporttätigkeit haben wir wochenlang ausgeübt.
Unsere nächste Arbeitsstelle befand sich direkt in der Werft. Im Trockendock bauten wir U-Boot-Jäger, die mit amerikanischen Motoren ausgerüstet wurden. Wenn im Frühjahr die Wolga infolge der Schneeschmelze sehr viel Wasser führte, gelangten die Schiffe ohne Stapellauf in die Wolga und dann ins Kaspische Meer. Allerdings hatte im Frühjahr 1947 die Wolga nur wenig Wasser, und das von uns gebaute Schiff mußte mit Stapellauf seine erste Fahrt antreten.
Gefangene, die flüchteten und wieder eingefangen wurden, stellte man uns vor, um zu zeigen, daß eine Flucht sinnlos sei. Diese Gefangenen brachten die Russen zu anderen Gefangenen, die nach russischen Gesichtspunkten etwas verbrochen hatten. Zu Verbrechen zählte z. B. Einsatz beim Volkssturm, Warschaukampf oder Diebstahl. Bei Diebstahl spielte es keine Rolle, ob jemand einige Kartoffeln oder mehrere Zentner gestohlen hatte, das Strafmaß war immer gleich. Alle Bestraften gehörten einem Sonderkommando an, das wir als Strafkompanie bezeichneten. Diese Männer durften mit uns nicht sprechen, erhielten weniger Essen und mußten hart arbeiten.
Trotzdem halfen unsere Kameraden in der Küche auch diesen Leuten. In die Suppentöpfe warfen sie Brei unten rein und die Suppe darüber. Das funktionierte prima. Obwohl bei einem "Auffliegen" jedem die Strafkompanie sicher war, scheuten diese Helfer das Risiko nicht.

Bei Gesprächen wegen einer Flucht hieß es, eine Flucht über Moskau ist unmöglich, wenn überhaupt, dann nur über Südrußland und die Balkanstaaten. Bei uns war ein Gefangener, von Beruf Schuster, der über den Süden flüchtete. Zuvor hatten wir mit ihm vereinbart, daß er uns, wenn die Flucht gelingt, verschlüsselt Nachricht gibt. Nach langer Zeit erhielten wir Post von ihm. Er war einer der wenigen, die eine Flucht glücklich zu Ende brachten.
In unserem Lager befanden sich nebenan in einer Baracke deutsche gefangene Offiziere. Sie brauchten nicht zu arbeiten und erhielten eine bessere Verpflegung, was besonders in den Jahren 1945/1946 sehr wichtig war. Später gaben sie uns von ihrer Verpflegung ab, und einige gingen freiwillig mit uns zur Arbeit. Das war für uns sehr erfreulich.
Zum ersten Mal habe ich am 27. Oktober 1946 eine Postkarte mit den erlaubten 25 Worten an meine Frau Liesel nach Wallroth geschrieben (siehe Abbildung auf Seite 130). Von meiner Frau erfuhr ist, daß meine Mutter, Vater und Schwester mit dem letzten Eisenbahnzug aus der Heimat geflüchtet und zwischenzeitlich in Itzehoe eine neue Bleibe gefunden hatten. Für meine Liesel, meine Angehörigen in Itzehoe und für mich war es eine große Genugtuung, die schriftliche Verbindung hergestellt zu haben.
Eines Tages schrieb meine Frau auf einer Postkarte, ebenfalls mit 25 Worten, daß meine Mutter es nicht verstehen könne, daß ich den Namen Großjahn verwende. Nach Erhalt der Karte mußte ich sofort auf das Politbüro. Eine Stunde lang wurde ich von einem Russen und zwei Deutschen verhört. Ich gab an, daß mein Großvater den Namen Großjahn besaß, der dann irgendwann nicht mehr richtig geschrieben wurde. Ich aber möchte diesen ursprünglichen und richtigen Namen benutzen.
Ich durfte gehen und die Angelegenheit hatte keine nachteiligen Folgen. Allerdings nehme ich an, daß der russische Lagerkommandant seinen Teil zu meiner Entlastung beigetragen hatte, denn für ihn hatte ich einen Ofen, eine Wanne, ein Beil und anderes mehr gefertigt. Als eine Weile vergangen war und ich von der Sache nichts mehr hörte, da konnte ich erleichtert aufatmen.
Vom November 1945 bis August 1947 war ich im Lager in Selenodolsk. Anschließend kam ich mit anderen Gefangenen in ein Lager nach Kasan an der Wolga. Unsere Arbeit bestand in der Errichtung eines Theaterbaues in Massivbauweise mit Ziegelsteinen. Wegen dieser Arbeitsstelle hieß unser Lager

"Theaterlager". Als wir kamen, wurde gerade der Rohbau erstellt. Gemauert wurde wie folgt: Gefangene gaben zuerst den Mörtel und dann die Steine auf die Mauer. Das Richten der Steine war die einzige Arbeit der russischen Maurer. 600 Steine je Tag mußte ein Gefangener als Norm erfüllen.
Ich arbeitete in der Schmiede und war hier einem russischen Schmiedemeister als Zuschläger unterstellt. Außerdem war ich Brigadeführer. Der Russe und ich mußten täglich 300 Muttern schmieden. Diese Norm schafften wir ohne Probleme, denn mit dem Russen konnte man gut arbeiten.

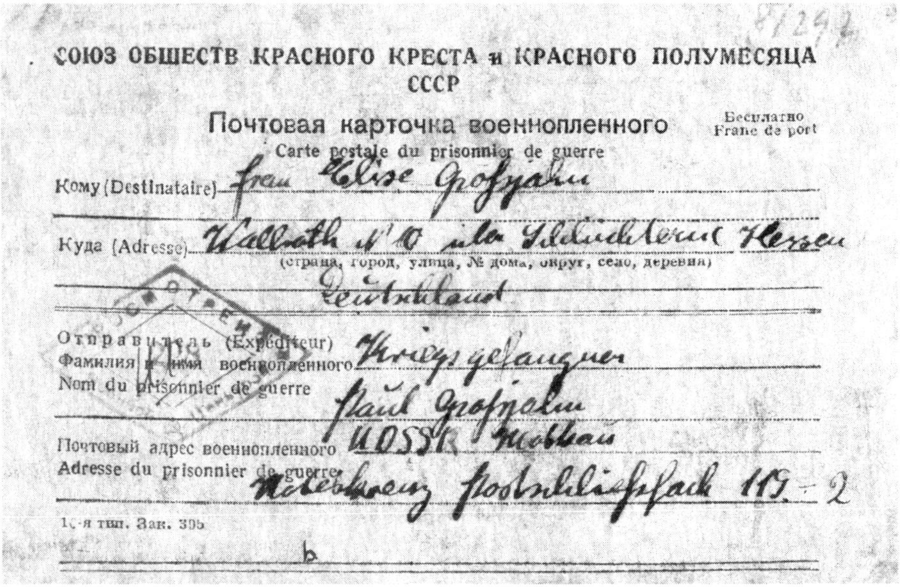
СОЮЗ ОБЩЕСТВ КРАСНОГО КРЕСТА и КРАСНОГО ПОЛУМЕСЯЦА
СССР

Почтовая карточка военнопленного — Бесплатно / Franc de port

Carte postale du prisonnier de guerre

Кому (Destinataire) Frau Elise Grosjahn

Куда (Adresse) ... Hessen
(страна, город, улица, № дома, округ, село, деревня)
Deutschland

Отправитель (Expéditeur)
Фамилия и имя военнопленного
Nom du prisonnier de guerre
Kriegsgefangener
Paul Grosjahn

Почтовый адрес военнопленного
Adresse du prisonnier de guerre
UdSSR Moskau
Rotes Kreuz Postschließfach 119-2

16-я тип. Зак. 395

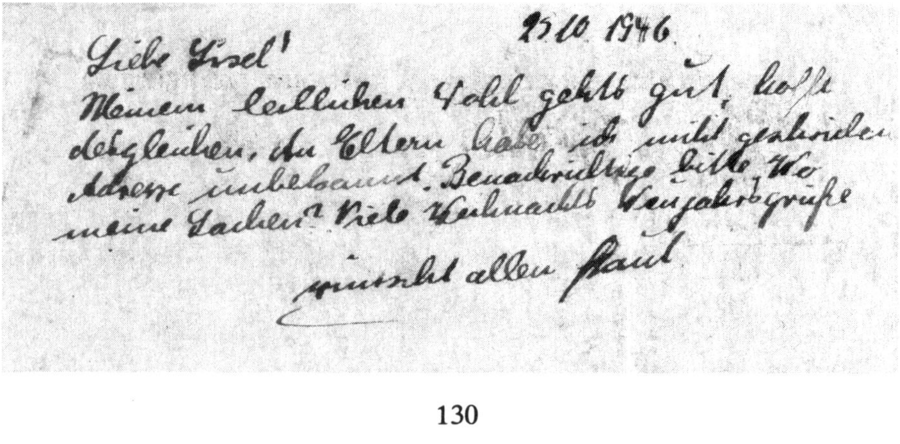
25.10.1946.

Liebe Liesel!
Meinem leiblichen Wohl gehts gut, hoffe desgleichen. An Eltern habe ich nicht geschrieben, Adresse unbekannt. Benachrichtige bitte Wo meine Sachen. Viele Weihnachts Neujahrsgrüße
wünscht allen Paul

Im Keller des Neubaues lagerten Kartoffeln. Uns gelang es, ein paar von diesen Kartoffeln zu "organisieren" und in die Schmiede zu schaffen. Im Schmiedefeuer haben wir sie gegart, und alle Lagerinsassen hatten ihren Nutzen. Erwähnen möchte ich, daß eine ausgezeichnete Kameradschaft bestand. Der russische Schmiedemeister hat dies alles stillschweigend hingenommen, jedoch konnte er auch nicht wissen, daß es sich um Diebesgut handelte. Oder wußte er es doch?
In unserem Lager durften wir keine Karten spielen. Aus Pappe fertigten wir uns Skatkarten und spielten trotzdem. Ein russischer Offizier kam in unseren Barackenraum, ertappte uns und zerriß uns die Karten. Ich kannte den Offizier gut, denn ich hatte für ihn in Schwarzarbeit einen Ofen, ein Beil und andere Dinge hergestellt. So blieb dieses und weitere Kartenspiele ohne Folgen, denn dreimal wurden uns die Karten zerrissen, bis wir im Lager ein verstecktes Plätzchen für unsere Spiele gefunden hatten. Natürlich machte ich für den Offizier nach dem ersten Vorfall weiterhin Schwarzarbeit. Außer den Skatkarten fertigten wir uns ein primitives Schachbrett und spielten zwischenzeitlich auch Schach.
Beim Elektroschweißen sah ich plötzlich nichts mehr, denn meine Augen waren "verblitzt". Ich kam zu einem deutschen Arzt, der nichts machen konnte und dann zu einem russischen Arzt, der gleichzeitig Professor war. Hier bin ich auf einen guten Arzt und einen hilfsbereiten Menschen gestoßen. Vor dem Krieg hatte er in drei deutschen Universitätsstädten studiert und gearbeitet. Er half mir und sagte in gebrochenem Deutsch: "Wenn Du nicht gekommen in meine Hände, Du nicht mehr gucken." Meine Augen heilten, ich konnte wieder sehen, jedoch war die Sehschärfe nicht mehr so gut wie vorher.
Im Lager Kasan schmiedete ich ein großes Eisenwappen für einen Toreingang an einem besonderen Gebäude. Diese Arbeit gelang mir sehr gut.
Am Bahnhof mußten wir mit japanischen Gefangenen Kohle ausladen. Die Japaner wollten nicht viel arbeiten. Sie sagten: "Den Krieg haben wir nicht verloren, deshalb ruhen wir uns hier aus."
Am 23. März 1948 wurden wir mit 50 Mann als Holzfällerkommando in ein Lager in einem Wald im Ural verlegt. Die nächst größere Stadt war Swerdlowsk. Wir kamen an und sahen kein Lager, noch nicht mal ein Haus. Doch da war ein Erdbunker, der für uns 50 Leute und einen Arzt als Behausung diente. Wir schliefen auf dem blanken Erdboden und mein Freund Karl Küchmann aus

Niedervorschütz bei Wabern in Hessen sagte zu mir: "Paul, von hier kommen wir nie wieder nach Hause." Ich sagte: "Kalle, hab keine Angst, das schaffen wir, denn ich habe ja Geld." Damit meinte ich mein Bargeld von einigen hundert Rubel.

Ein russischer Förster mit Namen Safin betreute uns. Zu zweit erhielten wir eine Schrotsäge und ein Beil. Der Wald bestand aus 30 Meter langen Eichen mit nur wenig Ästen. Die Eichen wurden von uns gefällt, in Stücke von ein Meter Länge geschnitten und stapelweise aufgesetzt. Wir alle hatten uns abgesprochen, an einem Tag pro Mann nicht mehr als einen Raummeter Holz herzurichten. Die russische Führung war mit dieser Menge nicht zufrieden und verlangte 2 1/2 Raummeter als Tagesleistung. Wir erhoben Einspruch mit dem Argument, dies wäre nicht zu schaffen. Daraufhin schickten die Russen vier russische Strafgefangene, die zu unserer Überraschung von morgens bis zur Mittagszeit zehn Raummeter Holz fix und fertig aufgesetzt hatten. Jetzt gaben uns die Russen eine Frist von acht Tagen, um diese Norm zu erreichen. Innerhalb dieser Zeit gelang es zwei Gefangenen, diese Vorgabe zu erfüllen. Sie wurden am Abend als Bestarbeiter vorgestellt und erhielten neue Kleidung. Nun mußten wir klein beigeben, kräftig anpacken und siehe da, am nächsten Abend hatten alle ihre Norm erfüllt. Ich arbeitete mit Kalle zusammen und auch wir beide schafften die Norm.

Mit unserem russischen Posten waren wir sehr zufrieden, denn er war einer von der anständigen Sorte. An einem Morgen fragte er, ob unter uns Gefangenen jemand wäre, der sich was kaufen wolle - könne, hätte er besser sagen sollen - z. B. Kartoffeln, Brot usw. Mit mir meldeten sich etwa 10 Mann, denn die anderen hatten kein Geld. Die Rubelbesitzer schlugen mich als Begleiter unseres Wachposten vor, um mit einem Auto auf einer Kolchose Kartoffeln zu holen.

Auf der Kolchose lagerten die Kartoffeln, drei Meter unter der Erde in frostsicheren Kellern. Die Keller waren über Treppen zu erreichen. Die Kartoffeln wurden nach Pud, einer russischen Gewichtseinheit, an uns ausgeliefet. In dem Keller machten die Russen je Pud auf Papier einen Strich. Kolchosenarbeiter brachten die Kartoffeln nach oben. Ich stand am Auto und machte ebenfalls je Pud einen Strich. Um jedoch weniger Striche zu haben, zog ich ab und zu auf dem vorhergehenden auch den neuen Strich. Als wir abrechnen wollten, kam es zum Streit. Der Posten stand auf meiner Seite und sagte: "Es stimmt alles." Es kam zu einer längeren, harten Auseinandersetzung, aber dann durfte ich nach meiner Berechnung bezahlen und wir fuhren los. Auf dem Heimweg lachte sich der Posten eins ins Fäustchen, daß uns dieser Streich gelungen war. Es ist noch zu sagen, daß dieser Mann seine Mahlzeiten mit uns einnahm und deshalb von diesem Einkauf auch seinen Vorteil hatte.

Karl Küchmann und ich arbeiteten gut zusammen. Nach einiger Zeit schafften wir es, unser Soll um die Mittagszeit zu erfüllen. Wir konnten dann andere Dinge tun, die auch vom Posten akzeptiert wurden. Zur Himmbeerzeit gingen wir an den Nachmittagen zum Beerensuchen in den Wald. Dabei stellten wir fest, daß sich hinter dem Wald ein Acker mit Kartoffeln und Erbsen befand. Dieser Acker erhielt später noch seine Bedeutung.

In einem Baum fanden Kameraden ein Bienenvolk. Der Honig wurde entnommen und alle erhielten eine Kostprobe.

Im Wald standen dickere Bäume, die beim Abschneiden von den anderen Gefangenen gemieden wurden. Kalle und ich schnitten diese Bäume ab, denn sie waren hohl, was für uns von Vorteil war. Die dicken Holzstücke legten wir ungespalten in den Stapel. Da kam der Förster und sagte: "Die Stapel sitzen so, daß ein Reh durchspringen kann." Zu unserem Glück aber durften wir die Stapel unverändert sitzen lassen. Anschließend fragte uns der Förster, ob wir an einem Sonntag für ihn 10 Raummeter Holz herrichten würden. Wir sagten zu und am Sonntag gingen wir zu viert in den Wald. Nach getaner Arbeit erhielten wir am Abend insgesamt 500 Gramm Butter und Kartoffeln. In der kommenden Woche brachte er uns nochmals etwas Butter und Kartoffeln. Dieser Förster war ein ordentlicher Mann und kein Kommunist. Er erzählte uns, daß die Menschen im Ural die letzten gewesen wären, die sich dem Kommunismus unterworfen hätten.

Im Ural gibt es schwere Gewitter. Viele Bäume werden vom Blitz getroffen und am Stamm beschädigt. Die großen Narben verhärten und sind mit der Säge fast kaum zu schneiden. Holzfällen ist eine schwere Arbeit, aber hier im Ural ist sie besonders schwer.

Ein Russe betreute vier Pferde, die bei der Holzabfuhr eingesetzt wurden. Bei diesen vier handelte es sich um zwei deutsche Beutepferde und zwei russische Panjepferde. Ein Beutepferd war ein sogenanneter "Beißer". Er biß, trat um sich

und ging gefährlich auf die Menschen los.
Der Russe ging in Urlaub, und ich wurde mit der Holzabfuhr beauftragt. Durch meinen Beruf als Schmied kannte ich den Umgang mit Pferden.
Ein Pferd trug eine Glocke um den Hals und galt als Leitpferd. Am Abend trieb ich die Pferde zur Futteraufnahme in den Wald und mußte am Morgen horchen, wo sich das Pferd mit der Glocke befand. Das Suchen mit Einfangen nahm oft eine längere Zeit in Anspruch. Besonders froh war ich, wenn ich den Beißer an Ort und Stelle hatte, und so habe ich meine Zeit als Holzfuhrmann gut zu Ende gebracht.
Das von uns hinter dem Wald gesichtete Kartoffel-, Rüben- und Erbsenfeld erhielt nun seine Bedeutung. Es war Erntezeit, und nachts gingen wir truppweise zum Acker. In Säcken holten wir Kartoffeln und Erbsen, um sie anschließend im Wald in Bunkernähe zu verstecken. Dann kam es, wie es kommen mußte. Eines Tages wurde von den Russen unser Bunker nach Kartoffeln und Erbsen durchsucht. Ohne Erfolg zogen die Russen wieder ab, und wir hatten unsere Genugtuung.
Zu dem Kartoffel- und Erbsendiebstahl ein Ereignis, das man aus heutiger Sicht nicht verstehen kann. Es war in der Nacht vom 8. auf den 9. Oktober 1948. Wir hatten Kartoffel gestohlen und befanden uns auf dem Heimweg. Im Wald begegneten wir einem Igel, den wir mitnahmen. Den Igel wollten wir schlachten, wußten aber nicht, wie wir es machen sollten, damit er sich aus seiner kugelrunden Stachelform öffnete. Da kam ein anderer Gefangener und sagte: "Legt ihn in einen Eimer voll Wasser." Das machten wir, und dann gab es keine weiteren Probleme. Am nächsten Tag, es war der 9. Oktober und mein Geburtstag, bereitete uns unsere Küche eine Mahlzeit aus gestohlenen gekochten Kartoffeln und Igelfleisch. Das Fleisch wurde unter die Kartoffeln gemengt und die ganze Mahlzeit schmeckte hervorragend.
Zum besseren Verständnis: Wir hatten großen Hunger, denn die Waldarbeit war schwer und von den Kartoffeln allein wurden wir nicht satt. Wir waren jetzt schon dreieinhalb Jahre in Gefangenschaft, aber Fleisch als Nahrungsmittel, das gab es nicht. Ich denke, jetzt kann man den Vorgang besser verstehen.
Ein Gefangener von unserem Kommando verirrte sich zur Nachtzeit in dem großen Erbsenfeld. Er wurde von einem Feldhüter überrascht und mitgenommen. Offiziell wurde uns anderen mitgeteilt, dieser Gefangene hätte alle zwei

Stunden Erbsensuppe essen müssen, denn in Rußland gäbe es niemand, der hungern müsse. Was jedoch das Schlimmste war, den armen Kerl schickten sie anschließend ins Straflager.
Mit 10 Gefangenen mußten wir auf einem Bahnhof Holz verladen. Mit einem Zug kamen 150 deutsche Gefangene, die ebenfalls Holz verladen mußten. Diese Gefangenen befanden sich in einem schlechten körperlichen Zustand. Wir hatten unser Soll längst erfüllt, jedoch bestand keine Aussicht, daß die anderen Gefangenen die Norm schaffen würden. Da sprach uns ein hoher russischer Beamter an, ob wir nicht helfen könnten, damit alles Holz an diesem Tag in die Waggons käme. Als Lohn versprach er uns einige Sack Mehl. Wir akzeptierten den Vorschlag, und am Abend hatten wir alles Holz verladen. Einige Tage später erhielten wir unser Mehl. Jetzt waren wir fein raus. Da wir so viel Mehl nicht essen konnten, tauschten wir einen Teil bei der Zivilbevölkerung gegen Butter, Öl und dergleichen ein. Durch dieses gute Tauschgeschäft war unser Hunger vorerst gestillt.
Wieder waren wir beim Holzverladen. Aus einem vorbeifahrenden Zug wurde ein russischer Zivilist geworfen. Oder war er vielleicht rausgefallen? Jedenfalls hatte der Russe eine Kopfverletzung und lag bewußtlos da. Die anwesenden Russen interessierte dieser Mann nicht. Da kümmerte sich unser deutscher Arzt um ihn. Er versorgte diesen Mann, so gut es ging. Als der Russe wieder bei Bewußtsein war, erzählte er uns, Banditen hätten ihn aus dem Zug geworfen. Wegen der schweren Kopfverletzung konnte unser Arzt nicht ausreichend Hilfe leisten. Es gelang ihm aber, daß der Verletzte von einem russischen Kommando abgeholt wurde. Das Rauswerfen durch Banditen erzählte dieser Mann auch den Leuten vom Kommando, jedoch sagten diese: "In Rußland gibt es keine Banditen."
Vom Ural kam unser Kommando in das mir bereits bekannte Lager Selenodolsk. Einige Lagerinsassen kannten mich noch. Sie sagten: "Jetzt haben wir einen Maschinisten." Und so kam ich an einer Schälmaschine im Furnierwerk zum Einsatz. Einige Zeit später, wenige Tage vor Weihnachten 1948, änderte sich mein Arbeitsplatz. Wieder mußte ich Flügelmuttern in der Schmiede herstellen, was mir gar nicht gefiel. An unserem Heiligabend und Weihnachten, bekanntlich feiern die Russen das Weihnachtsfest im Januar, mußten wir arbeiten, hatten jedoch keine Lust, Flügelmuttern herzustellen. Da beschlossen

wir, uns Muttern zu organisieren. Dieses Vorhaben gelang. Ergänzen möchte ich, daß unsere Bewachung zu dieser Zeit gegenüber den Jahren 1945/46 längst nicht mehr so streng war.
In der Mechanikerbrigade benötigte man einen Mitarbeiter. Ich wurde bedrängt, in dieser Brigade zu arbeiten, was ich jedoch nicht wollte, da ich plante, wieder an der Furnierschälmaschine meine Arbeit aufzunehmen. Nach weiterem Drängen wechselte ich zu den Mechanikern und nun stellte sich heraus, daß hier eine magnetische Stanze gebaut werden sollte. Diese hatte die Aufgabe, die unterschiedlich großen Astknoten aus den Furnieren auszustanzen und gleichzeitig in derselben Größe Stücke aus einwandfreiem Holz zum Einwechseln zu fertigen. Der russische Ingenieur beauftragte mich, diese Maschine zu bauen und übergab mir im Werk die entsprechende Zeichnung.
Am Abend wollte ich die Zeichnung mit ins Lager nehmen. Am Lagertor war Kontrolle. Man fand bei mir die Zeichung und brachte mich zum Verhör. Meiner Erläuterung wurde nicht geglaubt, und sie sperrten mich in eine Zelle im eiskalten Keller. Ich fror jämmerlich, als gegen Mitternacht die Zellentür geöffnet und ich freigelassen wurde. Wie ich erfuhr, hatte man mit dem Ingenieur Verbindung aufgenommen und die Sache hatte sich geklärt. Die Zeichnung erhielt ich zurück.
An Hand der Zeichnung erstellte ich eine Schablone. Ich stellte fest, daß vieles zu schwach berechnet war und sagte dies dem Ingenieur. Er gab mir recht, und sagte, die technischen Zeichner hätten falsche Zahlen geschrieben.
Ich baute die Maschine. Ein Gefangener leistete mir Zubringerdienste. Ein russischer Arbeiter erzählte mir, daß durch ein verdecktes Guckloch mein Ingenieur mir bei der Arbeit zuschauen würde. Da ich manchmal Schwarzarbeit ausführte, war ich jetzt wesentlich vorsichtiger. Jedenfalls stand Ende Februar 1949 das Gerät fertig zum Probelauf.
Wegen einer Heimkehr hörte man allgemein, daß vorläufig keine Entlassungen zu erwarten seien und Spezialisten, zu denen ich auch gehörte, allemal hierbleiben müßten. Daraufhin planten im Monat Februar mein Kamerad Loth, der gleichzeitig Dolmetscher war, und ich unsere Flucht, die im Monat Mai stattfinden sollte.

Unser Lager befand sich am Ostufer der Wolga. Um an das Westufer zu gelangen, brauchten wir einen Kahn. Am Ostufer befanden sich eine größere Anzahl Kähne, die an Ketten befestigt waren. An einer Kette entfernten wir ein Glied, das wir durch Draht ersetzten. Dieser Draht war jederzeit leicht zu entfernen. Weiterhin ist erwähnenswert, daß ich mir zu dieser Zeit 600 - 800 Rubel gespart hatte.
Ungefähr am 5. März erfolgte der Probelauf der Stanze. Die Probe verlief einwandfrei und alle waren zufrieden.
Zwei Tage später hieß es, ein Gefangenentransport fährt in die Heimat, aber Spezialisten wären nicht dabei.
Ich war sehr enttäuscht. Sollte es denn immerzu so weitergehen, daß ich hier bleiben mußte Ich blickte zurück und durchlief die oft schweren Stationen meiner Gefangenschaft. Da waren zuerst die unmenschlich harten Verhöre. Dann das Lager Kanasch, das die meisten Gefangenen nicht überlebten. Später meine große Traurigkeit, wenn die Kameraden in die Heimat fuhren. Ebenso an Weihnachten, Ostern, Pfingsten und Geburtstagen der Familienangehörigen. Dann war das Heimweh groß, und es tat schmerzlich weh. Und dann war in den ersten Jahren der Gefangenschaft oft die bange Frage, wie geht es den Eltern und Geschwistern aus meiner ursprünglichen Heimat Freienwalde in Pommern? Leben sie überhaupt noch? Während mir alle diese Dinge durch den Kopf gingen, dachte und wünschte ich: "Herrgott, du hast mich gut bis hierher begleitet, hilf, daß ich auch gut nach Hause komme."
In meiner großen Not ging ich zu meinem Ingenieur und erzählte ihm mit Unterstützung des Dolmetschers den Sachverhalt. Vor allen Dingen sagte ich ihm, daß ich schon dreimal kurz vor der Entlassung stand und immer wieder dableiben mußte. Der Ingenieur sagte: "Pavel, ich sage Dir Bescheid."
Am nächsten Tag kam der Ingenieur und teilte mir mit, daß ich beim Heimkehrertransport dabei wäre. Von unserer Stube waren es vier bis fünf Leute, die entlassen wurden. Unsere Freude war riesengroß. In dieser überschwenglichen Freude beschlossen wir, eine Flasche Schnaps gemeinsam zu trinken. Da sagte der Ingenieur: "Laßt das, denn wenn ihr betrunken seid, werdet ihr eventuell von der Entlassenenliste gestrichen." Was er sagte, war einleuchtend, und so freuten wir uns ohne Alkohol auf die Heimreise.

Am 8. oder 10. März 1949 wurde ich entlassen. Vorher waren mir meine 200 Rubel Lohn für Monat März voll ausgezahlt worden. Ich hatte mir einen Holzkoffer und andere Kleinigkeiten gekauft und besaß noch 200 bis 300 Rubel, die ich meinen zurückgebliebenen Kameraden schenkte.
Unser Eisenbahnzug mit ungefähr 2.000 Entlassenen fuhr los. Welch ein unbeschreibliches, wunderbares Gefühl, in Richtung Heimat zu fahren!
Über Moskau erreichten wir Frankfurt an der Oder. Wir mußten alle aussteigen. Eine Musikkapelle begrüßte uns, und es hieß, wir kämen nochmal in ein Lager. Wegen meinem geänderten Namen hatte ich ein ungutes Gefühl, und ich befaßte mich mit Fluchtgedanken. Da begegnete mir mein Kamerad Walter Querfurt. Mir fiel auf, daß er sehr unruhig war. Auf mein Befragen sagte er: "Ich war bei der Feldgendarmerie, und ich weiß nicht, wie das hier ausgeht." Er dachte ebenfalls an Flucht. Da sagt mein Kamerad und Dolmetscher namens Loth zu uns: "Bleibt in meiner Nähe, ich regele das."
Wir kamen in ein Lager, in dem alle Personalien aufgenommen, aber keine Fragen gestellt wurden. Da waren wir sehr erleichtert. Dann wurden alle Ostdeutschen von uns getrennt, und wir Westdeutschen fuhren weiter bis Eisenach. Wieder hieß es aussteigen. Man führte uns in ein Barackenlager und nahm erneut die Personalien auf. Ich fragte, ob ich in die Stadt gehen könne, um meinen Bruder zu besuchen. Das wurde mir genehmigt. Spät abends nahm ich meinen Freund Kalle mit und wir gingen zur Wohnung meines Bruders. Als ich klingelte, dachte meine Schwägerin, ihr Mann, der als Lokführer tätig war, käme von der Arbeit nach Hause und war sehr überrascht, mich zu sehen. Kurze Zeit später kam mein Bruder und gemeinsam freuten wir uns über das Wiedersehen.
Am nächsten Tag fuhren wir in Richtung Hersfeld weiter. Beim Überfahren der Grenze warfen wir vor Freude unsere Russenfellmützen aus dem Fenster. Kalle rief: "Paul, Du hast es mit Deinem falschen Namen geschafft", und alle ließen mich hoch leben.
Auch Kalle hatte es geschafft. Trotz seiner großen Bedenken im Wald des Ural, fuhren wir jetzt der Heimat entgegen bzw. waren fast schon zu Hause. Bei späteren gegenseitigen Besuchen sagte Kalles Frau öfters zu mir: "Paul, Du hast meinem Karl das Leben gerettet."

In Hersfeld wurden wir begrüßt und uns gesagt, wer einen Namen oder sonstiges falsch dem Russen angegeben hatte, sollte dies hier richtigstellen, ihm würde nichts passieren. Da riefen meine Kameraden: "Jawohl, wir haben einen."
Bei der US-Armee in Hersfeld war meine Person schon bekannt. Mir wurde gesagt, daß ich in einer U-Boot-Jäger-Werft gearbeitet und Brigadeführer gewesen wäre. Ich sagte, daß dies stimme und wir amerikanische Motore eingebaut hätten, aber weitere Einzelheiten nicht mitteilen könne. Wegen dieser Tätigkeit mußte ich nach meiner Heimkehr mit der Eisenbahn nach Kronberg im Taunus fahren, um von der US-Armee verhört zu werden. Am Bahnhof Kronberg wurde ich von einem Jeep abgeholt und zu einem im Wald gelegenen ehemaligen Erholungsheim der Post gebracht. Beim Verhör legte man mir eine Skizze von der Werft vor und wollte nähere Einzelheiten wissen. Ich konnte jedoch auf solche speziellen Fragen keine Antworten geben. Damit war diese Angelegenheit erledigt.
Von Hersfeld aus hatte ich meine Frau auf ihrem Arbeitsplatz in Schlüchtern angerufen. Mit ihrem Fahrrad, es war der 8. April 1949, kam sie zum Bahnhof Schlüchtern, um mich abzuholen. Unsere Wiedersehensfreude kann man nicht beschreiben. Wir waren überglücklich.
Meine wenigen Gepäckstücke luden wir auf das Fahrrad, gingen zu Fuß nach Schlüchern und weiter über die Bundesstraße 40 nach Wallroth. Jetzt war ich endlich, endlich zu Hause und dankte meinem Herrgott, daß er mich auf diesem unendlich langen Weg begleitet und glücklich hierher gebracht hat. Ich stellte fest, daß die Gefangenschaft in mir tiefe Spuren hinterlassen hatte und ich eine längere Zeit für die Gewöhnung in der Zivilisation brauchte. Beruhigend war für mich zu hören, daß es den anderen Heimkehrern auch so erging.
Das Wiedersehen mit Eltern und Geschwistern bedeutete eine besondere Freude.
Späterhin konnten meine Frau und ich uns über die Geburt eines Sohnes und einer Tochter freuen. Trotz vieler Arbeit bin ich mit meinem Leben zusammen mit meiner Familie in meiner zweiten Heimat hier in Wallroth bis zum heutigen Tage zufrieden.

In russicher Gefangenschaft

Erzählt von Adam Schmidt, Wallroth

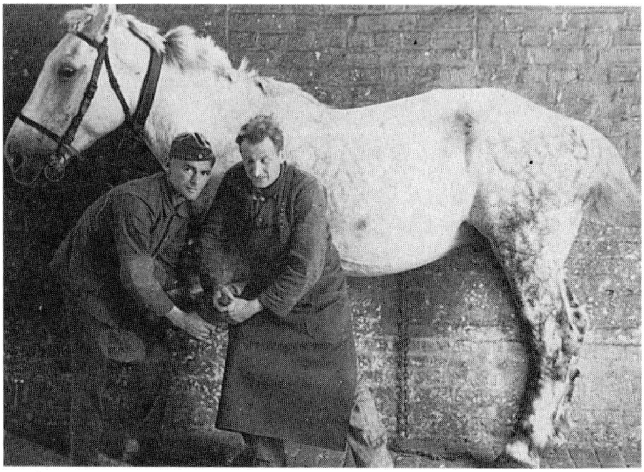

Adam Schmidt (rechts) beim Hufbeschlag in Poltawa

Als Einleitung eine Schilderung meiner Vorkriegszeit.

Am 24. Mai 1910 wurde ich in Wallroth in *Wellems*, heute Schulstraße 29, geboren. Der Bauernhof meiner Eltern umfaßte 17 Hektar landwirtschaftlich genutzter Fläche.

Zwei Pferde dienten als Anspann. Ich hatte noch einen Bruder und zwei Schwestern. Da mein älterer Bruder, wie allgemein üblich, als Hoferbe vorgesehen war, ging ich nach der Entlassung aus der Volksschule im Jahr 1924 bei Schmiedemeister Kaspar Ifft in Wallroth in die Lehre. Unterkunft und Verpflegung erhielt ich weiterhin von meinen Eltern. Mein Arbeitslohn betrug eine Mark pro Woche. Dies war sehr wenig, jedoch war ich froh, in der wirtschaftlich sehr schwierigen Zeit eine Lehrstelle gefunden zu haben. Nach meiner Gesellenprüfung 1927 konnte mich Kaspar Ifft nicht weiterbeschäftigen. Ich gab im Kasseler Sonntagsblatt eine Anzeige wegen einer Arbeitsstelle auf. Es meldete sich ein Schmiedemeister aus Burgbracht bei Birstein im Vogelsberg und ein Meister aus Weilburg an der Lahn. Wegen der Nähe nahm ich die Stelle in Burgbracht an. Von Wallroth nach Burgbracht beträgt die einfache Wegstrecke 25 Kilometer. An jedem zweiten Wochenende fuhr ich mit meinem alten Fahrrad nach Hause. In Burgbracht war vor allen Dingen im Sommer sehr viel Arbeit. Morgens um sechs Uhr begann meine Arbeitszeit und dauerte, nur von den Essenspausen unterbrochen, bis zur Dunkelheit. Oft war das Dengeln der

Sensen für unsere Kunden bei bereits anbrechender Nacht die letzte Arbeit.
Im Sommer arbeitete ich an den Sonnabenden bis neun Uhr abends. War eine Heimfahrt geplant, fuhr ich dann zwei Stunden über die Berge des Vorderen Vogelsbergs nach Wallroth und am Montagmorgen um sechs Uhr zurück. Mein Wochenlohn betrug 10 Mark, außerdem hatte ich freie Unterkunft und Verpflegung.
Im Jahr 1935 ging ich zu der Firma Göbel in Frankfurt/Main. Die Firma Göbel baute eine Brücke über die Leine bei Hannover. Als Stundenlohn erhielt ich 1,25 Mark, was als gut zu bezeichnen war.
In 1937 nahm ich eine Arbeitsstelle als Schmied im neueröffneten Steinbruch der Firma Löffert aus Fliedern in der Gemeinde Stork, zwei Kilometer von Wallroth entfernt, an. Mit meinem Stundenlohn von 1,25 Mark war ich - auch wegen der Nähe zum Wohnort - zufrieden.
Hier möchte ich einfügen, daß ich im Jahr 1934 Anna Rüffer aus Wallroth geheiratet habe. Wir wohnten im Hause ihrer Eltern in *Bechesch* in Wallroth. Dies ist bis zum heutigen Tage mein Wohnsitz geblieben. Meine Schwiegereltern besaßen eine kleine Landwirtschaft mit sechs Hektar Fläche. Meine Frau war als Hoferbin vorgesehen. Unter Sohn Heinrich wurde 1935 und unsere Tochter Ilse 1940 geboren.
Was die Menschen schon im Jahr 1938 befürchtet hatten, wurde am 1. September 1939 zur Wahrheit. Mit dem Polenfeldzug begann der Krieg. Ich mußte bereits am 30. August 1939 zu dem Pionierbataillon 672 nach Hanau einrücken. Später kam ich nach Aschaffenburg und anschließend nach Hann.-Münden.
Am Polen- und Frankreichfeldzug hat unsere Einheit nicht teilgenommen. Von Hann.-Münden wurden wir im Sommer 1940 als Besatzung nach Dijon in Frankreich verlegt. Rings um Dijon war flaches Land. Eine aus der Sicht der Landwirtschaft sogenannte "gute Gegend". Weißbrot, Eier und Tomaten schmeckten uns gut, dazu gab es französischen Rotwein. Da konnte man es aushalten. In den Geschäften gab es noch viele Dinge, die man in Deutschland nicht mehr haben konnte. So habe ich Kleiderstoffe für meine Frau gekauft und nach Hause geschickt.
Im Frühsommer 1941 fuhr unser Regiment mit der Eisenbahn nach Polen. Am 22. Juni 1941 begann der Krieg gegen Rußland. Wir kamen im Südabschnitt

zum Einsatz. Unser Bataillon baute bei Lemberg seine erste Kriegsbrücke über den Bug. Diese Brücke war sehr stabil, da sie in erster Linie für unsere Panzer gedacht war. Was Krieg bedeutete, konnten wir jetzt schon erfahren, denn wir hatten unsere ersten Toten zu beklagen. Als wir weiter vorrückten, stellten wir fest, daß die Russenbunker halb fertig waren. Das war für uns ein Zeichen, daß Rußland auf unseren Angriff nicht vorbereitet war.
Unsere Panzer rollten sehr schnell vor. Da war es für uns oft schwierig, dieses Tempo mit den Pferdegespannen mitzuhalten. Es entstand eine Lücke zwischen der Front und den nachrückenden Einheiten, so daß diese Verluste durch russische Truppen zu verzeichnen hatten.
Als wir in Poltawa, einer Stadt in Südrußland, ankamen, setzte der beginnende Winter einem weiteren Vormarsch ein Ende. Hier bezogen wir unser Winterquartier. Der Winter war eisig kalt. Die zugesagte Winterkleidung kam bei uns nicht an. Trotzdem hielten sich die Erfrierungsverluste in Grenzen, da wir in Häusern untergebracht waren. Daß unsere Moral trotz Eis und Schnee zu dieser Zeit noch gut war, zeigt sich an folgendem Lied:

"Fern in der Ukraine, im Galizienland,
hat Soldatenschicksal mich hineinverbannt.
Spritzt der Dreck auch noch so hoch,
wir bleiben fröhlich noch und noch:
Die Wodkaflasche hoch!

Unter meinem Hemde auf des Bauches Rund,
krabbeln Partisanen, und das ist nicht gesund.
Drum sollt' ich so ein Tierlein sehen,
so wird ihm gleich ein Leid geschehen.
Sein Ende ist ein Knall,
so geht's den Läusen all.

Ist Stalin geschlagen, kehren wir nach Haus,
lassen hier in Rußland
Wanzen, Floh und Laus.
Wir singen dann vor Freud und Glück:
Mein teures Lieb, ich bin zurück.
Die Wodkaflasche hoch!"

Dieses Lied sangen wir nach der Melodie: "Vor der Kaserne, vor dem großen Tor", bekannt als "Lilli-Marleen-Lied".

Im Frühjahr 1942 ging unser Vormarsch über Schitomir nach Kiew, der Hauptstadt der Ukraine. Vor der Einnahme von Kiew mußten wir Pioniere eine künstliche Nebelwand vor der Stadt herstellen, durch welche unsere Panzer und Infanteristen zum Angriff antraten.
Kiew ist eine schöne Stadt mir vielen Kirchen. Die Kirchen waren außen, aber besonders innen, wunderbar hergerichtet, wobei sehr viel Gold verarbeitet worden war.
Die ganze Ukraine, hauptsächlich jedoch das Donezbecken, hatte den fruchtbarsten Ackerboden. Der schwarze, fette Boden reichte bis zwei Meter in die Tiefe. Da brauchte man keine Düngung. Ich sah Weizenfelder "so weit das Auge reicht". Im Donezbecken gab es sehr ordentliche Häuser, wie ich sie sonst in Rußland nicht gesehen habe. Mich überraschte, daß die Räume geölte Dielen besaßen. Die Hauptstraßen, in Rußland Rollbahn genannt, bestanden hier im Süden nur aus eben geschobenem speckigem Boden. Wie diese Rollbahn bei Regen zu befahren ist, brauche ich wohl nicht zu beschreiben.
Von der Ukraine rückten wir weiter vor, und zwar durch die Kalmücken-Steppe nach Murraschawskaja, heute Mil'utinskaja, und von dort weiter nach Kalac, zirka 40 Kilometer vor Stalingrad. Hier war das Ende des Vormarsches. Da wir Pioniere jetzt keine speziellen Aufgaben mehr zu erfüllen hatten und die Infanterie schwere Verluste beklagte, wurden wir als Infanteristen eingesetzt.
An der Stalingradfront befand sich auch eine größere Einheit rumänischer Soldaten. Rumänien war mit Deutschland verbündet, jedoch waren diese rumänischen Soldaten nicht zuverlässig. So verkauften sie unter anderem ihre Gewehre an die russischen Zivilisten.
Als die Russen zum Großangriff bei Stalingrad antraten, griffen sie gezielt den Rumänienabschnitt zuerst an. Im Nu hatten sie denselben überrollt und konnten dann die 6. Armee einkesseln. Generalfeldmarschall Paulus, der Kommandeur der 6. Armee, erbat von Adolf Hitler den Einsatz von Truppen zur Sprengung des Rings. Hitler versagte dies. So kämpfte die 6. Armee bis zum bitteren Ende. Generalfeldmarschall Paulus ging mit dem Rest der Armee in Gefangenschaft. Meine eigenen Stalingrad-Erlebnisse möchte ich wie folgt schildern:

Die russischen Panzer trieben uns dem Fluß Don entgegen. Immer wieder drehten Panzer auf Panzerlöchern, um deutsche Soldaten zu zermalmen, die in diesen Einmann-Löchern Schutz gesucht hatten. Das Gelände war hier ganz eben, lediglich hohes Gras gewährte etwas Sichtschutz. So erreichte der Rest unserer Einheit unter dem mörderischen Feuer der russischen Panzer das Ufer des Don. Ich selbst stand plötzlich am Ufer und wußte nicht mehr weiter. Wie sollte ich als Nichtschwimmer hinüberkommen? Da sah ich in der Nähe ein Panjepferd. Ich lief zu ihm, redete ihm mit meinen wenigen russischen Worten gut zu und führte es ins Wasser. Dann schwang ich mich auf das Pferdchen und siehe da: Nach weiterem Zureden schwamm es in den Fluß. An seiner Mähne hielt ich mich ganz, ganz fest. Auf dem Fluß war die Hölle los. Überall schwimmende Soldaten und dann der Aufschrei der Getroffenen. Der Russe schoß, was das Zeug hielt. Ich dachte immerzu: "Wann bist Du endlich drüben?" Dann war das rettende Ufer erreicht. Völlig ausgepumpt lag ich im hohen Gras und dachte immerzu: "Geschafft, geschafft, geschafft." Von unserem Bataillon, Normalstärke 1.000 Mann, haben lediglich 15 Kameraden mit mir das Westufer des Don erreicht.
Anschließend wurden wir, um neue Einheiten für die Front zusammenzustellen, in unsere Heimatkaserne nach Hanau beordert. Hier blieb ich eine Weile, denn ich legte die Hufbeschlagprüfung ab. Von Hanau aus konnte ich manchmal am Wochenende nach Hause fahren. Dies waren im Krieg auch meine letzten Urlaubstage.
Im Frühjahr 1943 mußte ich wieder an die Front. Mein Einsatz erfolgte im Nordabschnitt von Rußland, und zwar im Gebiet Welgelukinebel. Dort angekommen, sagte der Bataillonskommandeur zu uns: "Kameraden, Vorsicht! Vor uns der Feind, hinter uns 3.000 Partisanen." Dann begann der Rückzug. Der Partisanankrieg war furchtbar, und das Schlimme dabei war, daß du keinen Feind siehst. Während des Rückzugs gehörte ich zum Brückensprengkommando. Wir waren immer die Letzten, die vor den angreifenden Russen abhauen konnten. Dieser Kampf unter dem Motto "Vorwärts Kameraden, wir müssen zurück" dauerte zwei Jahre.
Über die Stadt Minsk kam ich gegen Kriegsende in die Tschechoslowakei. Unsere Einheit wollte noch die Moldau erreichen, um in amerikanische Gefangenschaft zu gelangen. Die Russen kamen uns mit ihren Panzern aus westlicher

Richtung entgegen und riefen uns zu: "Wojna kaputt, nazat nemezki". Zu deutsch: "Krieg ist aus, zurück nach Deutschland!" Am 8. Mai 1945 kam ich in Deutsch Brod (heute Harlickuv Brod) in russische Gefangenschaft. Anschließend marschierten wir nach Prag und blieben dort sechs Tage in einem Fußballstadion. Hier traf ich Nikolaus Stork, ebenfalls Kriegsgefangener, aus Wallroth. Nikolaus Stork war Schneidermeister. Er flickte mir meine Kleidung und stopfte mir die Strümpfe.
Erwähnen möchte ich, daß Schneider und Schuster in Gefangenschaft manche Vorteile hatten. Ihre Fähigkeiten wurden jeden Tag gebraucht, und das war für sie auch jeden Tag von Nutzen.
Am Ende der Pragzeit wurde ich von Nikolaus Stork getrennt, da russische Ärzte uns Gefangene nach Einsatzmöglichkeiten aufteilten. Wir verließen Prag mit der Eisenbahn. Als wir anschließend in die russischen Breitspur-Viehwaggons verladen wurden und gen Osten fuhren, wußte jeder von uns, was die Stunde geschlagen hatte. Vorher hatten viele geglaubt, wir würden uns auf der Heimreise befinden. Mit 40 Mann preßte man uns in einem Waggon. Jeden Tag gab es dreimal minderwertige Erbsensuppe. Nach vierzehn Tagen kamen wir am Ziel an. Das Lager hieß Rjasan, lag 200 Kilometer südöstlich von Moskau und war vorher ein russisches Straflager gewesen.
Bei unserer Gefangennahme hatten wir gedacht, der Krieg ist aus, du hast dein Leben gerettet, du kommst bald nach Hause. Jetzt waren wir wieder tief in Rußland und wegen ein paar Monaten werden die uns nicht bis hierher gebracht haben. Oder kommen wir trotz allem doch bald heim? So und ähnlich kamen einem die Gedanken. Dann richtete ich den Blick zurück.
Mit Adolf Hitler hatte es doch gar nicht schlecht angefangen. Vor der Übernahme der Regierung durch Hitler am 30. Januar 1933 war es sehr schlecht in Deutschland gewesen. Da gab es die hohe Zahl von Arbeitslosen, die vielen zerstrittenen Parteien im Berliner Reichstag und jährlich die Zahlungen des deutschen Reiches an die Alliierten, entsprechend dem Vertrag von Versailles nach dem verlorenen 1. Weltkrieg. Bei Hitler bekamen die Menschen Arbeit, die Waren hatten Festpreise, und jeder wußte, was er für sein Geld kaufen konnte. Baumaßnahmen wurden bezuschußt. Hiervon machten wir zuhause auch Gebrauch. Für die Aufstockung unseres Wohnhauses in 1934 erhielten wir 1.000 Mark Zuschuß.

Dann kam alles ganz anders. Der drohende Krieg wurde 1939 Wirklichkeit und setzte die Menschen in Angst. Der 1. Weltkrieg war noch nicht vergessen. Ja, und dieser 2. Weltkrieg endete im Chaos. In diesem Zusammenhang halte ich zwei Dinge für besonders erwähnenswert: Adolf Hitler durfte keinen Krieg anfangen und mußte die Juden in Ruhe lassen. Aber, was soll man sagen. Dieser Mann hatte ja wirklich Größenwahn.
Rjasan war das Hauptlager. Von hier erfolgte die Verteilung auf die verschiedenen Nebenlager und Arbeitsstellen. Dies waren: Kolchose, Zuckerfabrik, Waldkommando und Bergbau. Nachdem man mir wie allen anderen Gefangenen eine Glatze geschnitten hatte, kam ich auf eine Kolchose. Hier dominierte der Weizenanbau. Zur Erntezeit wurden alle Garben auf einen großen Haufen im freien Feld gefahren. Dann stellte man eine Dreschmaschine mit Dieselantrieb daneben und begann mit dem Drusch. Anschließend fuhren die Russen den gedroschenen Weizen in eine große Halle. Den Weizentransport durften wir Gefangene nicht durchführen, da die Russen Angst hatten, wir könnten uns von dem Weizen etwas nehmen.
Ich erhielt ein Ochsengespann und zwei russische Mädchen als Hilfskräfte. Nun fuhren wir alle Tage die Weizengarben von den Feldern zur Sammelstelle. Meine russischen Sprachkenntnisse konnte ich hierbei weiter verbessern. Während unserer Unterhaltung wollten plötzlich die beiden Mädchen wissen, wie man in Deutschland tanzt. Da bin ich vom Wagen gesprungen, habe die Gabel in die Erde gesteckt, ein Lied gesungen und einen Walzer getanzt. Da waren die beiden hellauf begeistert.
Nach der Arbeit auf der Kolchose erfolgte mein Einsatz in einer Zuckerfabrik. Der Zucker wurde aus Zuckerrüben gewonnen. Wir Gefangene mußten die Zuckerrüben waschen. Dort, wo die Zuckerherstellung war, durften wir nicht hin. Da waren nur russische Arbeiter. Gerne hätten wir an dieser Stelle gearbeitet, denn dies hätte unserer Ernährung gut getan.
Meine nächste Arbeitsstelle befand sich auf einer Kolchose mit Zuckerrübensamenanbau. Zuerst wurden die Samenstengel auf einer Dreschmaschine gedroschen. Dann mußten wir Gefangene, zusammen mit russischen Frauen, den Zuckerrübensamen reinigen. Dies geschah mit kleinen Windfegen, die von einer Person von Hand gedreht werden mußten. Während wir Gefangene in wochen- und monatelanger Arbeit die Windfegenräder drehten, erledigten die

Frauen die Zusatzarbeiten. Erwähnenswert ist, daß fast keine russischen Männer in den Dörfern anzutreffen waren. Diese befanden sich entweder noch beim Militär, irgendwo im weiten Rußland im Arbeitseinsatz oder hatten als Soldat im Krieg ihr Leben gelassen.
Die russischen Frauen brachten uns aus Weizenschrot gebackene Fladen aus ihrem Dorf mit zur Kolchose. Dies durfte zwar nicht sein, jedoch machten sie es so geschickt, daß es nicht bemerkt wurde. Kurz möchte ich meine Erfahrungen mit der russischen Bevölkerung schildern. Als Soldat und auch als Gefangener hatte ich zu fast allen Russen ein gutes Verhältnis. In Gefangenschaft erhielten wir von jüngeren Russen manchmal Prügel. Da sagten wir, quasi als Entschuldigung: "Das hat man ihnen auf der Stalinschule beigebracht."
Meine nächste Station war das Waldkommando. In diesem erwartete mich eine sehr schwere Arbeit. Mit schlechten minderwertigen Handsägen, ohne Äxte, nur mit kleinen Beilen mußten wir je Mann täglich zwei Raummeter Holz herrichten. Das hieß: Bäume fällen, auf die notwendige Länge schneiden und fertig stapeln. Wer schon als Holzhauer tätig gewesen war, der weiß, daß zwei Raummeter Brennholz je Tag unter diesen Umständen und bei eisiger Kälte sehr, sehr viel sind.
Wer sein Tagessoll nicht schaffte, der erhielt Abzug bei der Brotzuteilung und mußte außerdem zur Strafe nachts in den Katza. Dies war ein Holzschuppen ohne jegliche Heizmöglichkeit. Da kannst und darfst du nicht schlafen, denn dann - bei 30 Grad minus - erfrierst du. Am nächsten Morgen bist du total erschöpft und mußt wieder an die Arbeit.
Im Lager schliefen wir nachts auf Holzbohlen. Diese waren 50 Zentimeter oberhalb des Fußbodens befestigt. Der Abstand von Bohle zu Bohle betrug 60 Zentimeter. Mit unseren nassen Kleidern lagen wir auf den Bohlen und fielen in der Nacht öfters auf den kalten Fußboden. Dann rappelte man sich wieder auf, legte sich wieder auf die Bohle und wußte, daß man irgendwann wieder da unten lag.
Das Essen war schlecht. Wir erhielten täglich eine dünne Zuckerrübensuppe, die mit Eingeweiden von Tieren, Kuhmagen und dergleichen, angereichert war. Dazu 500 Gramm Brot aus Weizenschrot und einen Eßlöffel Zucker. Damals schmeckte mir dieses Brot, warmgemacht und mit Zucker bestreut, besser als heute die allerbeste Torte. Anstelle der Zuckerrübensuppe erhielten wir manch-

mal Kabusta. Dies ist eine Weißkrautsuppe.
Oft hatten wir großen Durst. Von Tannenspitzen kochten wir uns Tee. Im Lager befanden sich Wasserbehälter, die nur bei einem Feuerausbruch benutzt werden sollten. Kameraden von mir tranken von diesem Wasser. Es war verdorben. Sie mußten alle sterben.
Unser Brigadier, ein deutscher Gefangener, der von den Russen mit der Leitung des Waldlagers beauftragt war, ließ jede Menschlichkeit vermissen. Sicher mußte auch er den Russen gegenüber Rechenschaft ablegen, jedoch hätte er, wenn er dies wollte, den Gefangenen viele Dinge erleichtern können. Daß Hilfe möglich war, bewiesen die Brigadiers in den anderen Lagern. Dieser Waldlagerbrigadier war uns gegenüber derart brutal, wie es schlimmer nicht hätte sein können. So wie er waren die Russen nicht zu uns.
Im Winter konnten wir, da der Boden steinhart gefroren war, unsere Toten nicht beerdigen. In einem Schuppen warfen wir sie wie Holzscheite aufeinander und mußten sie bis zum Frühjahr liegenlassen. Der Brigadier brach mit einer Zange den Toten die Goldzähne aus dem Gebiß und bewahrte das Gold in seiner Westentasche auf. Die Weste trug er immer am Körper.
Wenn du, wie hier im Waldlager, so leiden mußt, dann denkst du, hätte dich nach Kriegsbeginn eine Kugel richtig getroffen, dann wäre dir viel Leid erspart geblieben.
Durch die hohen Arbeitsanforderungen war ich sehr erschöpft. Eines Tages geschah es dann: Während der Waldarbeit brach ich zusammen, sah viele Lichter und hörte lautes Klingeln in den Ohren. Die Kameraden trugen mich ins Lager. Der Sanitäter behandelte mich. Er gab mir etwas zum Einnehmen. Der Sani war schlecht dran, denn er hatte fast keine Mittel zur Verfügung. Früher schon hatte ich im Wald eine Verletzung erlitten. Die Wunde wollte nicht heilen, jedoch konnte der Sani mir nicht helfen, da er außer Jod als Desinfektionsmittel keinerlei Möglichkeit besaß, helfend einzugreifen.
Ich kam ins Hauptlager nach Rjasan. Dort stellte man Distrophie (Hungertyphus) fest. Im Lager angekommen, fragten mich die Kameraden: "Wo kommst Du her?" Damit ist der Heimatort gemeint. Das war so üblich, denn jeder freute sich, wenn er einen Kameraden traf, der aus der Nähe seines Heimatortes stammte. Solch ein Kamerad ist ein Stück Heimat und außerdem kann man vielleicht etwas Neues von zu Hause erfahren. Auf diese Frage antwortete ich:

"Zwischen Frankfurt und Fulda." Da sagte einer: "Und von welchem Ort?" Da sagte ich: "Schlüchtern." Er sagte: "Direkt von Schlüchtern?" "Nein", sagte ich, "von Wallroth." Da meinte er: "Das kenne ich, ich komme aus Flieden." Es war Josef Betz, von Beruf Schuhmacher, aus Flieden, acht Kilometer von Wallroth entfernt. Er arbeitete im Hauptlager in seinem Beruf. Hauptsächlich reparierte er den Gefangenen die Filzstiefel.
Joseph Betz bekam zu seinem normalen Essen einen Nachschlag. Diesen Nachschlag hat Jupp mir alle Tage gegeben. Im Hauptlager wurde auch für die Nebenlager, das Waldlager und die Kolchosen, täglich das Essen gekocht und dann dorthin gebracht. Da ist es verständlich, daß das Hauptlager erst für seine Gefangenen sorgte und dann an die Nebenlager dachte.
Ich kam wieder zu Kräften und wurde zur Arbeitsgruppe 3 eingeteilt. Das hieß wieder Waldlager. Josef Betz war immer im Hauptlager gewesen und kannte jeden Brigadier in diesem Lager. Er sagte zu mir: "Ich spreche mit dem Schmiedebrigadier, ob du nicht hier im Lager als Schmied arbeiten kannst." Siehe da, es klappte. Ich konnte im Hauptlager bleiben und in meinem Beruf arbeiten. In der Werkstatt mußte man zuerst die Norm erfüllen. Mehrarbeit wurde bezahlt, jedoch betrug der höchstmögliche Verdienst 200 Rubel im Monat. Was über 200 Rubel Verdienst hinausging, kassierte der Russe. Für 200 Rubel konnten wir uns zum Beispiel ein Paar Russenstiefel kaufen.
Wir bauten Panjewagen, Dezimalwaagen, Beißzangen und anderes. Wenn wir mit unserer Arbeit die Norm erreicht hatten, konnten wir frei entscheiden, was wir außerhalb der Norm herstellen wollten. Außerdem war es möglich, für unsere privaten Interessen einige Dinge zu produzieren. So schmiedete ich aus Chromstahl für meine Frau und für mich je einen Fingerring. Eine Tabakdose aus Aluminium, Löffel aus Chromstahl und sonstige Kleinigkeiten stellte ich, wie überhaupt alle Dinge, in Zusammenarbeit mit meinen Kameraden her. Der Schmiedebrigadier war ein Kamerad, wie er besser nicht sein konnte. Wie dankbar ich Josef Betz war, brauche ich wohl nicht zu erklären.
Unsere Uhrmacher bauten eine fünf Meter hohe Standuhr auf den Lagerhof. Der große Perpendikel machte seine notwendigen Schwingungen. Auf dem Sockel der Uhr stand, aus Stahl gearbeitet, ein Schmied und schlug jede Sekunde mit seinem Hammer auf einen Amboß. Aus Moskau kamen russische Offiziere und bestaunten dieses kleine Wunderwerk.

An einem Herbsttag wurde uns im Hauptlager mitgeteilt, daß ein früher Winter zu befürchten sei und daß alle Lagerinsassen zur Kartoffelernte ausrücken müßten. Wir wohnten neben den Kartoffelfeldern in Baracken und waren jeden Tag mit der Ernte beschäftigt.
Unser Wachsoldat hatte eine Freundin im Dorf, ganz in der Nähe unserer Arbeitsstelle. Er wollte gerne dorthin, durfte uns allerdings nicht alleine lassen. Da gab er uns den Befehl, hinter ihm zu marschieren, um das Dorf zu erreichen. Der Soldat marschierte voran, ein Gefangener mit einer Zieharmonika und wir alle hinterher. Der Marsch ging mit Musik und Gesang zu einem freien Platz, dem sogenannten Zimmerplatz in der Dorfmitte. Ich möchte erläutern, daß jedes russische Dorf einen Platz hat, auf dem die Dorfbewohner ihre Holzhäuschen zimmern. An diesem machte unsere Kolonne halt. Sofort war das ganze Dorf versammelt. Daß man in den Dörfern nur wenige russische Männer antreffen konnte, hatte ich schon erzählt. Unser Musikant spielte zum Tanz auf und eine prächtige Stimmung unter allen Anwesenden machte sich breit. Ich tanzte jede Tour und erinnere mich heute noch gerne an diesen Tag in der sonst so schweren Zeit.
Anläßlich der Oktoberrevolution fand jedes Jahr ein großes Fest statt. An diesem Tag wurden die Bestarbeiter - Gefangene, die im Laufe des vergangenen Jahres die beste Leistung erbracht hatten - ausgezeichnet. In unserem Lager waren dies immer 15 bis 20 Leute. In einem Jahr wurde ich ebenfalls als Bestarbeiter ausgewählt. Ich erhielt ein Buchgeschenk. Der Titel: KPdSU, d. h. Kommunistische Partei der Sowjetunion. In dieses Buch hatten die Russen in russischer und deutscher Sprache geschrieben: "Dem Bestarbeiter Adam Schmidt." Dieses Buch kann man mit dem Buch "Mein Kampf" von Adolf Hitler vergleichen, allerdings mit gegensätzlichen Aussagen.
Bei solchen und ähnlichen Veranstaltungen riefen wir immer wieder: "Heil Stalin." Das machten wir, damit unser Lager als politisch einwandfrei galt und man uns bald nach Hause schicken würde. Die Russen wollten aus uns gute Kommunisten machen. Wir jedoch kannten nur ein Ziel, bald die Heimreise antreten zu können. Wieder daheim zu sein, war für uns das aller-, allerwichtigste und nur dies ganz allein hatte die höchste Bedeutung.
In einem Winter mußte der Waldlagerbrigadier, von dem ich vorhin berichtet habe, in das Hauptlager zurück. Nach der Ankuft wurde er von Gefangenen

verprügelt und landete anschließend im Katza. Den Katza hat er bei eisiger Kälte nicht überlebt. Wo waren die russischen Wachsoldaten? Vorstellbar ist, daß die Wachmannschaft von dem Vorhaben wußte und es stillschweigend duldete. Mittlerweile war es so, daß durch Schwarzarbeit der Gefangenen und dem damit verbundenen Handel ein gutes Miteinander zwischen russischen Soldaten und deutschen Gefangenen entstanden war und keine Seite sich eine Störung der guten Verbindungen wünschte.

Im Frühjahr 1949 hieß es, das Lager Rjasan wird aufgelöst. Die Russen boten uns an, in Rußland zu bleiben, denn für sie waren wir, was die Arbeit anging, alle Spezialisten. Ihr Angebot ging so weit, daß sie uns russische Frauen besorgen wollten und wir unseren Wohnort frei wählen konnten. Wir lehnten, bis auf eine Ausnahme, alle ab, denn wir warteten voller Sehnsucht auf unsere Heimreise. Die Ausnahme betraf einen Kameraden, der von Beruf Architekt war. Er hatte die Mitteilung erhalten, daß seine Familienangehörigen nicht mehr lebten. Seine Arbeitsstelle befand sich in einem Baubüro. Dort lernte er ein russisches Mädchen kennen, das er heiraten wollte. Er wurde als Gefangener entlassen, reiste bis an die russisch-polnische Grenze und kam dann mit einem vorher ausgestellten Visum zurück. Von unserem Lager war er, wie gesagt, der Einzige, der geblieben ist.

Droht dir im Krieg der Tod in erster Linie durch Geschosse und Grantaten, dann ist in der Gefangenschaft, wenn du Pech hast, die Gefahr durch Hunger und Krankheit nicht minder groß.

Das Lager Rjasan wurde im Sommer 1945 mit 10.000 Gefangenen belegt. Bei der Lagerauflösung im Frühjahr 1949 waren wir noch sage und schreibe 1.500 Gefangene!

Dann war es endlich soweit. Wir durften nach Hause reisen. Welch glückliches Gefühl! Jedoch möchte ich noch einmal auf Josef Betz zu sprechen kommen. Er wurde ein Jahr vor mir, und zwar im Mai 1948 entlassen. Allerdings hatte er vorher Pech gehabt. Er mußte zum Schluß noch im Waldlager arbeiten und kam in einem gesundheitlich sehr schlechten Zustand nach Hause.

In der Eisenbahn wurde erzählt, daß die Amis uns eventuell noch einmal in ein Lager stecken würden. Um keinen Ärger zu bekommen, schenkte ich mein Buch "KPdSU" einem Kameraden, der in die Ostzone entlassen wurde. Er hieß Walter Schmidt, und für ihn war dieses Buch ungefährlich.

In Hersfeld angekommen, übernahmen uns sofort die Amis und veranlaßten eine nochmalige Entlausung. In ein Lager mußten wir nicht noch einmal hinein. Die deutsche Verwaltung schenkte jedem von uns eine Brieftasche. Ich fuhr mit der Bundesbahn zum Bahnhof Schlüchtern weiter. Es war der 24. Mai 1949, mein 39. Geburtstag. Am Bahnhof erwarteten mich meine Frau und meine beiden Kinder Heinrich, 14 Jahre, und Ilse, 9 Jahre alt. Bei uns allen herrschte riesengroße Freude. Die Kinder waren groß geworden, denn ich hatte sie seit dem Frühjahr 1943 nicht mehr gesehen.
Mit dem PKW der Autovermietung Adam Möller aus Wallroth fuhren wir unserem Heimatort entgegen. Welch ein herrliches Gefühl! Nach zehn Jahren in der Fremde endlich daheim, daheim, daheim!

Auf der Flucht

Von Albert Druschel, Wallroth

Albert Druschel (1. von links) vor einer Kfz-Werkstatt in Blois, 150 km südwestlich von La Rochelle. Die Werkstatt wurde je zur Hälfte von französischen Privatleuten und der deutschen Wehrmacht benutzt.

In *Schmitthanse* wurde ich am 28. Januar 1923 in Wallroth geboren. Ich hatte noch vier Brüder und zwei Schwestern. Außerdem sind ein Bruder und eine Schwester bereits im Kindesalter verstorben. Von 1929 bis 1937 besuchte ich die Volksschule in Wallroth. Da es schwierig war, eine Lehrstelle zu erhalten, arbeitete ich sechs Monate in der Landwirtschaft meines Vaters, die neun Hektar Nutzfläche umfaßte. Außerdem befand sich seinerzeit wie auch heute noch eine Gastwirtschaft in unserem Haus. Anschließend war ich sechs Monate im Straßenbau tätig. Im Jahr 1938 begann ich eine Lehre als Kraftfahrzeugmechaniker bei der Firma Hans & Ludwig Schlichting in Schlüchtern. Nach Abschluß der dreieinhalbjährigen Mechanikerlehre im Jahre 1941 wurde ich zur Autoreparaturwerkstatt Grün in Steinau dienstverpflichtet. Hier mußten Kraftfahrzeuge der deutschen Wehrmacht repariert werden.

Im April 1942 erfolgte meine Einberufung zur Wehrmacht, und zwar zu einem Panzeraufklärungsbataillon nach Meiningen an der Werra. Nach drei Monaten Ausbildung mußen schon die ersten Kameraden die Reise zum Fronteinsatz in Afrika antreten. Ich hatte mich ebenfalls in der Durchgangskompanie zu melden, um anschließend irgendwo an der Front zum Einsatz zu gelangen. Als ich bei dieser Kompanie erschien, sagte der zuständige Unteroffizier: "Kann es sein, daß wir uns kennen?" Nach einigen Überlegungen stellten wir fest, daß

wir uns wirklich kannten. Der Unteroffizier hieß Melchior Eichholz und war Inhaber eines Malergeschäftes in Oberzell. Zuhause besaß er einen PKW Opel P4 und hatte öfters meine Lehrwerkstatt Hans & Ludwig Schlichting in Schlüchtern besucht. Jetzt schickte er mich zum Arbeiten in die Kasernenwerkstatt. Er sagte zu mir: "Nächste Woche ist der Spieß wieder da. Ich werde mit ihm vereinbaren, daß du in der Werkstatt bleiben kannst." In dieser Werkstatt arbeiteten Soldaten, die wegen einer Verwundung nicht mehr an der Front eingesetzt werden konnten. Ich war der Jüngste unter ihnen.
Beim Appell am Montagmorgen mußten wir Werkstattleute rechts raustreten, um an unsere Arbeitsstelle zu marschieren. Da schrie der Spieß mich an, was ich junger Hüpfer beim Werkstattkommando wolle, schickte mich aber trotzdem mit den anderen dorthin. Das laute Schreien war nur ein Täuschungsmanöver, damit die älteren Soldaten, die bereits an der Front gewesen waren, wegen mir nicht murrten. So blieb ich ein Jahr in Meiningen. Zwischendurch besuchte ich einen Panzer-Wartlehrgang in Berlin.
Eines Tages erhielten wir den Auftrag, einen Spähwagen-Eisenbahntransport von Frankfurt an der Oder nach Charkow in Südrußland zu begleiten. Mit der Reichsbahn fuhr ich mit vielen Kameraden nach Frankfurt an der Oder. Sechzig bis achtzig Panzerspähwagen luden wir auf einen Güterzug. Jeder Spähwagen hatte vorne und hinten je zwei Achsen mit insgesamt acht Rädern.
Da die Fahrt mitten durch Partisanengebiet ging, schob die Lokomotive zwei mit Sand beladene Güterwagen vor sich her. Dadurch war die Lok vor Minen, die eventuell von Partisanen unter die Gleise gelegt waren, geschützt. Auf jedem Panzerspähwagen befanden sich zwei Mann mit Maschinenpistolen. Der eine Soldat schützte die rechte, der andere die linke Seite. Auf diese Weise brachten wir unsere Fracht gut nach Charkow. Die Rückfahrt geschah in gleicher Form, jedoch hatten wir jetzt schwer beschädigte Fahrzeuge auf die Güterwagen geladen. Als wir nach erfüllter Aufgabe wieder glücklich in Meiningen ankamen, atmeten wir erst einmal tief durch.
Im Frühjahr 1943 kam ich zur Einsatzeinheit der 19. Panzerdivision nach Rouen in Frankreich. Nach neun Monaten Aufenthalt wurde ich alleine mit der Eisenbahn zur 19. Panzerdivision in die Nähe von Charkow in Rußland geschickt. Als ich spät abends mein Ziel erreichte, sagte der Feldwebel zu mir: "Hier auf diesem LKW kannst du schlafen." Am nächsten Morgen wachte ich

auf und sah zwölf tote Soldaten neben mir liegen. Zuerst erschrak ich. Der nächste Gedanke: "Hoffentlich erwischt es dich nicht." Aber dann war der Blick nach vorn gerichtet. Es hat im Krieg keinen Sinn, sich über das, was geschehenen war, aufzuhalten. Das Gegenwärtige erforderte die volle Konzentration.
Bei Tage arbeitete ich in der Panzerreparaturwerkstatt. Diese befand sich immer 30 bis 40 Kilometer hinter der Front. In den Nächten, gegen Mitternacht, fuhr ich mit unserem Spieß, ich als Fahrer, das Essen an die Front. Oft wurden wir von Russen mit Leuchtspurmunition beschossen. Dann mußten wir Deckung im Straßengraben suchen. In der Werkstatt hatten wir eine schwere Zugmaschine. Damit schleppten wir nachts defekte Panzer ab und brachten gefallene Soldaten von der Front zurück.
Auf unserem Rückzug kamen wir nach Warschau. Unser Kompaniechef stand im Panzerturm und schaute mit seinem Fernglas in die Runde. Plötzlich ein Schuß, und unser Kompaniechef fiel tot um. Ein Heckenschütze hatte ihn am Kopf getroffen.
Unser Kompaniechef im Rang eines Leutnants kam aus dem Mannschaftsstand. Durch seine Tapferkeit und Kriegserfahrung war er Offizier geworden. Zwölf Panzerabzeichen trug er an den beiden Rockärmeln, das heißt, er hatte zwölf feindliche Panzer im Nahkampf geknackt.
Unser Rückmarsch ging über Krakau zum Altvatergebirge. Auf den Straßen fuhren rechts die Panjefuhrwerke und links die Motorfahrzeuge.
Wir befanden uns im Altvatergebirge. Ich saß auf dem rechten vorderen Kotflügel unseres Werkstattwagens. Da versagten an unserem Wagen die Bremsen, und wir fuhren gegen ein Panjefahrzeug. Mein rechter Knöchel geriet dazwischen, wurde gequetscht und schwoll sofort dick an. Unser Fahrzeug hatte den Aufprall gut überstanden, und wir konnten weiterfahren.
Wir befanden uns 20 Kilometer westlich von Deutsch Brod. Der Russe hatte uns überholt und eingekreist. Es war mitten in der Nacht. Die Kameraden hauten ab, und ich konnte wegen meines Knöchels nicht mit. Vorher hatten wohl alle gesagt, sie würden mich nicht im Stich lassen, aber das war jetzt Vergangenheit. Ich hatte furchtbare Schmerzen an meinem Fuß. An unserem Werkstattwagen hatten wir einen PKW Opel Kadett angehängt, um damit bei passender Gelegenheit nach Deutschland zu flüchten. Ich krabbelte zu dem PKW, koppelte ihn ab, setzte mich hinein, fuhr los und war plötzlich zwischen vielen russischen

Fahrzeugen. Unbemerkt fuhr ich in der Kolonne bis zum Markplatz von Deutsch Brod. Hier standen russische Soldaten und leiteten die Fahrzeuge zu ihren Standplätzen. Auf einmal merkten sie, daß ich ein deutscher Soldat war. Sie zerrten mich aus dem PKW, nahmen mir einschließlich Uhr und Papiere alles ab und ließen mir nur die Kleidung, die ich am Körper trug. Dann mußte ich auf einen russischen LKW klettern, auf dem sich schon einige deutsche Gefangene befanden. Der LKW fuhr aus Deutsch Brod heraus in Richtung eines Waldes, den man in der Ferne erkennen konnte. Neben dem Wald standen einige Gehöfte. Ich dachte: "Was werden die Russen mit uns wenigen Deutschen da draußen machen?" Da stellte ich fest, daß der LKW über eine von Hecken umsäumte schlechte Wegstrecke fahren mußte. Das Fahrzeug verringerte die Geschwindigkeit. In einer Kurve sprang ich ab und verkroch mich hinter einer Hecke. Der LKW fuhr weiter. Gott sei Dank: Mein Abspringen wurde von den Russen nicht bemerkt. Als ich weiterhumpelte, sah ich in einiger Entfernung einen Flugplatz mit vielen deutschen Soldaten. Ich dachte, wo viele Gefangene sind, da kannst du auch sein. So gut ich laufen konnte, ging ich dorthin und war erneut in Gefangenschaft.
Es war der deutsche Militärflughafen von Deutsch Brod. Hier befanden sich viele tausend Gefangene. Das Wasser war sehr knapp. Wie beim Vieh drückten sich die Gefangenen gegenseitig von den Wasserabgabestellen weg.
Nach drei Tagen wurden wir in Richtung Brünn in Marsch gesetzt. Meinem Fuß ging es wesentlich besser. Zu dritt, ein Stabsgefreiter aus Hannover, ein Oberschlesier und ich, beschlossen wir, bei passender Gelegenheit zu flüchten. Den Stabsgefreiten kannte ich schon länger. Er sagte: "Nach der Flucht marschieren wir nachts in Richtung österreichische Grenze. Ich kenne mich am Sternenhimmel aus und habe außerdem eine Landkarte im Strumpf versteckt."
Am zweiten Tag unseres Marsches befanden wir uns in einem Waldstück. Wir marschierten in ganzer Straßenbreite, zwölf Reihen nebeneinander. Russische Soldaten zu Pferd bewachten uns. Wir drei gingen in der rechten Reihe etwa in Kolonnenmitte. Als der vordere Reiter sich in größerer Entfernung von uns befand und bald wenden würde - der hintere Reiter war noch nicht in Sicht - rannten wir blitzschnell in den Wald. Wir liefen so schnell wir konnten und so lange uns der Atem reichte. Völlig ausgepumpt stürzten wir zu Boden und horchten Richtung Straße. Nichts zu hören. Also: Nach fünf Tagen russischer

Gefangenschaft war der Anfang der Flucht geschafft.
In den Nächten marschierten wir in Richtung Znaim in Österreich. Das war der kürzeste Weg zur österreichischen Grenze. Mittlerweile machte uns der Hunger sehr zu schaffen. Mit dem Durst hatten wir keine Probleme. Wir tranken Wasser, wo wir es gerade fanden. Trotzdem bekam keiner von uns Durchfall.
An einem Morgen sahen wir am Waldrand ein einzelnes Haus. Da wir großen Hunger hatten, gingen wir hinein. Die Leute, es waren Tschechen, waren sehr freundlich, und in aller Gemütsruhe brachten sie viel Essen auf den Tisch. Da merkten wir, daß wir wahrscheinlich hingehalten werden sollten, bis die Polizei eintreffen würde. Ganz schnell stopften wir uns Brot und Speck in die Taschen, sprangen aus dem Haus, verschwanden im Wald und rannten und rannten, bis wir vor Erschöpfung liegen blieben.
Wir durften uns am Tag von den Tschechen nicht sehen lassen, denn alle Männer, von klein bis groß, trugen deutsche Waffen. Diese hatten unsere Soldaten vorher weggeworfen.
Unsere Nahrung bestand hauptsächlich aus Kartoffeln. Aus den Kartoffelfeldern gruben wir die im Frühjahr gepflanzten Saatkartoffeln aus. Im Wald zündeten wir ein Feuer an und legten die Kartoffeln zum Braten hinein. Damit das Feuer nicht auffiel, verteilte einer von uns den Rauch durch das Schwingen mit seiner Jacke. Außer Kartoffeln aßen wir rohe, grüne Zwiebelschlotten von den Zwiebeläckern.
Nach fünf Nächten befanden wir uns im Morgengrauen auf der tschechischen Seite des Grenzflusses Thaya. Über den Fluß führte eine Holzbrücke. Vor der Brücke stand ein Wachhäuschen. Meine beiden Kameraden wollten den Fluß durchschwimmen, jedoch war dies für mich als Nichtschwimmer kein Thema. Um das Wachhäuschen herum blieb alles ruhig. War es vielleicht nicht besetzt? Ich übernahm die Aufgabe, dies auszukundschaften. Aus einer entsprechenden Entferung warf ich einen Stein in die Nähe des Häuschens. Es tat sich nichts. Die nächsten Steine warf ich immer näher, bis der letzte auf dem Dach landete. Da sich nichts bewegte, wußten wir, hier ist niemand. In Windeseile liefen wir über die Brücke und schnurstracks in die großen Weinfelder auf österreichischem Gebiet. Wo wir hinschauten, nur Rebstöcke. Bei unserem Marsch durch diese Felder sahen wir ganz versteckt einen Geräteschuppen. In diesen gingen wir hinein. Wir waren totmüde. Zwei sollten schlafen, einer sollte

Wache halten. Allerdings schliefen wir alle drei sofort ein. Durch ein Geräusch wurden wir wach, und ein großer Mann stand vor der Tür. Welch ein Schrecken! Er sagte: "Habt keine Angst, ich tu euch nichts." Seine Tochter, 16 Jahre alt, war in seiner Begleitung. Er sagte: "Bleibt hier, damit euch die Russen nicht sehen." Ostösterreich war von russischem Militär besetzt. Der Mann ging mit seiner Tochter nach Hause und holte Geselchtes, Brot und eine große Kanne Milch. Da wir großen Hunger hatten, aßen und tranken wir sehr schnell. Das konnte nicht gut gehen. Nach einer halben Stunde litten wir drei an Durchfall. Am Nachmittag, es war der Pfingstsonntag 1945, brachte uns dieser hilfsbereite Mann Weißbrot und Wein. Seine Tochter hatte er bei uns gelassen. Wegen der Tochter war er am Vormittag auch in die Weinberge gegangen, damit diese nicht von den Russen vergewaltigt werden konnte. Am Abend bei Dunkelheit nahm uns unser Helfer mit nach Hause. Neben seinem Haus befand sich ein Bauernhof. Die Bäuerin war sehr hilfsbereit. Ihr Mann war auch bei der deutschen Wehrmacht gewesen und noch nicht heimgekehrt. Sie gab uns Zivilkleidung. An meinem Uniformrock hatte ich vom Kragen schon vorher die Spiegel abgerissen, da hierauf ein Totenkopf, das Zeichen meiner Division, gewesen war. Die Bäuerin versteckte uns im Stroh der Scheune. Mit Holzstangen fertigten wir einen Hohlraum. Darüber und seitlich legten wir sehr viel Stroh. Das war notwendig, da bekannt war, daß die Russen mit Lanzen ins Stroh stießen, um deutsche Soldaten aufzufinden. Nach zwei Übernachtungen marschierten am Pfingstdienstag der Stabsgefreite aus Hannover und ich weiter. Unser Oberschlesier blieb auf dem Bauernhof. Er sagte: "Was soll ich im Reich? Da wartet niemand auf mich."

Wir beide liefen über die Felder, meist an Hecken entlang, von Wald zu Wald. In den Waldungen haben wir auch übernachtet. Die Österreicher halfen uns sehr. Sie gaben uns zu essen und zeigten uns den Weg. An einem Tag waren wir immerzu durch den Wald gelaufen und hatten gegen Abend noch nichts gegessen. Als wir am Waldrand ankamen, sahen wir vor uns eine Wiese, dahinter einen Bauernhof und daran anschließend wieder Wald. Mein Kamerad sagte: "Bleib du hier liegen. Ich gehe rüber und hole uns was zu essen." Das Essenholen vollzogen wir beide im Wechsel. Diesmal war er an der Reihe. Als er gerade drüben im Haus verschwinden wollte, kamen zwei russische Reiter auf meiner Seite am Rande des Waldes entlanggeritten und bemerkten im letzten Augenblick meinen Kameraden. Sie galoppierten über die Wiese, machten einen Riesensatz über den Gartenzaun und waren im nächsten Moment ebenfalls im Haus verschwunden. Ich hörte sehr laute Worte und sah gleich darauf meinen Kameraden hinter dem Haus in den Wald laufen. Kurze Zeit später ritten die Russen in dieselbe Richtung. Dann war Stille. Ich rannte in den Wald, und zwar in die Richtung, aus der ich gerade gekommen war und verkroch mich im Gebüsch.

Jetzt war ich allein. Ich beschloß, auf öffentlichen Straßen zu gehen, egal wie es auch ausgehen mochte. Die Österreicher gaben mir folgenden Rat: "Nimm einen Stock und hinke. Gib immer den nächsten Ort als deinen Heimatort an und verwickle die Russen in ein Gespräch." So habe ich es gemacht, jedoch war dies leichter gesagt als getan. Wenn Russen auftauchten, rief ich sofort: "Machorka!" Ihren Machorka, den Tabak, hatten sie lose in der Rocktasche. Bereitwillig gaben sie mir Zeitungsseiten als Zigarettenpapier und Machorka. Dann versuchte ich, so gut ich dies als Nichtraucher konnte, eine Zigarette zu drehen. Wenn ich meine Zigarette, die mehr einer Zigarre ähnlich sah, fertig hatte, sagte ich: "Spizki." Das hieß Streichholz. Wenn mein Drehobjekt qualmte, sagten die Russen: "Pachecheli." Damit meinten sie: "Du kannst gehen." Außer Sichtweite warf ich das stinkende Machorkading in den Straßengraben und atmete erst mal tief durch. So kam ich in die Nähe der deutschen Grenze. Jetzt mußte ich die Kontrollstellen der Russen passieren. Die erste Kontrolle schaffte ich auf bewährte Weise. Dann übernachtete ich in einem Dorf. Am nächsten Tag wieder Kontrolle und dasselbe noch einmal. Jedes Mal durfte ich auf die bekannte Art meinen Weitermarsch antreten. Jetzt kam ich in Grenznähe. Die Grenze verlief auf einem Höhenzug. Dort sah ich amerikanische Soldaten. Zwölf Amis fuhren abwechselnd aus Jux und Tollerei mit einem deutschen NSU-Motorrad an der Grenze immer auf und ab. Ich ging über die Grenze, wurde sofort von den Amis festgenommen und abgeführt. Ein Offizier, der gut deutsch sprach, verhörte mich drei Stunden lang. Ich erzählte ihm in allen Einzelheiten, wie ich den Krieg erlebt hatte und bei welcher Einheit ich gewesen war. Er fragte: "Wieviel Menschen hast du totgeschossen?" Da sagte ich: "Ich habe niemand totgeschossen und überhaupt nie einen Schuß abgegeben, da ich in der Panzerwerkstatt hinter der Front beschäftigt war." Der Offizier akzeptierte diese Aussage. Er schickte mich zur nächsten Kommandantur. Dort

erhielt ich eine Bescheinigung, daß ich nach Hause reisen durfte, mich jedoch dort wegen Entlassungspapieren melden müßte.
Ich marschierte los. Nachts schlief ich fast regelmäßig in einer Scheune oder einem Stall. Manchmal nahmen mich Amis auf einem ihrer Fahrzeuge für einige Kilometer mit. Sie waren freundlich zu mir. So kam ich durch den Bayerischen Wald bis nach Karlstadt am Main. Es war an einem Sonntag, und ich hatte großen Hunger. Da ging ich kurzerhand in ein Krankenhaus in Karlstadt und sagte als Vorwand, ich hätte Läuse. Mir wurde geglaubt und geholfen. Am nächsten Morgen sieben Uhr wurde ich entlassen. Ich ging zum Ortsausgang von Karlstadt. Dort standen Amis und kontrollierten die Papiere. Sie sagten zu mir: "Papier nix gut." Sie brachten mich in ein Gefängnis in Karlstadt und an demselben Tag in ein großes Gefangenenlager nach Ochsenfurt am Main. Dieses Lager lag im Freien, direkt am Mainufer.
Noch an diesem Tag suchten die Amis per Lautsprecher einen Autoschlosser. Sofort meldete ich mich. Ich mußte an einem Jeep die Reifen wechseln. Am nächsten Tag wurde wieder ein Autoschlosser gesucht. Ich meldete mich und wurde wieder genommen. Dieses Mal hatte ich zwei Jeeps zu waschen. Am nächsten Morgen - es war der Mittwoch - gab der Lautsprecher bekannt, ich möchte zur Schreibstube kommen. Dort flüsterte mir ein Gefangener ins Ohr: "Wirst entlassen." Ich mußte noch einmal meine Kriegs- und Fluchterlebnisse erzählen. Dann erhielt ich meine Entlassungspapiere.
Ich ging zum Bahnhof in Ochsenfurt. Hier verbrachte ich die Nacht. Am nächsten Morgen fuhr ich im Bremserhäuschen am letzten Wagen eines Güterzuges mit nach Hanau. Von Hanau konnte ich sofort wieder im Bremserhäuschen bis Salmünster fahren. Für diesen Zug war hier Endstation. Ich fragte einen Lokführer, wie ich nach Schlüchtern kommen könnte. Er sagte: "Komm zu mir auf die Lok. Ich fahre über Schlüchtern nach Fulda." Der Lokführer war ein prima Mann. Vor dem Distelrasentunnel, vier Kilometer von meinem Heimatort entfernt, nahm er Dampf von der Lokomotive. Der Zug fuhr ganz langsam. Ich sprang von der Lokomotive ab, lief durch den Wald des Landrückens, weiter über das Hirzfeld, und sah im Tal meinen Heimatort liegen. Diesen Tag meiner Heimkehr, Donnerstag, den 15. Juni 1945, werde ich nicht vergessen. Heute wie damals stelle ich fest, daß ich im Krieg, während der Gefangenschaft und auf der Fluch sehr großes Glück hatte.

Flucht aus Frankreich

Erzählt von Heinrich Staaf, Wallroth

Heinrich Staaf vor dem Theater in Pompeji

Am 23. Juni 1911 wurde ich im Bauernhof *Jostalte* in Wallroth geboren. Die landwirtschaftliche Nutzfläche des elterlichen Betriebes betrug 23 Hektar. Ich hatte noch drei jüngere Brüder. In den Jahren 1929-30 und 1933-34 besuchte ich die Wintersemester in der Landwirtschaftlichen Schule in Schlüchtern und war dann in der elterlichen Landwirtschaft tätig.

Am 1. Dezember 1941 erfolgte meine Einberufung zur Marineartillerie nach Assen in Holland. Die achtwöchentliche Ausbildung erfolgte bei der 3. Kompanie der 6. Artillerieabteilung. Im Dienst trugen wir eine graue Uniform. Die Ausgehuniform hatte eine blaue Farbe. Die Arbeitsanzüge waren aus weißem Drillzeug, einem schweren Leinen, das Päckchen genannt wurde, hergestellt. Nach der Ausbildung wurde ich zu einer Feldeinheit in Holland versetzt.

An die Zeit in Assen habe ich eine besondere Erinnerung. An einem Tag erhielten wir zum Mittagessen eine Portion Kartoffelsalat. Da in der Küche sehr viel Salat übrig blieb, gab es den Rest zum Abendessen. Als ich abends etwas später zum Essenfassen erschien, war der Salat verteilt, und ich holte mir meine Brotration ab. Am Abend klagten plötzlich die Stubenkameraden über Leibschmerzen. Sie rannten zur Toilette. Bei einem solchem Andrang war nicht genügend Platz da. Was blieb anders übrig, als den Kasernenflur zu benutzen. Das war ein Anblick!

Des Rätsels Lösung: Den Kartoffelsalat hatte man morgens in Zinkwannen zubereitet. Beim Mittagessen gab es noch keine Probleme, jedoch die abendli-

chen Esser waren schlecht dran. Es hieß, es sei eine Zinkvergiftung gewesen. Jedenfalls haben wir nach dieser Aktion mit sehr viel Wasser unsere Kaserne wieder in Ordnung gebracht, und ich war froh, daß mich meine Verspätung vor dem "Kartoffelsalatglück" verschont hatte.
Im Juli 1942 kam unsere Einheit nach Wilhelmshaven und sollte per Schiff nach Nordafrika gelangen, um dort am Krieg teilzunehmen. Doch, wie so oft im Krieg, es kam ganz anders. Mit drei Kommandos zu je 25 Mann fuhren wir mit der Eisenbahn über den Brenner nach Neapel. Von hier aus machten wir einen Abstecher auf die Insel Capri. Die Blaue Grotte habe ich noch heute in bester Erinnerung. Mit einem Boot fuhren wir in die Grotte hinein. Die Einfahrt war so niedrig, daß wir uns im Boot hinlegen mußten. Die Grotte ist innen, wahrscheinlich durch die Spiegelung des Meeres, ganz blau. Ein unvergeßlicher Anblick.
Von Neapel ging unsere Fahrt weiter nach Süden und endete in Lecce, am unteren Ende des Landkartenstiefels. Die Planung sah so aus, daß wir bei einem Sieg unserer Truppen in Afrika als Erfassungskommando die Beute in Ägypten, und zwar in Alexandria und Port Said, sicherstellen sollten. In Lecce blieben wir vier Wochen. Von dort aus besuchten wir den Vesuv. In einen der beiden Krater, er hatte die Größe einer Wohnstube, warfen wir dicke Steine. Da zischte und rauchte es, daß wir vor Schrecken schnell reißaus nahmen.
Wir besichtigten auch die beiden Römerstädte Pompeji und Herkulaneum. Beide waren im Jahre 79 n. Chr. durch Lavamassen verschüttet und später freigelegt worden. Zu unserem Erstaunen konnten wir feststellen, wieviel gute Dinge die Römer damals gebaut hatten. Die Straßen besaßen ein Steinplattenpflaster. An den Straßenseiten, ungefähr 30 Zentimeter hoch, befanden sich die Gehsteige. Entlang dieser Gehsteige verlief eine aus 30 Zentimeter starken Bleirohr hergestellte Wasserleitung. In Abständen in jeweils 200 Meter war eine Zapfstelle zu sehen. Entlang der Hauptstraße standen Steintheken. Daneben sah man Töpfe für Wein, Essig und Öl. Diese benutzten die Geschäftsleute zum Verkauf ihrer Waren.
Da der erhoffte Sieg in Afrika auf sich warten ließ und auch nie zustande kam, kehrten wir nach Holland zurück. Nach zehn Tagen fuhren wir wieder nach Italien. Diesmal endete unsere Reise in Rom. Wir hatten einen Kameraden namens Hannes Tag. Er war von Beruf Rechtsanwalt und ein Hans Dampf in

allen Gassen. So organisierte er eine Besichtigung des Vatikans und eine Audienz beim Papst.
Unter anderem besuchten wir das Vatikanische Museum und die Katakomben. Von den Katakomben war ich besonders beeindruckt. Die ersten Christen haben hier ihre Toten beerdigt. Endlos lange Gänge, 1,50 Meter breit, verlaufen unter der Erde. Die Begräbnisstätten, an den Gängen liegend, sind zugemauert. Ein Geistlicher führte uns. Jeder erhielt vor dem Eingang eine brennende Kerze. Bei Kerzenlicht besichtigten wir die Katakomben und verließen sie, kurz bevor unsere Kerzen abgebrannt waren.
Unser Besuch bei Papst Pius dem XII. verlief folgendermaßen:
Wir waren zwölf Soldaten. Der Papst fragte mich, wo ich herkäme. Ich sagte: "Aus der Nähe von Fulda." Da sagte er: "So, Fulda, die alte Bonifatiusstadt." Der Papst sprach gut deutsch, denn er war vorher Päpstlicher Nuntius in Berlin gewesen. Zum Abschied erhielten wir ein Geschenk. Wir konnten zwischen einem Rosenkranz und einem Bild des Papstes wählen. Elf Kameraden waren katholisch und wünschten sich einen Rosenkranz. Ich als einziger evangelischer Christ ließ mir ein Bild geben. Draußen sagte ein Kamerad zu mir: "Hättest Du auch einen Rosenkranz genommen, so hätte ich einen für meine Schwiegermutter gehabt, jetzt habe ich nur einen für meine Frau." Da sagte ein anderer Soldat: "Du kannst meinen haben. Gibst mir zwei Mark und die Sache ist gelaufen." Gesagt, getan und beide waren zufrieden.
In Rom blieben wir vier Wochen. Dort besuchten wir bei Osia den Mittelmeerstrand.
Dann fuhren wir nach Holland zurück und warteten auf weitere Einsätze. Während der Hollandzeit halte ich eine Angelegenheit für erwähnenswert. Der Soldat Ebenbauer hatte einen Maat nach einem Trinkgelage geschlagen. Ich muß einfügen, daß der Maat bei uns nicht beliebt war. Ebenbauer mußte vor das Kriegsgericht und erhielt zur Strafe eine Frontbewährung in Rußland. Frontbewährung, das hieß wahrscheinlich Minensuchkommando, bei uns "Himmelfahrtskommando" genannt. Später hörte ich, daß Ebenbauer von einer Mine verstümmelt worden war.
Im November 1942 verlegte man uns nach Toulon an der französischen Mittelmeerküste. Toulon war französischer Kriegshafen gewesen. Die französischen Schiffe wurden von ihren eigenen Besatzungen in diesem Hafen versenkt. Diese

Schiffe ragten teilweise noch aus dem Wasser heraus. Als wir dorthin kamen, brannte noch ein Schiff. Wir übernahmen die Hafenwache und außerdem die anfallenden Hafenarbeiten.
In Toulon erlebten der Hafen und die Stadt viele Bombenangriffe. Die Flugzeuge kamen immer um die Mittagszeit. Da wir in Betonbunkern untergebracht waren, machte uns das wenig aus. Jedoch hatte die französische Zivilbevölkerung sehr unter diesen Angriffen zu leiden.
Anschließend mußten wir nach Bordeaux an der Atlantikküste, um dieselben Aufgaben wie in Toulon zu erfüllen. In Bordeaux haben wir an einem Stierkampf teilgenommen. Fünf bis sechs Stiere wurden in die Arena geführt und von einem Torrero "abgemurkst". Nach dem dritten Stier verließ ich angewidert die Arena. Kameraden von mir hatten schon nach dem ersten Stier den Platz verlassen, und nur wenige blieben bis zum Schluß.
Nach drei Monaten Aufenthalt in Bordeaux kehrten wir nach Toulon zurück. Nach der Kapitulation durch Italien im Jahre 1943 mußten wir hier die italienischen Soldaten entwaffnen. Dies geschah problemlos.
Von unserem Spieß wurde ich zur Poststelle der Wehrmacht abkommandiert. Ich hatte noch nie im Büro gearbeitet und habe trotzdem diese Aufgabe zufriedenstellend ausgeführt. Wichtig war es, bei den geheimen Kommandosachen mit der größten Vorsicht umzugehen. Diese durften nur von einem Unteroffizier abgeholt und von einem Feldwebel geöffnet werden.
Vier Monate versah ich diesen Dienst, als wir dann vor dem anrückenden Feind am 20. August 1944 mit unserer Poststelle in das Fort Malbusque fliehen mußten. Dieses Fort wurde von der 6. Französischen Armee, die aus Marokkaner bestand, vor allen Dingen mit Granatwerfern angegriffen. Wir hatten viele Verwundete. Am 24. August 1944 hißten wir die weiße Flagge und an demselben Tage verhandelte unser Fortkommandeur, ein Kapitän zur See (Rang eines Oberst bei der Wehrmacht), mit einem Parlamentär. Dies war ein französischer Offizier. Es wurde vereinbart, daß unsere Gefangennahme durch französische Soldaten und nicht durch Zivilisten erfolgen sollte und keine Mißhandlungen sein durften.
Am 25. August 1944 mußten wir unsere Waffen abliefern und wurden anschließend von marokkanischen Soldaten abgeführt. Wir marschierten los und kamen nach ungefähr 30 Kilometer zu einem Dorf. Plötzlich schrien die

Marokkaner laut und trieben uns an. Im Laufschritt ging es durch das Dorf. Im Dorf schlugen uns die Zivilisten und bewarfen uns mit Steinen. Hinter dem Dorf durften wir wieder normal marschieren. So passierten wir mehrere Dörfer und immer wiederholte sich dieses Spiel. Wir waren den Marokkanern dankbar, denn durch den Laufschritt blieb uns manches erspart. Überhaupt waren auch späterhin die meisten Marokkaner gut zu uns. Am besten hatten wir es bei den Vietnamesen, denn sie taten uns wirklich gar nichts.
Wir marschierten nach Lavalette. Das Lager für etwa 2.000 Gefangene befand sich auf einem Acker. Die ersten drei bis vier Tage gab es kein Essen. Dann erhielten wir täglich um 12 Uhr je Mann vier bis fünf amerikanische Biskuits und obendrauf drei bis vier Zigaretten oder einen Bonbon. Dazu für drei bis vier Mann eine Dose Wurst mit ungefähr einem viertel Liter Inhalt.
Nach 14 Tagen wurden wir in eine Kaserne in der Nähe von Toulon verlegt. Alle Fenster waren kaputt. Wir lagen im 3. Stock. Eines Nachts kamen Soldaten, es waren Franzosen und Marokkaner, und nahmen uns viele Sachen ab. Uhren und Schmuck waren das erste. Dann alle Rasierapparate aus Metall. Die aus Kunststoff wollten sie nicht haben. Vor allen Dingen suchten sie Unterwäsche. Diese brauchten sie für die Marokkaner, denn es wurde Winter und die Marokkaner froren. So nahmen sie alle Unterwäsche, außer was man am Leib trug, mit. Eines Tages kamen acht neue Gefangene. Sie waren von französischen Freischärlern gefangen genommen worden. Barfuß kamen sie an und trugen am Körper nur ein Hemd und eine Hose, alles andere hatte man ihnen abgenommen. Mit Gewehrkolben wurden sie traktiert und landeten anschließend bei uns in der Kaserne. Bei der Wachmanschaft war entscheidend, mit wem man es zu tun hatte. Die einen sagten: "Laßt die Gefangenen in Ruhe, das sind ja auch arme Menschen." Die anderen meinten.: "Was die uns angetan haben, da darf es keine Gnade geben."
Es war im Oktober 1944. Einige Gefangene hatten sich zusammengetan und brachten eine Theateraufführung in unser Kasernenlager. Wir saßen als Zuschauer an den Tischen, da sagte ein deutschere Arzt - übrigens ein guter Kauz: "Neun Gefangene sind schon an Entkräftung gestorben." "Verhungert", rief ein Gefangener dazwischen. "Die Franzosen nennen es Entkräftung", war der Kommentar des Arztes. Zu dieser Zeit und auch später war es so: Wer nicht über eine gute Gesundheit verfügte, der überlebte nicht.

Wir mußten vom Lager aus täglich entweder bei Bauern oder im Wald arbeiten. Ich gehörte zu den Waldarbeitern. Alle erhielten im Lager eine einheitliche Verpflegung. Zusätzlich gab es pro Mann und Woche zwei Liter Rotwein. Dies geschah bis Weihnachten 1944. Ab Weihnachten waren es noch anderthalb Liter Rotwein, ab Januar 1945 ein Liter und ab Februar null Liter. Die Franzosen sagten, die Amis haben allen Wein getrunken.
Ein Kamerad war magenkrank gewesen und verstorben. Hinter einer Hecke schaufelten wir ein Grab. Er wurde von einem französischen katholischen Priester beerdigt. Ein Vaterunser, etwas Weihrauch und da war auch schon die Beerdigung zu Ende. Auf unsere Frage, warum der Verstorbene nicht auf einem französischem Friedhof beigesetzt würde, erhielten wir von den Dorfbewohnern die Auskunft, die Deutschen seien nicht würdig, auf einem französischem Friedhof beerdigt zu werden.
Nach einem Jahr hatten wir Gelegenheit, nach dem Grab zu schauen. Das Grab war leer. Man hatte unseren Kameraden auf einen Soldatenfriedhof in der Nähe von Aix umgebettet.
Nach dem Kasernenlager kamen wir auf einen ehemaligen, kleinen Flughafen. Hier brachte man uns in der Flughafenhalle unter. Wir schliefen auf dem blanken Betonfußboden. Von draußen brachten wir uns Schilf mit und richteten uns damit eine etwas bessere Ruhestätte her. Nachts gab es jedoch nur Ruhe, wenn uns die Läuse nicht belästigten. Diesen Gefallen taten sie uns allerdings nicht. Außer den Läusen war es der Hunger, der uns nicht schlafen ließ.
Wenn mich nachts der Hunger quälte, dann zündete ich mir eine Zigarette an, machte drei bis vier Züge und das Hungergefühl ließ nach, bis es etwas später wieder soweit war. Nach einiger Zeit sagten die Kameraden zu mir: "Du hast Wasser im Gesicht, vor allen Dingen unter den Augen, laß das Rauchen sein." Da habe ich kurz entschlossen mit dem Rauchen aufgehört.
Acht Tage war unsere Suppe ohne Salz. Ein Kilometer von unserem Lager entfernt befand sich eine Salzaufbereitungsanlage, die mit Mittelmeerwasser gespeist wurde. Uns wurde gesagt, für den Salztransport stände kein LKW zur Verfügung. Gern hätten wir das Salz von der Anlage zu unserem Lager getragen. Das wir das nicht durften, empfanden wir das salzlose Essen als eine unnötige Schikane.

Ein Gefangener hatte bei einem anderen Gefangenen eine Unterhose gegen zwei Rationen Brot getauscht. Gleich darauf fand eine Durchsuchung, so etwas lief öfters, von den Franzosen statt. Dem einen wurde die Unterhose weggenommen, der andere sollte eingesperrt werden, da wegen zwei Brotrationen Fluchtgefahr bestand. Er hatte Glück, daß ihm geglaubt wurde und er ohne Strafe davonkam. Fazit: Unterhose gleich anziehen, Brot sofort essen, dann gibt es keine Probleme.
Es war Abend. Ich lag auf meinem Schilf und hatte großen Hunger. An diesem Tag war ich nicht für das Arbeitskommando eingeteilt gewesen und hatte auch nichts zu essen erhalten. Da kam jemand in meine Nähe und rief: "Staaf!" Ich rappelte mich hoch uns sah Georg Dworschak, einen Ungar-Deutschen. "Ich hab' Dir etwas mitgebracht", und reichte mir einen kleinen Maiskolben. Ich wollte mich bedanken. Er hatte aber nur abgewunken: "Das brauchst Du nicht." Ich kaute die Körner vom halben Maiskolben. Dann betete ich ein Vaterunser und legte mich hin. Den Kolben wollte ich aufheben, aber dann nahm ich immerzu von dem Mais aus meiner Tasche, denn der Hunger war unvermindert groß. Ich setzte mich hoch, kaute den Maiskolben und konnte mich beruhigt hinlegen, denn an Mais brauchte ich jetzt nicht mehr zu denken. Ja, dieser Georg Dworschak, das war ein prima Kerl, ein echter Kamerad.
Im Oktober 1944 brachte man uns in ein verlassenes Gehöft in der Nähe von Aix. Wir wurden als Holzfäller eingesetzt. Täglich wurden wir auf einem LKW mit Holzvergaser zum Wald gebracht. Wenn der Vergaser nicht gut funktionierte, mußten wir neben dem LKW herlaufen. An der Arbeitsstelle war es unsere Aufgabe, im Kahlschlag 20- bis 25jährige Eichen zu fällen. Das Holz schnitten wir mit unseren Handwerkszeugen auf einen Meter Länge. Täglich hatten wir je Mann anderthalb Raummeter Brennholz herzurichten.
Das Essen war mehr als schlecht. Mittags und abends erhielten wir eine ganz, ganz dünne Suppe mit nur wenigen Kartoffelscheibchen. Abends wurden je Mann 350 Gramm Weißbrot verteilt. Am Anfang erhielten wir je Woche zwei Päckchen Zigaretten oder ein Päckchen Tabak. Den ganzen Winter 1944/45 gab es dann nichts mehr. Als wir im Frühjahr 1945 ein Zimmer der Wachmannschaft umräumen mußten, fiel plötzlich ein Schubkasten, prall gefüllt mit Zigaretten und Tabak zu Boden. Da wußten wir, wo unsere Rauchwaren geblieben waren.

Es war Weihnachten 1944. Ein Gefangener hatte eine kleine, schiefe Tanne vom Wald mitgebracht. Einige sagten: "Was soll das?" Jedenfalls schnitten wir aus alten Blechdosen kleine Sterne aus und stellten das Bäumchen auf. Kerzen hatten wir keine. An Heiligabend sangen einige "Stille Nacht", die meisten jedoch wollten nichts hören, waren still und mit ihren Gedanken zu Hause. Die Stimmung war traurig und das Schlimmste war: Wir alle hatten sehr großen Hunger.

Manche Gefangene brachten es fertig, einen Hund anzulocken, unbemerkt mit ins Lager zu nehmen und nachts zu schlachten. Ihnen war für einige Tage geholfen.

Ein Kilometer von unserem Gehöft lag ein Karottenacker. Nachts schlichen wir uns dahin und holten uns Karotten. Diese waren so dick wie eine Bierflasche. In der Nähe lag ein abgeernteter Kartoffelacker. Dort suchten wir nach Kartoffeln, fanden jedoch nur sehr wenige.

Auf unserer Fahrt zur Arbeitsstelle mußten wir durch drei Orte. In einem Ort, er hieß Paxrolles, wurden wir mit Knüppeln geschlagen und mit Steinen beworfen. Uns wurde erzählt, daß die SS im Krieg hier einiges angerichtet hatte, was nicht gut gewesen war.

Wir hatten als Soldaten bei der Hafenwache ein gutes Verhältnis zu der Bevölkerung gehabt, jedoch wurde das französische Volk nach Abzug der deutschen Wehrmacht aufgehetzt.

So ist das nun mal mit den Menschenmassen überall auf der Welt. Da schreien sie "Hossiana" und kurze Zeit später "Kreuziget ihn". Meine Feststellung: Der Landser ist nur Werkzeug und, ob Krieg oder Gefangenschaft, immer der Dumme!

Als im Mai 1945 die französischen Gefangenen aus Deutschland heimkehrten und erzählten, daß es ihnen in Deutschland nicht schlecht ergangen sei, wurden die Zivilisten wesentlich freundlicher zu uns.

Am Ende des Winters 1944/45 wurden wir auf ein anderes Gehöft verlegt. Die Arbeit blieb dieselbe, jedoch lag der Wald direkt neben dem Gehöft.

Am Palmsonntag 1945 hatten wir ein recht mageres Schaf gestohlen, geschlachtet und im Schafstall hinter die Tür gelegt. Draußen schneite es ein wenig, deshalb trieb der Schäfer seine Schafe in den Stall und fand das Schaf. Er wollte den Diebstahl der Polizei melden. Wir verhandelten mit ihm und wurden uns

einig. Wir waren sieben Mann. Jeder von uns mußte 150 Francs an den Schäfer zahlen. Heimlich verkauften wir Holz an einen italienischen Köhler. Für den Raummeter erhielten wir 50 Francs. Damit bezahlten wir das Schaf. Vor dieser Aktion hatten wir unbemerkt zwei bis drei Schafe geschlachtet und zu Gulasch verarbeitet. Dies hatte unserem Magen gut getan.
Der für unser Waldkommando zuständige Chef war ein privater Unternehmer. Schon im Februar hatte er angekündigt, daß die Verpflegung besser werden würde. Wir sieben Mann erhielten jetzt jede Woche zusätzlich 25 Kilo Wirsing. Er bestand jedoch nur aus Abfall, den der Chef auf dem Markt nicht verkaufen konnte. Genauso war es mit Salat und Zwiebeln. Als Besserung konnte man dies alles nicht bezeichnen.
Am Karfreitag 1945 gingen wir für unseren Chef auf einen Acker, um für ihn Karotten vom Vorjahr zu ernten. Da es im Winter nicht kalt gewesen war, hatten die Karotten keinen Schaden genommen. Wir sortierten die Karotten und stellten sie in Obstkisten, damit sie frisch blieben und ein ordentliches Gewicht hatten. Dann wurden die Kisten abtransportiert und zum Markt gebracht.
Wir sammelten Brennesseln. So wie ich es von zu Hause kannte, bereitete ich diese als Mahlzeit zu. Ein Ostpreuße, der die Brennesselspeise nicht kannte, sagte: "Ich wußte gar nicht, daß Brennesseln so gut schmecken."
Die Brennesseln wuchsen nur neben unserem Haus. Sonst habe ich nirgends welche gesehen. Einige Tage später weidete der Schäfer mit seinen Schafe die Brennesseln ab. Da war alles aus und vorbei. Jetzt probierte ich dasselbe mit Taubnesseln. Pfui Deibel, schmeckten die scheußlich. Nun waren Brennessel- und Taubnesselspeisen kein Thema mehr.
Jeder von uns hatte nur ein Paar Schuhe und eine Hose. Wenn eine Reparatur notwendig war, konnten wir an diesem Tag nicht zur Arbeit gehen. Das hieß dann schuh- oder hosenkrank.
In den Eichenwäldern suchten wir Eicheln. Diese haben wir geröstet, gegen den Wind gehalten, damit Spreu und Staub wegflogen, geschrotet und mit Weizenschrot gemischt. Dieses Schrot haben wir gekocht und gegessen. Es schmeckte fürchterlich, jedoch füllte es den Magen. Das Weizenschrot kauften wir für 50 Francs je Kilo von einem Franzosenjungen. Wir erhielten 5 Francs Tageslohn. Da kann sich jeder mal ausrechnen, wieviele Tage wir für ein Kilo Weizenschrot arbeiten mußten. Unsere Zähne wurden, obwohl wir sie laufend putzten, von

den Eicheln dunkelbraun gefärbt. Nach vier Wochen brachten wir dieses Eichel-Weizen-Gemisch nicht mehr über die Zunge und gaben die ganze Sache auf.
Als wir im Herbst 1944 zur Waldarbeit kommandiert wurden, wog ich 74 Kilo. Nach neun Monaten betrug mein Gewicht, mit Hemd und Hose, sage und schreibe 52 Kilo.
Im Sommer 1945 übernahm der Juniorchef das Unternehmen. Er sagte: "Wer gut arbeitet, kann auch gut essen." Unsere Norm von anderthalb Raummeter Holz je Tag mußten wir weiterhin erfüllen, jedoch wurde Mehrleistung durch zusätzliche Verpflegung vergütet. Hierbei war für die Zusatzleistung keine Zeit vorgeschrieben. Diese Leistung fand wie folgt ihre Anerkennung: Für einen Raummeter Holz gab es 700 Gramm Brot, für vier Raummeter ein Kilo Rindfleich oder Rindertalg
Ein Gefangener ließ seine Uhr reparieren und mußte hierfür 25 Raummeter Holz herrichten. Innerhalb 14 Tagen hatte er dies, zusätzlich zu seiner Norm, geschafft.
Den Winter 1945/46 verbrachten wir an dieser Arbeitsstelle. Es ging uns wesentlich besser. Wir hatten wohl schwere Arbeit, aber auch satt zu essen. Das hatten wir hauptsächlich den Zusatzarbeiten zu verdanken. Jedoch waren auch die Suppen gegenüber früher recht dick und kräftig. Mittags gab es Bohnen- und abends Nudelsuppe. Die Diebstähle durch uns Gefangene hatten aufgehört, da unser Hunger jetzt gestillt war.
Der Juniorchef war sehr darauf bedacht, gute Arbeiter zu haben. Gefange, die ihm zu wenig arbeiteten, gab er an das Lager zurück. Dort schmierte er die Offiziere und holte sich neue Leute. So war er immer am Sortieren.
Im November 1945 erhielt ich nach 16 Monaten die erste Post von zu Hause. Eine Postkarte durfte mit höchstens 25 Worten beschrieben sein. Als die erste Postkarte bei mir eintraf, war ich sehr glücklich. Vor allen Dingen freute ich mich, daß in unserem Haus und im Dorf soweit alles unversehrt geblieben war. Einige Zeit vorher hatte ein Kamerad aus Bingen am Rhein von seiner Frau Nachricht erhalten. Auf der Postkarte stand zu lesen: Haus und Möbel zerstört, Kinder und ich gesund. Da habe ich gedacht, wie mag es in meinem Heimatdorf Wallroth aussehen?
An Weihnachten 1945 war die Situation ganz anders als im Jahr zuvor. Wir

hatten satt zu essen, und unser Chef brachte uns zusätzlich Gebäck und Wein.
Im Juni/Juli 1946 wurden wir an die Schweizer Grenze verlegt. Wir kamen in ein einzelnes, leerstehendes Haus, das in einer Höhe von 1.200 Meter über dem Meeresspiegel in den Alpen stand. Unten im Haus war die Küche und oben unsere Schlafstätte. Für uns Gefangene begann wieder die Waldarbeit. In einem Fichtenwald mußten wir einen Windbruch aufarbeiten. Das Tagessoll betrug zwei Raummeter Holz. Das Reisig blieb liegen. Wir hatten ausreichend zu essen, und die Bevölkerung war gut zu uns. Überhaupt ist es ein gutes Gefühl, wenn man, wie hier, von Haß nichts zu spüren bekommt.
Zu viert planten wir eine Flucht über die naheliegende Grenze in die Schweiz, um von dort nach Hause zu gelangen. Ich hatte mir eine weiße Marine-Offiziersjacke schwarz eingefärbt. Dazu trug ich meine blaue Marinehose. Wir waren die ersten, die flüchteten. Da wir nur einen Wachposten hatten, war es nicht allzu schwer, das Haus zu verlassen. Am späten Abend des 10. August 1946 war es dann soweit. Vier Leute gemeinsam können nicht fliehen, denn dann fallen sie sehr bald auf. Deshalb verließen wir an diesem Abend zu unterschiedlichen Zeiten, jeweils zu zweit, das Haus. Mein Kamerad hieß Johann Pfeil und stammte aus der Eifel. Johann besaß eine Autokarte. Er trug einen Rucksack und ich eine Aktentasche. Marschverpflegung hatten wir uns angesammelt.
Über Feldwege liefen wir die ganze Nacht. Beim Morgengrauen sahen wir eine Straße, und Johann stellte fest, daß wir nur vier Kilometer von unserem Ausgangspunkt entfernt waren. Wir versteckten uns tagsüber im Wald. Am Abend marschierten wir weiter. Wir waren nicht weit von der Grenze entfernt, jedoch verhindete ein Steilhang die Überschreitung der Grenze. Wir mußten einen Umweg von ungefähr 20 Kilometern machen. Auch hier ging es zur Grenze steil bergan, jedoch zogen wir uns an Büschen und Bäumen den Berg hinauf und waren endlich an der Grenze. Vorsichtig schauten wir uns um und stellten fest, daß kein Grenzposten oder etwas anderes Verdächtiges zu sehen war. Wir gingen weiter und befanden uns in der französischen Schweiz.
Nachts marschierten wir. Verständlicherweise wurden die Ortschaften umgangen. Am Tage versteckten wir uns im Wald. Auf diese Weise erreichten wir die deutsche Schweiz. Es regnete sehr stark. Eine Zeit lang stellten wir uns in einem Hausrohbau unter. Wir marschierten weiter und sahen gegen Morgengrauen

einen einzelnen Bauernhof. Wir beschlossen, daß ich dorthin wegen Hilfe gehen sollte . Der Johann sagte: "Wenn etwas nicht in Ordnung ist, kommst Du sofort zurück." Ich ging zum Hof und verhandelte mit dem Bauern. Er sagte in seinem Schwyzerdeutsch: "Das ist gefaahrlich". Zum Verständnis: Jeder Schweizer, der einen geflüchteten Gefangenen aufnahm und erwischt wurde, mußte 20 Franken Strafe zahlen.
Nach einer längeren Diskussion sagte der Bauer, wir könnten den Tag über auf dem Boden seines Schuppen bleiben, sollten uns aber wegen der Dienstboten keinesfalls blicken lassen. Ich holte Johann, und wir versteckten uns. Zur Mittagszeit brachte uns der Bauer ein Mittagessen und abends vor dem Weitermarsch einen Kanten Brot.
Wir marschierten die ganze Nacht. Morgens ging ich wieder zu einem Bauernhof. Es war noch dunkel, aber im Haus und im Stall brannte Licht. Im Hof stand die Bäuerin. Als sie mich sah, erschrak sie. Ich erklärte ihr alles. Sie sagte, wir sollten in das Gasthaus "Zum Bären" gehen. Ich antwortete, daß wir kein Geld hätten. Da rief sie in den Stall: "Fritz". Das war ihr Mann. Der Fritz kam, und wir verhandelten weiter. Nach einer Weile durften wir oben in der Scheune auf den Weizengarben unseren Tagesplatz beziehen. Wir knabberten Weizenkörner, erhielten ein Mittagessen und am Abend zum Abschied ebenfalls Brot.
Zehn Tage waren wir bis jetzt unterwegs. Bis jetzt hatte alles gut geklappt, und wir wurden auch schon recht dreist. Unser Weitermarsch wurde schwieriger, da unsere Landkarte zu Ende war. Vor uns lag die Stadt Solothurn. Wir beschlossen, in der Nacht die Stadt zu durchqueren. Das hatte folgende Gründe: Erstens wollten wir uns nicht verlaufen, zweitens war dies der kürzeste Weg zur deutschen Grenze, drittens hatte Johann ein dickes Knie und ich "Ballon-Reifen", so nanten wir die Blasen an den Füßen.
Wir marschierten durch Solothurn und kamen gegen ein Uhr in der Stadtmitte an einigen Männern vorbei. Ein Mann in Uniform lief uns nach und rief: "Ihr seid Deutsche." Wir dachten, das sei ein Polizist. Es hatte keinen Zweck wegzulaufen, denn er wies uns daraufhin, daß hier noch mehr Männer wären, und außerdem drohte er mit der Schußwaffe. Er brachte uns zur Wache. Dort empfing uns ein Mann, der trug eine andere Uniform. Als der Uniformierte, der uns festgenommen hatte, weg war, fragten wir, wer das gewesen sei. Da erfuhren wir, daß es ein Bediensteter einer Firma war, die man bei uns mit der

Wach- und Schließgesellschaft vergleichen kann. Da waren wir sehr überrascht. Unsere Feststellung: Letztendlich waren wir durch unser Gepäck aufgefallen und festgenommen worden. Da wurde uns klar, daß man nur ohne Gepäck flüchten kann.
Am Morgen wurden wir in das Gefängnis von Solothurn eingeliefert und kamen dort zu den Schweizer Insassen. Unsere Stimmung war miserabel.
Der Wachtmeister sagte: "Wo habt Ihr das Brot her?" Ungläubig schaute er uns an, als wir ihm erklärten, dies hätten wir aus Frankreich mitgebracht.
Wir wuschen unsere Fußlappen, die wir im Krieg und in der Gefangenschaft anstelle der Strümpfe trugen und hängten sie im Gefängnishof zum Trocknen auf. Da fragte uns die Frau vom Wachtmeister, ob dies "Taschentüchli" wären. Als wir ihr den Sachverhalt erklärten, fragte sie uns, warum uns die Franzosen keine Strümpfe gegeben hätten. Da haben wir ihr gesagt, daß die Franzosen selbst keine Strümpfe hätten. Da die Schweiz keinen Krieg kannte, konnte sie das alles gar nicht verstehen.
Wir lernten die Schweizer Insassen kennen und wußten nach kurzer Zeit, was jeder von ihnen verbrochen hatte.
Zwei Tage lang wurden wir auf dem Revier verhört. Sie wollten von uns wissen, wie unsere Vergangenheit aussah und warum wir geflüchtet waren. Wegen der Vergangenheit hatten wir nichts zu verheimlichen, und die Flucht brauchte man eigentlich nicht zu erklären.
Zehn Tage blieben wir in Solothurn. Uns wurde gesagt, wenn weiter nichts gegen uns vorläge, würde man uns an der deutschen Grenze absetzen. So geschah es auch. An der Grenze waren französische Grenzsoldaten und deutsche Grenzleute. Die Deutschen hatten nichts zu sagen. Die Franzosen nahmen uns in Empfang und brachten uns in ein Gefangenenlager in der Stadt Baden Baden.
Ein Teil des Lagers war speziell für Ausreißer eingerichtet. Wo man hinschaute, Stacheldraht, sogar auf den Dächern. Hosenträger, Gürtel und Schuhschnüre mußten wir abgeben. Wir sollten arbeiten, aber wie soll das vonstatten gehen, wenn die Hose von einer Hand festgehalten werden muß? Allerdings blieben wir nur zwei Tage und kamen dann in ein Lager in Straßburg.
Als Unterkunft dienten uns Kasematten. Diese sind den Bunkern sehr ähnlich und wurden im Krieg von den französischen Soldaten zur Verteidigung genutzt.

In einem Raum befanden sich für die Nachtruhe 48 Strohsäcke. Alle waren belegt. Dann kamen nachts nochmals 20 Mann hinzu. Diese schliefen nur auf Stroh. Von Schlafen konnte jedoch kaum die Rede sein, da man wegen dem knappen Raum die Beine anziehen mußte. Alle hier versammelten Männer waren Ausreißer. Da kam mir ein bekanntes Lied in den Sinn: "In Straßburg, da fing mein Trauern an".
Wir mußten Sportplätze herrichten. Sie waren unterschiedlich groß, und man hatte sie bereits mit Maschinen planiert. Das Setzen von Randsteinen entlang der Wege war unsere Hauptarbeit. Die Sonne brannte unerbittlich, und es war sehr heiß.
Beim Eintreffen in Straßburg wurde uns eine Glatze geschnitten und uns die Kopfbedeckung weggenommen. Ich band in die vier Ecken meines Taschentuches je einen Knoten und setzte mir dies auf den Kopf. Andere Gefangene, die kein Taschentuch hatten, bekamen von der heißen Sonne eine Schorfschicht auf der Kopfhaut.
16- bis 18jährige Elsaß-Lothringer bewachten uns. Jeder hatte eine Maschinenpistole und einen Schlagstock. Ohne jegliche Veranlassung erhielten wir Schläge und Fußtritte. Eines Morgens wunderten wir uns, daß die Wachmannschaft keine Schlagstöcke bei sich trug. Aber dann kam es. Jeder hatte ein aus zwei Drähten gedrehtes Schlagzeug im Ärmel versteckt. Dieses Ding war noch schlimmer als ein Schlagstock.
Bei der Arbeit benutzten wir Hacken, Schaufeln und Holzschubkarren. Die Schubkarren dienten für den Transport der Erde. An einem Morgen schaufelte ich Erde und ein jüngerer Gefangener, vielleicht 20 Jahre alt, fuhr mit dem Schubkarren. Da sagte er zu mir: "Mich schmerzt ein Handgelenk. Kannst Du mal Karren fahren, und ich schaufele?" Wir tauschten unsere Arbeit. Da kam ein Wachsoldat zu mir und fragte mich wegen der Änderung. Ich erklärte es ihm. Er sagte, ich sollte wieder schaufeln. In einem Bogen ging ich zu meiner Schaufel, um möglichen Schlägen und Fußtritten zu entgehen. Mir geschah nichts. Aber dann passierte es. Drei Wachsoldaten schlugen auf den Gefangenen mit dem Schubkarren ein und richteteten ihn so übel zu, daß er ins Krankenhaus gebracht werden mußte.
Diese jungen Soldaten waren gegen uns aufgehetzt und konnten sich in diesem Lebensabschnitt noch kein richtiges eigenes Urteil bilden. Unter dieser jungen

Mannschaft war ein einziger älterer Soldat, ungefähr 35 Jahre alt. Er schlug uns nie. Im Gegenteil. Manchmal half er uns beim Schieben der beladenen Wagen. Als Essen erhielten wir eine dünne Suppe und je Tag 200 Gramm Brot. Davon konnte man noch nicht mal zur Hälfte satt werden.
Eines Tages gab es eine Überraschung. Mein Ausreißerkamerad suchte mich und rief: "Hein", das war ich, "der Volker und der Schubert sind auch da!" Das waren die beiden, die mit uns aus dem Lager an der französisch-schweizerischen Grenze geflüchtet waren. Wie kam es, daß sie jetzt hier waren? Die zwei hatten sich in der Schweiz Fahrräder gestohlen und damit fast die deutsche Grenze erreicht. An einem späten Abend zündeten sie Streichhölzer an, um die Hinweisschilder an der Straße lesen zu können. Sie fielen auf und wurden festgenommen. Das Weitere war nur noch Formsache.
Bis Anfang Oktober 1946 blieben wir in Straßburg und wurden dann in ein Lager bei dem Ort Saaralpen gebracht. In diesem Lager angekommen, flüchteten sofort vier Kameraden durch einen Wasserablauf, der unter dem Stacheldraht hindurchführte. Einer von ihnen hatte es schon in Straßburg probiert. Nachts floh er über die Rheinbrücke, Richtung Kehl. Drüben wurde er von französischen Soldaten in Empfang genommen und ins Straßburger Lager zurückgebracht.
Den Vieren dürfte die Flucht gelungen sein, denn wir haben nie mehr etwas von ihnen gehört. Wenn ich von dem Fluchtplan gewußt hätte, dann wäre ich mitgegangen.
Über diese Flucht war unsere marokkanische Wachmannschaft sehr verärgert. Da sie ihre Wut an den Geflüchteten nicht auslassen konnten, mußten wir um so mehr büßen. Es gab jede Menge Gewehrkolbenschläge und viele andere Schikanen. Unter anderem mußten wir zum Antreten aus der Baracke raus, wieder rein und wieder raus. Dasselbe Spiel wiederholte sich immer wieder. Ich will den Marokkanern keine schweren Vorwürfe machen, denn sie handelten im Auftrag und waren letztendlich auch nur Werkzeuge.
Zum besseren Verständnis noch eine Erläuterung. Vor uns waren Gefangene aus dem Saarland in diesem Lager gewesen. Sie wurden allesamt entlassen. Deshalb nahmen die Marokkaner das mit der Bewachung nicht so genau. Sie saßen auf ihren Wachttürmen und schliefen. Das machten sie auch noch, als wir ankamen. Als dann die ersten vier türmten, änderte sich dies sehr schnell.

Kamerad Schubert stand vor der Küche und hackte Kleinholz. Er sagte zu mir, vielleicht könnte er mir eine Arbeit in der Küche besorgen. Siehe da, es klappte. Jetzt hatte ich ausreichend Suppe zu essen. Mein Freund Johann Pfeil klagte über großen Hunger. In einer kleinen Konservendose, versteckt in der Hosentasche, brachte ich ihm Suppe. Damit niemand etwas merkte, aß er diese auf der Toilette. Überhaupt war es sehr wichtig, daß wir nicht auffielen, denn das hätte schlimme Folgen gehabt. Ab und zu kam Johann wegen einer Suppenportion in Küchennähe, jedoch mußte er aus Sicherheitsgründen in einiger Entfernung stehen bleiben. Zur Verständigung hatten wir Zeichen vereinbart. Wenn ich mich mit der Mütze im Nacken kratzte, hieß dies: Luft ist nicht sauber. Putzte ich mir mit dem Taschentuch die Nase, dann wußte er, die Suppe ist alle.
Ende Oktober 1946 wurden wir verlegt. Zu Fuß marschierten wir in den Ort Merlenbach bei St. Avolt. Dort wurde sortiert. Ich kam zum Arbeitseinsatz in ein Gefangenenlager neben der Kohlenzeche Cuvelete. Viele andere Gefangene marschierten weiter. An einem Freitag trafen wir im Lager ein und am Sonntag erfolgte die Arbeitseinteilung. Am Montag, den 28. Oktober 1946, fuhr ich das erste Mal in die Steinkohlengrube ein. Der Steiger gab mir die Anweisung, mit zwei jüngeren Gefangenen, beide 20 Jahre alt, Transportarbeiten durchzuführen. In dem Stollen waren Feldbahngleise verlegt. Auf Loren schoben wir Holz, Eisen und dergleichen für den Stollenbau über diese Gleise. Die Grube hatte eine Tiefe von 420 Meter. Als ich das erste Mal einfuhr, hörte ich plötzlich nichts mehr. Mir wurde gesagt, ich solle Nase und Mund schließen und Druck auf die Ohren ausüben. Als ich dies machte, funktionierte das Hören besser und nach einigen Tagen hatte ich mich gewöhnt. Wir hatten stehendes Gebirge, das heißt, die Flöze standen fast senkrecht. Da war recht gut arbeiten. Die Flöze, 1,20 Meter stark und 120 Meter tief, wurden durch Sprengung abgebaut und dann geschlossen.
Die Gefangenen, die unter Tage arbeiteten, erhielten einigermaßen gutes Essen. Da die Kameraden über Tage viel weniger Essen erhielten, gaben wir, so oft wir nur konnten, ihnen von unserem Essen ab. In der Grube arbeiteten wir mit Zivilisten zusammen. Es waren Lothringer, die uns ab und zu von ihrem Brot etwas gaben. Hierüber freuten wir uns. Ein weiterer Vorteil für uns Untertagearbeiter war, daß wir keine Lagerarbeiten zu verrichten hatten.
Anmerken möchte ich, daß in der Grube nur deutsch gesprochen wurde, obwohl

auch Arbeiter aus anderen Nationen hier tätig waren.
In diesem Lager habe ich drei Kameraden aus meiner Heimat getroffen und zwar Heinrich Sauer aus Hohenzell, Ferdinand Erb aus Neuhof und Georg Niet aus Schlitz. An den Sonntagen trafen wir uns in der Lagerkantine. Wir erzählten von der Heimat und vor allem, was es dort Neues gab. Mittlerweile, wir schreiben das Jahr 1993, sind alle drei in ihren Heimatorten verstorben.
Eine nette Begebenheit möchte ich erzählen. Ich stand in unserer Stube neben dem Ofen und rasierte mich. Da kam ein Gefangener herein und fragte nach mir. Er sagte zu mir: "Ich soll dich grüßen, und zwar von meiner Frau.""Von deiner Frau", wollte ich wissen, "woher soll ich die kennen?" Da antwortete er: "Meine Frau ist die *Schmitthanse* Anna." Mir wurde klar: "Dann bist Du der Schorsch aus Frankfurt." Die Anna war meine Nachbarin aus Wallroth, hatte den Schorsch geheiratet und wohnte in Frankfurt.
Ab und zu kamen Gefangene aus anderen Lagern zu uns. Wir fragten dann jeden einzelnen: "Wo kommst Du her?" So war es auch, als ich Ankommende fragte und einer sagte: "Aus Hintersteinau". Da freute ich mich, denn Hintersteinau liegt nur vier Kilometer von meinem Heimatort Wallroth entfernt. Es war Hans Koch, 20 Jahre alt, aus *Rührrels*. Ich sagte zu ihm: "Schade, ich habe gerade mein letztes Brot hergegeben". Da meinte er: "Ich habe keinen Hunger". Ich war sehr erstaunt, denn das hatte ich noch von keinem Gefangenen gehört. Wahrscheinlich dachte er: "Du nimmst einem Kameraden Brot ab, das er selber gut gebrauchen kann." Inzwischen war es jedoch so, daß alle, die unter Tage arbeiteten, so auch ich, satt zu essen hatten.
Das Lagerleben war sehr eintönig. Ein Tag war wie der andere. Das dauerte bis März 1947.
Mein Stubenkamerad Hubert Schneider stammte aus dem Rheinland und arbeitete bei einem zehnköpfigen Außenkommando. Er war schon einmal getürmt, ich ebenfalls, was lag da näher, als es wieder zusammen zu tun. In der Nähe der Arbeitsstelle legte er ein Versteck an. Ich gab ihm eine Strickweste und Brot. Dies und andere Dinge brachte er im Versteck unter. Jedoch gab es ein großes Problem. Ich arbeitete unter Tage, wie sollte ich da zur Außenarbeit gelangen? Hubert wußte eine Lösung. Beim Außenkommando war ein Gefangener mit Namen Schimanski. Er war schon acht Tage schuhkrank. Hubert sagte zu mir: "Du gehst unter dem Namen Schimanski nach draußen". Gesagt, getan.

Der Dolmetscher, ein deutscher gefangener Soldat, merkte dies, bevor unser Arbeitskommando das Lager verließ. Die Gefangenen sagten zu ihm, er möge mich nicht verraten. Er jedoch erzählte dem Wachsoldaten die wahre Begebenheit. Wir mußten unsere Namen nennen. Ich sagte: "Schimanski". Die anderen durften abrücken, ich aber mußte dableiben. Anschließend wurde ich zu einem französischen Offizier mit einem Dolmetscher, dies war ein anderer Gefangener, gebracht. Leugnen half da nichts. Wer mit einem Außenkommando unberechtigt aus dem Lager wollte, der hatte Flucht im Sinn. Auf die Frage, was mein Vorhaben gewesen wäre, antwortete ich: "Ich will heim!" Das Urteil lautete vier Wochen Bau und Schneiden einer Glatze.
Meinem Kameraden Hubert Schneider ist die Flucht geglückt ist. Er kam wohlbehalten in seinem Heimatort im Rheinland an.
Ich kam in den Keller einer Kaserne nach St. Avolt. In diesem hausten nur Bestrafte. Als den Kameraden eine Glatze geschnitten wurde, befand ich mich im Waschraum. Um nicht aufzufallen, trug ich nun immer eine Mütze. So hab ich es geschafft, daß mein Kopf ungeschoren blieb.
Es war der erste Abend im Kasernenkeller. Die Gefangenen, die schon länger da waren, kamen von der Arbeit zurück. "Aha", sagten sie, "es sind Neue da." Gleich darauf sangen sie:

"Da ziehn wir mit Gesang, tätärä,
in ein neues Restaurant, tätärä,
und ertragen unser Schicksal mit Geduld, tätärä,
an der ganzen Scheiße sind wir selber Schuld, tätärä."

Das Lied wurde nach der Melodie eines bekannten Schlagers laufend gesungen. Vor allen Dingen, wenn ein Neuer dabei war, der sehr den Kopf hängen ließ. Vielleicht war er das erste Mal geflohen, hatte es durch ganz Frankreich geschafft und erst kurz vor der Grenze hatte man ihn geschnappt. Da war ein tiefer Durchhänger schon verständlich. Aber mit dem Lied hatten wir ihn nach zwei bis drei Tagen wieder auf Vordermann. Gefangene, die schon mehrmals getürmt waren, denen machte dies alles schon gar nichts mehr aus.
Wenn ein Gefangener von vier Wochen Bau zwei Wochen rum hatte, dann hieß es, wir feiern ein Bergfest, denn jetzt ging es, von der Zeit her gesehen, wieder abwärts. Das Fest bestand einzig und allein aus dem Lied mit dem Tätärä, das

dem Betroffenen gesungen wurde.
Nachdem ich meine Strafe verbüßt hatte, kam ich vom Keller in die oberen Etagen der Kaserne. Die Gefangenen, die hier untergebracht waren, wollten uns nicht annehmen, da sie glaubten, wir hätten Ungeziefer. Da ich keine Läuse hatte, wurde ich aufgenommen. Flöhe waren kein Thema, denn die gab es überall in der Kaserne.
Ein Soldat, von Beruf Studienassessor, war für die Krankmeldungen zuständig. Er hatte seinen Entlassungsschein und sagte zu mir: "Wenn ich weg bin, übernimmst Du meine Aufgabe". Der Studienassessor konnte nach Hause, da ihm der für uns zuständige deutsche Oberarzt eine Krankheit bescheinigt hatte. Der Oberarzt war ein prima Mann. Er hätte mir auch geholfen, nach Hause zu kommen. Aber wie so oft, es kam anders. Der Oberarzt wurde von einem Marinearzt abgelöst. Das war einer von der üblen Sorte. Er schrieb alle K.V. Im Krieg hieß K.V. "kriegsverwendungsfähig", jetzt hieß es "gesund". Da hatte ich nicht die geringste Chance, wegen Krankheit heim zu kommen.
Ich wurde für andere Arbeiten eingesetzt. So arbeitete ich tageweise bei Bauern in der Landwirtschaft oder im Wald.
Im Herbst 1947 gab es erneut eine Veränderung. Mit anderen Gefangenen kam ich zur Arbeit nach Niederlinden. Die heutige französische Bezeichnung lautet: Lendre-Bas. In dem Ort befanden sich große Teichanlagen für Karpfen und Hechte. Mehrere Teiche hatten eine Größe von 10 bis 20 Hektar. Ein Teich war riesengroß. Seine Fläche betrug 600 Hektar. In der Mitte befand sich eine Insel mit mehreren Häusern. Vom Ufer führte eine feste Zufahrt zur Insel. Durch eine Staumauer waren alle Teiche künstlich geschaffen worden. Das Wasser kam aus den Vogesen. Deutsche Soldaten hatten beim Rückzug in 1944 die Sperre der Staumauer geöffnet. Damals floß das Wasser auf die Wiesen und die Fische verendeten.
Alle Teiche waren mit Wasser gefüllt, und es wurde nur zum Fangen der Fische das Wasser abgelassen. Wir fuhren mit dem Kahn über das Wasser. Unter anderem düngten wir die Wasserflächen mit Thomasphosphat und Kali. Mit Schaufeln nahmen wir die Verteilung vor. Die Düngung diente dem Pflanzenwuchs in den Teichen. Wo Pflanzen absterben, bilden sich Würmer, Larven und andere Kleinlebewesen. Diese bedeuten eine hervorragende Nahrung für die Karpfen. Ich habe bereits erwähnt, daß sich in den Teichen auch Hechte, diese

allerdings in geringer Zahl, befanden. Die Hechte hielten die Karpfen laufend in Bewegung. Dadurch bekamen die Karpfen Hunger, nahmen mehr Futter auf und hatten eine bessere Gewichtszunahme.
Wenn die Teiche entleert wurden, dann gab es für uns viel Arbeit. In der Mitte eines jeden Teiches befand sich ein Graben. Im Wasser dieser Gräben sammelten sich alle Fische. Wir zogen vier Meter breite Netze mit drei bis vier Mann an jeder Seite durch die Gräben und nahmen anschließend mit großen Käschern die Fische aus dem Wasser. Auf einem Lastauto fuhren wir die Fische nach Hause und gaben sie in ein Bassin. Händler, vorwiegend aus dem Saarland, holten die Fische ab.
Der Fischereiverwalter war ein Geizkragen. Ich war zwei Tage krank gewesen. Er schrieb jedoch drei Tage auf. Je Arbeitstag erhielten wir fünf Francs. Wegen der mir fehlenden fünf Francs beschwerte ich mich bei ihm. Er sagte, drei Tage wären gebucht, das könnte er jetzt nicht mehr ändern. Erwähnen möchte ich, daß der Verwalter im 1. Weltkrieg Zahlmeister bei der deutschen Armee gewesen war. Als Lothringer war das eine normale Angelegenheit, denn das Land Lothringen gehörte damals zu Deutschland.
Daß dieser Mann sich auch seiner Familie gegenüber geizig verhielt, möchte ich an folgendem Beispiel erläutern. An einem Wochenende besuchte er abends mit seiner Frau, seinen beiden Töchtern und seinem Sohn eine Tanzveranstaltung in einer Gaststätte in Niederlinden. Für alle fünf bestellte er eine Flasche Wein, die für den ganzen Abend ausreichen mußte.
In den Waldungen um Niederlinden lag sehr viel Kriegsmaterial, vorwiegend Eisen, das die deutsche Wehrmacht zurückgelassen hatte. Der Fischereiverwalter sammelte dieses Material und brachte es nach Hause. Da hatte er es zu einem hohen Berg aufgetürmt. Der Verkauf brachte ihm Geld, das er ja so gerne hatte.
Im Mai 1948 stelle ich den Antrag, wieder in der Kohlengrube arbeiten zu dürfen. In der Grube gab es satt zu essen, während man bei dem erwähnten Verwalter sehr viel Hunger leiden mußte. Ich kam ins Lager nach Metz und zog sofort meinen "Grubenantrag" zurück, denn das Wesentliche, von Niederlinden wegzukommen, hatte ich erreicht. Wir lebten in Baracken. In diesen war es sehr kalt. Für das Zudecken stand uns nur eine sehr dünne Decke zur Verfügung.
Nach kurzer Zeit in Metz wurde gerufen: "Staaf, zum Tor kommen". Ich ging hin und wurde gefragt, wo ich mein Gepäck hätte. Ich sagte: "Warum soll ich

mein Gepäck mitbringen?". Da sagte man mir, daß ich auf ein Kommando gehen müßte. Das hieß, irgendwo mußte ich eine Arbeitsstelle antreten.
Ich kam zu einem Bauer nach Esingen. Esingen hatte nur wenige Häuser und war ein Ortsteil von Rodemachen. Bis zur luxemburgischen Grenze betrug die Entfernung etwa zehn Kilometer. Zum Betrieb gehörten 16 Hektar landwirtschaftliche Nutzfläche, zwei Pferde, sechs Kühe, einige Schweine und Hühner. Hier hatte ich es gut. Die Leute waren in Ordnung. Das Essen war gut und reichlich. Außerdem durfte ich bei den gemeinsamen Mahlzeiten mit am Tisch sitzen. Innerhalb der Familie wurde nur deutsch gesprochen. Der Sohn der Familie, elf Jahre alt, erzählte uns, daß in der Schule alle Schüler, die deutsch sprechen würden, Strafarbeiten schreiben müßten.
Die Familie war katholisch. Auf einen regelmäßigen Kirchgang wurde großen Wert gelegt. Wenn ich als Evangelischer, übrigens war ich der einzige Gefangene auf dem Hof, ab und zu mit dem Kirchgang aussetzte, erhielt ich eine höfliche Anmahnung.
An einem Sonntag mußte ich grünen Rotklee mit dem Gespann auf einem Acker holen. Der Klee war lang gewachsen und hatte starke Halme. Als ich den Klee auf den Wagen gabelte, knallte es plötzlich in meinem Ohr. Oh Schreck, was war passiert? Im Ohr rauschte es immerzu.
Am Montag fuhr ich mit meinem Chef zum praktischen Arzt nach Rodemachen und am Dienstag zum Hals-Nasen-Ohren-Arzt in Diedenhofen, die heutige Bezeichnung ist Toinville. Der HNO-Arzt stellte ein Loch im Trommelfell fest. Für die tägliche Behandlung gab er mir eine Salbe. Nach acht Tagen mußte ich wieder zu ihm kommen. Die Heilung machte gute Fortschritte und gelang hundertprozentig. Da hatte ich Glück gehabt.
Laufend wurden Gefangene in die Heimat entlassen. Man ging nach dem Alphabet vor. Da mußte ich mit meinem Namen Staaf fast bis zum Schluß warten.
An einem Sonntag, es war Mitte November 1948, kam der Chef von der Kirche nach Hause: "Heinrich, wirst entlassen. Ende der Woche soll ich Dich im Lager in Metz abliefern. Unser Bürgermeister hat es mir erzählt". Da war die Freude groß. Am Wochenende verabschiedete ich mich mit einem herzlichen Dankeschön von meiner Familie. Sie gaben mir reichlich Verpflegung , einen Laib Brot und Wurst mit. In Metz angekommen, habe ich zuerst nach Willi Staaf aus

Seidenroth gefragt. Der Ort Seidenroth liegt ungefähr 20 Kilometer von meinem Heimatort entfernt. Bis jetzt hatte ich nur brieflichen Kontakt mit Willi Staaf gehabt. Er war immer im Lager in Metz gewesen. Auf der Kleiderkammer hatte er zufällig von mir gehört und war daraufhin mit mir, seinem Namenskollegen, in Verbindung getreten.
Den Willi hatte ich bald gefunden. Ich fragte ihn: "Wann kommen wir heim?". Da sagte er: "Sofort nicht. Die französischen Offiziere machen Geschäfte mit uns. Sie schicken Kommandos von 8 bis 10 Leuten zum Dreschen zu den Bauern und lassen sich dies bezahlen" Ich fragte Willi: "Hast Du Einfluß, daß ich bis zu meiner Entlassung hier im Lager bleiben kann?" Er sagte: "Ich regele das". Er hat es geregelt. Ich blieb noch acht Tage im Lager und wurde dann eine Woche vor Willi Staaf entlassen.
Mit der Eisenbahn fuhren wir in einen Ort im Lande Baden. Feierlich wurden wir empfangen. Die Erwachsenen und Kinder trugen unser Gepäck. Manche Entlassene hatten recht viel, ich allerdings recht wenig. Für jeden gab es gutes Essen, und außerdem gab man uns Verpflegung für die Heimreise. Der Pfarrer hielt eine Andacht. Wir sangen das Lied: "Macht hoch die Tür, das Tor macht weit". Dieses Lied war für die vorweihnachtliche Zeit, wir schrieben den 30. November 1948, passend.
Am 1. Dezember 1948 war ich am Bahnhof Schlüchtern. Da ich am 1. Dezember 1941 zur Wehrmacht einberufen worden war, war ich auf den Tag genau sieben Jahre von zu Hause weg gewesen.
Ich ging zur Stadt und traf dort zufällig meinen Bruder August. Mit dem LKW der Firma Klüh aus Wallroth fuhren wir meinem Heimatort entgegen, und endlich war ich zu Hause.
Ein unbeschreiblich glückliches Gefühl.

Soldat mit 17

Eigenbericht von Adam Druschel, Wallroth.

Adam Druschel im Dezember 1944 in Butzbach

An einem trüben, kalten Herbsttag fegte der Wind über die Höhe von Wallroth und so auch über unseren Acker auf dem "Loacher" (Flurname). In der Luft sah man einzelne Schneeflocken und die Leute sagten: "Es riecht nach Schnee."
Meine Großmutter führte die drei Kühe und meine Mutter hielt den Pflug. Es war höchste Zeit, die letzten Äcker zu pflügen, denn der Winter stand vor der Tür. Mein Vater, von Beruf Landwirt auf unserem Sechs-Hektar-Betrieb, lag krank zu Bett. Er hatte Maschinenfieber. So nannte man die Krankheit, die durch Staub, vor allen Dingen Schimmelstaub, beim Dreschen mit der Dreschmaschine hervorgerufen wurde. Bei Einbruch der Dunkelheit fuhren meine Großmutter und Mutter mit ihrem Gespann zu unserem Gehöft mit Namen *Hennerjes* in Wallroth.
Nur wenige Stunden später wurde ich, nach zwei Schwestern, als drittes Kind am Samstag, dem 29. Oktober 1927, um 23.30 Uhr geboren.
In den Jahren 1934 - 1942 besuchte ich die Volksschule in Wallroth. Am 1. Oktober 1942 begann ich eine Lehre als Großhandelskaufmann im Raiffeisenlagerhaus in Schlüchtern. Bereits im Jahre 1943 mußte ich zur Musterung, bei der meine Wehrtauglichkeit festgestellt wurde. Im Frühjahr 1943 erhielten die Wehrfähigen der Jahrgänge 1926 und 1927 der Orte in und um Schlüchtern den Befehl, zu einem Vortrag der Hitlerjugend in der Klosteraula in Schlüchtern zu erscheinen. Ein Führer der SS, bei der Wehrmacht Offizier genannt, schilderte uns die Vorzüge der SS. So sagte er, daß die SS bestens ausgerüstet sei und man sie, insgesamt gesehen, als Korsettstangen des Heeres bezeichnen könne.

Nach dem Vortrag marschierten wir in geschlossener Formation zur damaligen Turnhalle in der Grabenstraße in Schlüchtern. In Reihen, mit drei Metern Abstand zwischen den Reihen, mußten wir antreten. Der SS-Führer ging durch die Reihen und schaute sich jeden an, ob er vom Äußeren her für die SS geeignet sei. Die Ausgewählten mußten vortreten und sich anschließend in die Turnhalle zur Registrierung begeben. Bei den Ausgesuchten mußten die Haare blond und eine gewisse Körpergröße vorhanden sein. Da wurde nicht darüber gesprochen, jedoch war dies allgemein bekannt. Zu späterer Zeit, als die SS dringend Ersatz brauchte, wurden die Ansprüche immer weiter zurückgenommen.
Da ich schwarze Haare habe, mußte ich nicht vortreten und konnte mit anderen sofort den Heimweg antreten. Darüber war ich froh, denn ich war erst 15 Jahre alt, hatte nur wenige Monate vorher mit meiner Lehre begonnen und dachte, bis Du deine Lehre beendet hast, ist der Krieg vielleicht zu Ende. Das zu denken war allerdings ein Trugschluß. Erwähnen möchte ich, daß von den Ausgesuchten einige die Gelegenheit wahrnahmen und durch ein Turnhallenfenster verschwanden, bevor die Registrierung begonnen hatte. Das konnte ich am nächsten Tag an meinem Arbeitsplatz erfahren.
Im März 1944 erhielt ich eine Einberufung zu einem Wehrertüchtigungslehrgang der Hitlerjugend nach Spa in Belgien. In einem Barackenlager in Breitscheid im Westerwald war Treffpunkt. Mit der Eisenbahn fuhren wir über Köln nach Belgien. Ich sah zum ersten Mal den Kölner Dom, der wegen der Fliegerangriffe rundum mit Feuerlöschvorrichtungen versehen war.
In Spa wurden wir in einer Kaserne der ehemaligen belgischen Armee untergebracht. Den Dienst konnte man als sehr hart bezeichnen, und es gab knappes Essen. Im Krieg verwundete Unteroffiziere bildeten uns aus.
Morgens beim Antreten fiel unsere Gruppe immer auf, weil einer von uns zu spät aus dem Bett kroch und wir nicht rechtzeitig komplett waren. Für uns alle gab es dann Strafexerzieren. Wir beschwerten uns bei unserem Unteroffizier. Der sagte: "Das könnt Ihr doch ändern." Als wir am nächsten Morgen aus dem Waschraum in unsere Stube kamen, lag der Nachzügler noch im Bett. Wir schnappten ihn, zerrten ihn in den Waschraum und schütteten eimerweise kaltes Wasser über ihn. Ergebnis: Das Problem war auf Dauer gelöst.
An einem Vormittag mußten wir durch das kalte Wasser eines Baches waten. Bis zum Abend trugen wir die nassen Strümpfe, und ich holte mir eine

Halsentzündung. Mit Fieber kam ich auf das Krankenrevier in unserer Kaserne. Am übernächsten Tag lag ich noch krank und schwach im Bett, als es Fliegeralarm gab. Wir durften im Zimmer bleiben, jedoch schauten einige Kameraden am Fenster. Sie riefen mich und sagten: "Schau mal zum Himmel! Jetzt fliegen die Amis schon am hellichten Tag mit ihren Bombergeschwadern über uns hinweg." Ich schaute kurz am Fenster und legte mich wieder in mein Bett. Gleich darauf erschien der Sanitätsunteroffizier. Vom Hof aus hatte er uns gesehen und alle Fensterschauer notiert. Er sagte: "Wenn Ihr am Fenster nach den Flugzeugen schauen könnt, obwohl Ihr genau wißt, daß dies verboten ist, dann seit Ihr auch fähig, Dienst zu tun. Heute Abend packt Ihr eure Sachen und verschwindet aus dem Revier." Alle Widerrede half nichts. Am Abend meldete ich mich bei meinem Gruppenführer zurück und erfuhr, daß eine Nachtübung angesetzt war. Kaum auf dem Zimmer, wurde zur Übung abmarschiert. Die halbe Nacht lagen wir auf einer kalten Wiese.
Während der restlichen Tage in Spa verspürte ich immer eine große Müdigkeit und keinen Hunger, obwohl das Essen knapp war. Nach unserer Entlassung brachte uns die Eisenbahn über Eupen, Düren, Koblenz, Rüdesheim, Frankfurt zum Heimatbahnhof Schlüchtern. Bei herrlichem Sonnenschein hatten die Kameraden, besonders am Rhein entlang, ihre Freude an dem wunderbaren Ausblick. Außerdem freuten wir uns alle, bald wieder daheim zu sein. Ich aber war sehr müde, blickte nur ab und zu aus dem Fenster, um dann wieder auf meinem Sitz einzuschlafen. Zuhause lag ich mit Leibschmerzen, die mir zwischenzeitlich Schwierigkeiten bereiteten, krank zu Bett. Eine Untersuchung wegen Verdacht auf Blinddarmentzündung bei Dr. Clement im Kreiskrankenhaus Schlüchtern blieb erfolglos. Ich kam wieder nach Hause, da ich nur bei einer Operation im Krankenhaus hätte bleiben können, denn die vielen verwundeten Soldaten beanspruchten alle Betten. Da sich mein Zustand wesentlich verschlechterte, brachte man mich ins Städtische Krankenhaus nach Fulda. Ein tschechischer Arzt untersuchte mich. Als ich mich auf den Bauch legen mußte und er mit beiden Daumen im Nierenbereich fest drückte, schrie ich laut auf. Er sagte: "Da haben wir's. Es ist eine Nierenentzündung." Außerdem stellte er noch Rheuma in beiden Armen fest. Diesem Arzt, der mich während meines Aufenthaltes bestens betreute, bin ich heute noch von Herzen dankbar.
Dreimal täglich erhielt ich große Spritzen in die Armvenen, was sich wegen der

Rheumaanschwellungen als schwierig erwies. Durch die Schwere der Krankheit hatte sich mein Körpergewicht auf nur 46 Kilo reduziert.
Nach drei Wochen ging es mir gesundheitlich besser. Da bekam ich hohes Fieber und Halsschmerzen. Man stellte Diphtherie fest und brachte mich in das Krankenhaus "Heilig-Geist" in der Fuldaer Innenstadt.
Mir ging es sehr schlecht. Jeden Tag machte mir hohes Fieber sehr zu schaffen. Mit geschlossenen Augen lag ich im Bett und nahm die Vorgänge um mich herum nur im Halbschlaf wahr. Ich fühlte mich so schwach, daß ich das Gefühl hatte, mir fällt alles Fleisch von den Knochen.
Mein Bettnachbar zur Linken dachte, ich schlafe und sagt zu meinem rechten Nachbarn: "Du wirst sehen, der schafft es nicht. Sein Vorgänger in demselben Bett hatte auch acht Tage Fieber und blieb dann auf der Strecke." Ich dachte, jetzt bist du 16 Jahre alt und das soll das Leben schon gewesen sein. Was kannst du noch tun? Nachdenklich lag ich regungslos im Bett und kam zu der Überzeugung, hier kann dir nur Gott helfen und fing an zu beten.
Am nächsten Tag und den weiteren Tagen ging es mir allmählich besser. Eine uns fürsorglich betreuende Ärztin machte bei meinem Anblick jetzt ein zufriedeneres Gesicht. So kam ich wieder nach oben, aber das Gebet, beginnend mit einem Gottesdank, hat mich seit dieser Begebenheit mein ganzes Leben begleitet.
Eines Abends sagte unsere Ärztin, ich dürfe am nächsten Tag 20 Minuten aufstehen. Ich dachte: "Was sind 20 Minuten, das sollte schon eine Stunde sein." Am nächsten Vormittag stand ich auf, zog mich an, war totmüde, zog mich wieder aus und legte mich ins Bett. Da waren genau 20 Minuten um, und ich war um eine Erfahrung reicher.
Nach vier Wochen hieß es an einem Dienstag, am Wochenende wirst du entlassen. Ich freute mich und mit mir ein zwölfjähriger Junge, der auch entlassen werden sollte. Am Nachmittag schien im Innenhof die Sonne, und wir beide spielten Fangen. Plötzlich verspürte ich in der Brust einen heftigen Schmerz. Ich mußte aufs Zimmer gehen und mich ins Bett legen. Es stellte sich Fieber ein, und ich dachte, mit Fieber lassen die dich nicht nach Hause. Bei meiner eigenen Kontrolle stellte ich eine Temperatur von über 38 Grad fest. Ich nahm den Thermometer und schüttelte ihn heimlich unter 37 Grad. So machte ich es am nächsten und am übernächsten Tag. Dann war es soweit, und ich

wurde nach siebenwöchigem Krankenhausaufenthalt entlassen. Zuhause angekommen, sagte meine Mutter: "Was ist denn mir dir los? Daß sie dich entlassen haben, ist nicht zu verstehen, du bist noch gar nicht gesund." Ich erzählte nichts von meinem Vergehen, sondern sagte nur: "Zuhause werde ich schon bald gesund." Allmählich ging es mir besser, und nach einiger Zeit fühlte ich mich wieder recht gut.
Mein Vater und meine Schwester hatten mich per Fahrrad und Eisenbahn in Fulda besucht. Vom Garten aus durften sie durch das offene Fenster mit mir sprechen. Meine Mutter konnte sich wegen ihres Beinleiden diese Reise nicht zumuten. Die Folge der Krankenhausbesuche war, daß zuerst meine Schwester und dann meine Mutter an Diphtherie erkrankten. Bei meiner Mutter hatte diese Krankheit ein neunmonatiges Krankenlager zur Folge.
Am 19. September 1944 mußte ich zum Reichsarbeitsdienst einrücken. In einem Barackenlager in dem Ort Au, 15 Kilometer südlich von Karlsruhe, wurden wir untergebracht. Militärische Ausbildung und Arbeitseinsatz wechselten miteinander ab. Als bei einem Marsch das Singen nicht klappte, mußten wir im Gelände einige der bekannten Schikanen, z .B. "Häschen-Hüpf" mit vorgehaltenem Spaten, über uns ergehen lassen. Auf einmal blieb mir die Luft weg. Ich verspürte Stechen in der Brust und mußte zum Sanitäter aufs Revier. Er untersuchte mich. Als ich ihm sagte, daß ich im Juni nach einer Diphtherie vom Krankenhaus heimgekommen sei, sagte er: "Im Juni 1943." "Nein", sagte ich, "das war in diesem Jahr." Da meinte er, ich hätte "hier noch gar nichts verloren". Jetzt war ich aber hier und mußte das Beste daraus machen. Allerdings ging es mir mit jeder Woche gesundheitlich besser, was mich sehr freute.
Am Sonntag, dem 29. Oktober 1944, wurde ich 17 Jahre alt. Erstmalig hatten wir von 14 bis 22 Uhr Ausgang. Die Sonne schien. Mit zwei Stubenkameraden aus Schlüchtern ging ich in einem Nachbarort in eine Gaststätte. Die beiden Schlüchterner hießen Hubert Seuring und Theo Gerlach. Leider ist Theo vom Krieg nicht zurückgekehrt. Wir waren bei bester Laune. Auf unsere Frage nach Getränken hieß es: "Nur Mooscht." Also ließen wir uns den Apfelmost schmecken. Es muß gegen 21 Uhr gewesen sein, als ich aufstand und feststellte, daß mir meine Beine nicht recht gehorchen wollten. Ich sagte dies meinen Kameraden und machte den Vorschlag, den Heimweg anzutreten. Die beiden sahen das genauso, und wir rüsteten zum Aufbruch. Als ich meine Schirmmütze

vom Haken nehmen wollte, war sie weg. Was tun? Ganz schnell griff ich nach der nächstbesten Mütze und verschwand durch die Tür.
In der Gaststätte hatten wir kurz vorher Mädchen kennengelernt. Gemeinsam suchten wir den Weg durch die stockdunkle Nacht, denn während der gesamten Kriegszeit mußten wegen der Feindflugzeuge alle Orte verdunkelt sein. Bevor wir uns von den Mädchen trennten, vereinbarten wir ein Treffen am nächsten Sonntag.
Pünklich um 22 Uhr waren wir auf unserer Stube. Erwähnen möchte ich, daß die Schirmmütze nur zum Ausgehen aufgesetzt wurde und ich sie deshalb an diesem Tag zum erstenmal trug.
Am nächsten Tag ging ich zur Kleiderkammer, um die Mütze, die mir viel zu groß war, zu tauschen. Der dort Zuständige gab mir eine Mütze und konnte nicht verstehen, daß man mir eine solch große Mütze verpaßt hatte.
Für den nächsten Sonntagnachmittag hoffte ich wieder auf Ausgang und freute mich im voraus. Am Samstag war Schuhappell. An meinen Schuhen fehlten zwei Sohlennägel. Wegen dieser Nägel erhielt ich keinen Ausgang, sondern mußte zusammen mit anderen in der Lagerküche Kartoffel schälen. Während des Schälens konnte ich mir Gedanken darüber machen, wie schön der Nachmittag hätte sein können.
Beim Arbeitseinsatz mußten wir am Rhein entlang Laufgräben in Mannestiefe für den Kriegseinsatz mit Spaten und Schaufel ausheben. Für jeden von uns war es Pflicht, sieben Meter am Tag zu bewältigen. Die Gräben waren so angelegt, daß nach jeweils sieben Meter die Richtung geändert wurde. Die schwerste Arbeit hatten wir auf den Wiesen zu verrichten, denn dann mußte zuerst der Rasen abgehoben, zur Seite gelegt und am Schluß auf die fertige Böschung gelegt werden. Wir alle mußten kräftig zupacken, um unser Tagessoll zu erfüllen.
Die Arbeitsdienstzeit näherte sich ihrem Ende, und so wurde ich mit allen anderen Mitte November 1944 entlassen.
Aufgrund meines Einberufungsbefehls mußte ich mich Ende November 1944 beim 451. Infanteriebataillon in Butzbach in Hessen melden. In Holzbaracken, die an einem Berg oberhalb der Stadt standen, wurden wir untergebracht. Unsere Ausbildung erfolgte an fahrbaren Granantwerfern mit 12 Zentimeter Rohrdurchmesser. Die Ausbildung, auch an den Sonntagen, war hart und das

Essen knapp. Jeder Werfer hatte eine Kupplung zum Anhängen an Motorfahrzeuge. Da wir keine Motorfahzeuge hatten, mußte die fünfköpfige Bedienung die Werfer schieben. Wenn wir sie bei eisiger Kälte und hohem Schnee den steilen Berg hinter unserer Kaserne hochschieben mußten, dann war jeder von uns bis zum Letzten gefordert.
Trotzdem waren wir jungen Soldaten über Folgendes einer Meinung: Wir wollen diese Schinderei gerne mitmachen, wenn nur der Krieg schon vorbei wäre und wir nicht mehr zum Fronteinsatz kommen würden.
Es dürfte Mitte Dezember gewesen sein, als einer von unserer Stube, der auch bei anderen Dingen schnell mit dem Mundwerk dabei war, sagte: "Im Februar 1945 ist der Russe in Breslau und Ostern in Berlin." Das war zu den Vorgesetzten durchgedrungen, und er mußte sich zum Rapport beim Kompaniechef melden. Unser Unteroffizier sagte zu ihm: "Sie haben doch gesagt, daß Sie nicht glauben, daß der Russe im Februar in Breslau und Ostern in Berlin ist." Da wußte er Bescheid, und die Angelegenheit verlief im Sand. Im anderen Fall hätte er vor das Kriegsgericht gemußt und die Versetzung in ein Strafbataillon, wie allgemein üblich, wäre die Folge gewesen.
An dieser Stelle möchte ich anmerken, daß seinerzeit mit täglichen Berichten über den noch zu erwartenden Einsatz von Geheimwaffen versucht wurde, die Moral der Soldaten und der Zivilbevölkerung hoch zu halten. Hierbei wies man auf V1- und V2-Fernraketen, die nur Deutschland besaß, hin.
Bei einem Fliegerangriff auf Butzbach wurden in der Innenstadt einige Gebäude getroffen und stark beschädigt. Wir Soldaten mußten bei den Aufräumungsarbeiten helfen. Ein Haus mit einem Geschäft für Musikinstrumente war von einer Bombe stark beschädigt. Rundum lagen Musikinstrumente, auch Mundharmonikas, verstreut. Wir sammelten alles auf,und ich sagte zu meinem Kameraden: "Eine Mundharmonika könnte ich gebrauchen." Aber ich hatte große Hemmungen. Er sagte: "Nimm Dir doch eine. Was eine einzige Bombe alles zerstört hat, da kommt es auf eine Mundharmonika wirklich nicht an." Ich war beruhigt und nahm mir eine Mundharmonika.
In unserer Kompanie, auch auf unserer Stube, kam die Hälfte der Soldaten aus Thüringen und die andere Hälfte aus Hessen. Wir Hessen haben uns mit den Thüringern bestens verstanden.
Am 23. Dezember 1944 meldete ich mich morgens beim Antreten zum Zahn-

arzt. Wer einen dicken Backen hatte, durfte hingehen, die anderen wurden abgewiesen. Mein Backen war mehr als dick. Der Zahnarzt in Butzbach sieht sich meine Zähne an und sagt: "Den kranken Zahn ziehe ich raus, dann haben Sie keine Zahnschmerzen mehr. Das ist mein Weihnachtsgeschenk für Sie." Er hatte recht. Ich war meine Zahnschmerzen, aber auch den ersten meiner zweiten Zähne los.
Vor Weihnachten hatten wir uns eine kleine Fichte als Weihnachtsbaum besorgt. Um den Baum festlich herzurichten, fehlte uns einfach alles. Seinerzeit warfen die Flugzeuge ganze Bündel von Silberstreifen aus Staniol ab, damit sie von unserer Flugabwehr nicht geortet werden konnten. Solche Streifen hingen wir an unseren Baum. Innerhalb unserer Stubenbelegschaft gab es anschließend eine rege Diskussion, ob diese Streifen das Passende für unseren Baum seien. Jedenfalls blieben sie hängen, denn schließlich hatten wir ganz andere Sorgen. Am Heiligabend und 1. Weihnachtstag brauchten wir nicht zum Dienst anzutreten. Wir nutzten die Zeit, um mal wieder einen oder mehrere Briefe zu schreiben. Dann hatte ich ja auch meine Mundharmonika. Ich spielte am Heiligabend einige Weihnachtslieder und konnte damit zu etwas weihnachtlicher Stimmung beitragen.
Unsere Kompanie marschierte am 2. Weihnachtstag in ein Waldlager, das sich ungefähr zwei Kilometer von unserer Kaserne entfernt in einem Buchenwald befand. Bei grimmiger Kälte und sehr viel Schnee sollten wir in den kommenden vier Wochen auf den Fronteinsatz vorbereitet werden. Im Wald hatte man aus Fichtenstangen und Fichtenreisig drei Hütten erstellt. Etwas Stroh auf dem Fußboden diente als Nachtlager. In der Mitte der Hütte stand ein Kanonenofen, der aber nur in allernächster Nähe etwas Wärme spendete. Nachts zogen wir unsere gesamte Kleidung an. Wir legten uns eng aneinander, um uns gegenseitig zu wärmen. Bei klarem Himmel konnte man die Sterne durch die Fichtenzweige des Hüttendaches funkeln sehen. Morgens waren unsere Schuhe knüppelhart gefroren. Die Unteroffiziere sagten, das ist ja schlimmer als in Rußland, denn dort hatten wir unsere Erdbunker. Also bauten wir für die Unteroffiziere einen Bunker, in dem es angenehm warm war.
Meine Mundharmonika hatte ich mit ins Waldlager genommen. An einem Abend legte ich sie nach dem Spielen unter eine Stange an der Seitenwand. Als ich am nächsten Abend auf meiner Harmonika spielen wollte, gab sie nur noch

quietschende Töne von sich. Was war passiert? Der Frost hatte das vom Spielen etwas feuchte Instrument unbauchbar gemacht. Was dachte ich? Unrecht Gut, gedeihet nicht!
Die Ausfälle durch Erkältungskrankheiten waren relativ hoch. Auch ich mußte mit einer starken Erkältung am 31. Dezember 1945 für einige Tage in die Kaserne zurück, um die Krankheit auf unserer Stube so schnell wir möglich auszukurieren. Am Silvesterabend lag ich mit sehr starken Halsschmerzen im Bett und dachte, was wird das Jahr 1945 uns und mir wohl bringen.
Unser Kompaniechef, ein älterer Oberleutnant, war während unserer Waldlagerzeit in der Kaserne geblieben. Als wir von dort zurückkamen, sagte er: "Jetzt seid ihr richtige Männer geworden." Kein Wunder, denn durch Eis und Kälte, knappes Essen und harten Dienst hatten sich unsere Gesichter verändert.
Von unserer 18 Mann starken Gruppe wurde einer, er hatte das Gymnasium besucht, als Offiziersbewerber und fünf weitere, zu denen auch ich gehörte, als Unteroffiziersbewerber ausgewählt.
Mitte Januar 1945 war der Russe an der Weichsel durchgebrochen. Unsere Kompanie, außer den Offiziers- und Unteroffiziersbewerbern, erhielt den Befehl zum Einsatz an der Ostfront. Die betroffenen Kameraden wurden neu eingekleidet, nahmen die Granatwerfer mit und fuhren anschließend mit der Eisenbahn Richtung Osten.
Ich stand oben in der Kaserne und schaute auf den Kasernenhof. Es war ein trüber, kalter Wintertag mit starkem Schneetreiben. Unten auf dem Hof standen die Kameraden, fertig zum Abmarsch. Ich dachte, Gott sei dank, daß du da nicht dabei bist. Dann kam schon der nächste Gedanke: Wie lange noch?
Im Jahr 1946 ging ich während der betrieblichen Mittagspause durch Schlüchtern. Ich begegnete einem entlassenen deutschen Kriegsgefangenen. Wir schauten uns an und erkannten uns. Er war ein ehemaliger Schulkamerad von der Berufsschule in Gelnhausen, stammte aus Wächtersbach und befand sich jetzt auf der Heimreise. Er erzählte mir, daß er in Friedberg ausgebildet worden war. Seine Kompanie und meine Butzbacher Kompanie gehörten zum einem Bataillon. Von ihm konnte ich erfahren, daß er mit meinen Butzbacher Kameraden in Polen zum Einsatz kam und sie sehr, sehr schwere Verluste erlitten hatten. Er selbst war dabei in russische Gefangenschaft geraten. Gemeinsam freuten wir uns, daß wir den Krieg überlebt und uns in Schlüchtern begegnen konnten.

Wir Unteroffiziersbewerber verbrachten noch einige Tage in Butzbach, um dann in die Ludendorff-Kaserne in der Haimbacher Straße in Fulda verlegt zu werden. Den Tornister auf dem Rücken, marschierten wir vollbepackt am ersten Tag von Butzbach nach Günberg, am Rande des Vogelsberges gelegen. In einer Schule übernachteten wir. Am nächsten Vormittag ging unser Marsch mit beschwerlichem Aufstieg zu dem hochgelegenen Ort Ulrichstein. Am Abend trafen wir, ich stark humpelnd, in Rixfeld bei Herbstein ein. Wir wurden in Privatquartieren untergebracht. Die Tochter meiner Quartierleute behandelte sehr liebevoll und sorgfältig meine Blasen an den Füßen. Das tat mir und meinen Füßen gut. Am nächsten Tag erreichten wir unsere Kaserne in Fulda. In drei Tagen hatten wir etwa 110 Kilometer zurückgelegt.
In dieser Kaserne befand sich auch eine Einheit ungarischer Soldaten. Zu ihnen wurde ich als Ausbilder abkommandiert, durfte aber auf meiner Stube bleiben. Darüber war ich froh, denn im Gebäude der Ungarn roch es sehr nach Knoblauch.
Ein Ungar sprach recht gut deutsch und fungierte als Dolmetscher. Ich mußte den Leuten unter anderem den Richtaufsatz eines Granatwerfers erläutern. Sicher war dies zu diesem Zeitpunkt kein sinnvolles Unternehmen, jedoch sagten wir bei solchen und ähnlichen Anlässen: "Das geht vom Krieg ab." Gemeint war, es ist besser, in der Heimat eine Sache zu tun, die wenig Sinn hat, als den Frontgefahren ausgesetzt zu sein. Denn irgendwann mußte auch dieser Krieg ein Ende haben.
Auf jeden Fall kam ich mit den jungen Ungarn sehr gut zurecht und habe so eine angenehme Erinnerung an diese Zeit.
In Fulda besuchten mich mein Vater und meine Schwester. Meine Mutter war seit der Diphtherie im August 1944 erkrankt und immer noch bettlägerig. Deshalb wollte ich sie gerne besuchen. An den Sonntagen hatten wir Ausgang, erhielten aber keinen Urlaub für eine Heimfahrt. Ich ging zu meinem Paten, der bei der Reichsbahn am Bahnhof Fulda beschäftigt war. Er sagte: "Mit der Bahn kannst Du nicht fahren. Die Bahnhofswache der Wehrmacht schnappt jeden, der keinen Urlaubsschein besitzt." Aber es gab da noch eine andere Möglichkeit. Eine uns gut bekannte Wallrother Familie hatte Verwandte in Fulda. Diese wohnten allerdings von der Kaserne weit entfernt. An einem Samstagabend lieh ich mir dort ein Fahrrad und brachte es in einem Privathaus gleich neben der

Kaserne unter. Am Sonntagmorgen, es war Mitte Februar 1945, holte ich mir das Rad und fuhr ohne Genehmigung, dafür mit großer Freude, in meinen 30 Kilometer entfernt gelegenen Heimatort Wallroth. Meine Mutter war glücklich. Am späten Nachmittag, kurz vor der Dunkelheit, verabschiedete ich mich. Alle zu Hause wünschten mir viel Gutes, vor allen Dingen sollte ich gut auf mich aufpassen.

Auf der Rückfahrt erreichte ich nach vier Kilometern die B 40. Da kam langsam ein mit Ziegelsteinen beladener LKW den Berg hoch. Ich winkte und siehe da, er nahm mich mit. Wie war ich froh, als ich hörte, daß der LKW nach Fulda fuhr. So konnte ich schon frühzeitig mein Rad bei den freundlichen Leuten zurückgeben. Als ich in der Kaserne ankam, fragten die Kameraden, warum ich schon so früh da sei. Ich erzählte von meinem Glück, und alle freuten sich mit mir.

In der ersten Märzhälfte 1945 erhielten wir Unteroffiziersbewerber den Befehl, sofort zur Heeres-Unteroffiziers-Schule 9 in Mengerskirchen im Westerwald zu fahren. Mit der Eisenbahn erreichten wir Lauterbach. Hier stiegen wir um und fuhren weiter in Richtung Wetterau. In dem Zug befand sich fast ausschließlich Zivilbevölkerung.

Tieffliegerangriffe waren damals an der Tagesordnung. Uns erwischte es schon im Vogelsberg, in unmittelbarer Nähe von Herbstein. Der Lokführer konnte die Zugspitze gerade noch in einen Geländeeinschnitt fahren. Wir rannten raus, über eine Böschung hoch und fanden hinter einem flachen Erdrain mit Hecke etwas Schutz. Da prasselte es auch schon. Ein Flugzeug nach dem anderen kam von vorne an, schoß mit den Maschinengewehren auf den Zug, jedoch vorwiegend auf die Lok. Auf einmal kam eine Maschine von der anderen Seite angeflogen. Jetzt waren wir schutzlos. Einer von unserer Gruppe lag neben mir. Ich sagte zu ihm: "Hier kommen wir nicht mehr weg." Da hieß es nur, Kopf runter und schon krachte es. Anschließend rannten wir zwei über eine Wiese und versteckten uns unter einer kleinen Brücke. Dann drehten die Flugzeuge ab, und wir atmeten erst mal tief durch. Da rief mein Kamerad: "Schau mal her!" Mitten im Schild seiner Schirmmütze sahen wir ein Loch, das von einem MG-Geschoß verursacht worden war. Die Mütze war ihm beim Angriff etwas nach oben gerutscht. Wir gingen zurück und schauten uns noch mal die Gefahrenstelle an. In unmittelbarer Nähe unseres Lagerplatzes sah man Ein-

schußstellen von Maschinengewehrsalven.
Ich dachte: Das also ist der Krieg. Wehrlos mußt du abwarten, was da kommt, und so nahe ist da der Tod. Wir Unteroffiziersbewerber sammelten uns. Alle sagten, daß sie mächtig Angst gehabt hätten. Einer meinte, bei ihm sei es nicht so gewesen, er hätte aufrecht hinter einer Hecke gestanden. Wir bezweifelten das, konnten aber auch nicht das Gegenteil beweisen. Es war übrigens derselbe, der im Dezember 1944 ganz knapp dem Kriegsgericht entgangen war.
Die Lok wies starke Beschädigungen auf, und es hieß, dem Lokführer sei ein Bein zerschossen worden. Nun marschierten wir zu Fuß weiter und kamen am Abend in Gedern an. Einer von uns mit Namen Haas war in Gedern zu Hause. Er besorgte uns Privatquartiere, und wir blieben eine Nacht. Am nächsten Tag beschlossen wir, nochmals zu übernachten nach dem Motto: Warum die Eile, das geht vom Krieg ab.
Beim Weitermarsch erreichten wir die Wetterau. Es war schönes Frühlingswetter. Am Abend des 18. März befanden wir uns in der Nähe von Friedberg und übernachteten in einer Scheune. Am frühen Morgen, es war Montag, der 19. März, draußen war es noch dunkel, hörten wir Sirenen. Dann flogen Bomberverbände über uns hinweg und wir merkten sehr bald, was passierte. Im Süden sahen wir zuerst einen Feuerschein und dann einen riesigen Feuerball. Gleich darauf hieß es: "Hanau brennt."
Sofort wurde ich an den Luftangriff im Oktober 1943 auf Kassel erinnert. In meinem Heimatdorf, 150 Kilometer südlich von Kassel, sah man grell am Himmel den Feuerschein des brennenden Kassel.
Was in Hanau passierte, sah ich genau ein Jahr später. In der Mittelschule in Hanau-Kesselstadt legte ich im März 1946 die Prüfung als Großhandelskaufmann vor der Industrie- und Handelskammer Hanau ab. Wir Prüflinge aus Schlüchtern kamen nach dem Krieg das erstemal nach Hanau. Wir standen vor dem Hauptbahnhof und sahen eine Trümmerstadt. Dann liefen wir eine Stunde lang quer durch Hanau bis nach Kesselstadt und am späten Nachmittag zurück. Die Straßen waren frei geschaufelt, aber links und rechts lagen hohe Trümmerberge. Wir mußten aufpassen, daß wir die Richtung beibehielten, denn wir sahen nur selten einen Menschen, den wir hätten fragen können. Wir sagten zueinander: "Vor kurzem noch eine blühende und heute eine tote Stadt."
Unser Weg, immer zu Fuß, führte durch den Taunus nach Weilburg an der Lahn.

Unterwegs hatte ich eine Postkarte nach Hause geschrieben, die allerdings erst im Herbst 1945 bei uns eintraf. Auch meine im Februar 1945 in Fulda gefertigten Paßbilder konnte ich problemlos im Oktober 1945 abholen.
Wir marschierten weiter und befanden uns auf einem Höhenzug des Westerwaldes. Kein Baum oder Strauch bot Sichtschutz. Plötzlich kamen drei Tiefflieger angebraust. Wir gingen noch in Deckung, aber gesehen hatten die uns allemal. Wir warteten ab und waren erleichtert, daß diese Tiefflieger nicht zurückkamen. Damals war es üblich, daß Tiefflieger Einzelpersonen angriffen. Deshalb sagten wir nachher: "Wenn die jetzt gewollt hätten, dann wäre Hackfleisch aus uns geworden."
Am Spätnachmittag erreichten wir die Heeres-Unteroffiziersschule 9 in Mengerskirchen im Westerwald. Wir waren an unserem Ziel. Zuerst fand eine Entlausung statt, die wir zwar nicht verstanden, aber obligatorisch durchgeführt wurde. Alle Kleidungsstücke kamen in einen großen, fahrbaren Dampfkessel. Lederteile durften nicht hinein, denn die schrumpften derart zusammen, daß man sie nachher nicht mehr verwenden konnte.
Zur Übernachtung wurden wir in Privatquartiere eingewiesen. Am nächsten Tag hieß es: "Der Ami kommt näher." Es war auch schon Geschützdonner zu hören. Am Abend kam der Befehl zur Verlegung unserer Schule, kurz HUS 9, nach Blankenburg im Harz.
Gleichzeitig wurde der Abmarsch an demselben Abend, feldmarschmäßig mit allem Gepäck , bekanntgegeben. Wir marschierten über Weilburg, dann an der Lahn aufwärts und erreichten am Morgen nach einem anstrengenden 50 bis 60 Kilometer langen Nachtmarsch eine Kaserne in Gießen. Wir wurden in eine leere Gerätehalle eingewiesen, legten unsere Mäntel auf den Betonboden und schliefen sofort ein. Am Mittag wurde der Weitermarsch befohlen. Gegen Abend kamen wir in einen Wald, in dem wir auch übernachteten. Am Abend sprach ich mit einem Soldaten von unserer Gruppe. Er stammte aus der Gegend um Alsfeld, war etwa fünf Jahre älter als wir anderen und machte Andeutungen, daß man sich eventuell Richtung Heimat absetzen könnte. Am nächsten Morgen sahen wir ihn nicht mehr. Er hatte sich verdünnisiert.
Wir marschierten, marschierten, marschierten. In der Schwalm machten wir Rast auf einem Bauernhof. Wir waren vom Regen durchnäßt und trockneten unsere Kleidung am Ofen in der Stube. Meine "Schiffchen" (Mütze) fiel auf die

Ofenplatte und wurde angebrannt. Ein kleiner Zwischenfall, der mich überhaupt nicht störte.
Nach einem Nachtmarsch erreichten wir am Morgen des Karfreitag die Stadt Hersfeld, heute Bad Hersfeld genannt. Unsere Einheit mußte Soldaten für die Stadtverteidigung abstellen. Meine Kameraden von Butzbach bzw. Fulda und ich blieben in Hersfeld, während die anderen weitermarschierten. In einer Schule neben der Stiftsruine wurden wir untergebracht. In zwei Klassenräumen legten wir uns auf die Tische und schliefen, vom vielen Marschieren sehr, sehr müde, sofort ein. Um die Mittagszeit wurden wir durch Kanonenschüsse aus dem Schlaf geweckt. Als wir uns umsahen, waren alle Vorgesetzten verschwunden, und es wurde erzählt, amerikanische Panzer seien von Südwesten in die Stadt eingedrungen. Wir setzten uns nach Nordosten in Richtung Bebra in Marsch. Vor Bebra standen Soldaten der Feldgendarmerie. Diese trugen, wie alle Männer dieser Einheit, um den Hals eine Kette, an der quer über die Brust ein Metallschild befestigt war. Diese Feldgendarmeristen hatten die Aufgabe, alle ankommenden Soldaten zu sammeln und dem Fronteinsatz zuzuführen. Bei uns Soldaten hießen diese Leute wegen ihrer Kette mit Schild nur die Kettenhunde.
Für diese Männer hatten wir eine plausible Erklärung, denn wir sagten, daß wir zur HUS 9 gehörten und den Anschluß verloren hätten. Das wurde akzeptiert, denn unsere Einheit war an diesem Tag an dieser Stelle vorbeigekommen. Erwähnen möchte ich, daß ein Vorkommando der HUS an allen Straßengabelungen mit Kreide HUS 9 auf Hinweisschilder geschrieben hatte. Auf diese Weise konnten wir den Marsch unserer Einheit gut nachvollziehen.
Wir durften weitermarschieren, erreichten anschließend den Bahnhof von Bebra, in dem wir in einem Wartesaal übernachteten. Am nächsten Morgen kamen wir an den Stadtrand von Bebra. Da standen die Hinweisschilder, und zwar einmal nach Eschwege und einmal nach Meiningen. Auf dem Schild Eschwege stand HUS 9. Da sagten unsere Thüringer, ungefähr 10 Mann, sie stammten aus der Gegend von Suhl: "Machts gut, wir gehen jetzt in Richtung Meiningen." Für sie wurde es jetzt schwieriger, denn sie hatten keine passende Ausrede mehr. Zwei Namen habe ich noch in Erinnerung: Sie hießen Stark und Reich.
Zu sechst marschierten wir in Richtung Eschwege. Fünf Hessen und ein

Nordthüringer mit Namen Riedel. Aus Hessen stammten Karl-Heinz Schmidt aus der Rudloser Straße in Angersbach, Herchenröder aus Schlechtenwegen, Haas aus Gedern und ich; ein Name ist mir entfallen. Gegen Mittag befanden wir uns in der Nähe von Sontra und machten Rast an einem Waldesrand. Da sagte ich zu den vier Hessen: "Ich mach euch einen Vorschlag. Wir ändern unsere Richtung. Wir schlagen uns von hier in Richtung Rhön und dann nach Hause durch. Denn heute noch erreichen wir Eschwege, und wenn wir erst über der Werra sind, ist eine Umkehr sehr viel schwieriger, denn alle Brücken werden scharf bewacht." Doch ich fand kein Gehör, keiner machte mit. Sie sagten: "Der Krieg ist bald aus und mit ordentlichen Entlassungspapieren sind wir viel besser dran." Ein weiteres Argument: "Sollten uns die Kettenhunde erwischen, kommen wir vors Standgericht und was da passiert, kann man sich gut ausrechnen." Wenn nur einer mit mir gegangen wäre, hätte ich es so gemacht. Da aber keiner bereit war, marschierten wir gemeinsam weiter und kamen am Abend, es war Ostersamstag, der 31. März 1945, in Eschwege an. Wir gingen über eine Werrabrücke in die Innenstadt und fanden gleich anschließend in einem Haus links von der Straße eine Unterkunft. Im Wohnzimmer durften wir schlafen und außerdem stand hier ein Klavier. Unser Thüringer, von Beruf Musiker, setzte sich ans Klavier, spielte einige Lieder, und hiermit nahm der Tag noch einen guten Ausklang.
Am nächsten Morgen ging der Marsch weiter, und wir stellten fest, daß noch mal eine Brücke über die Werra führte. Also hatten wir auf einer Insel übernachtet. Wir kamen jetzt in den Thüringer Wald, und es ging steil bergan. Um die Mittagszeit trafen wir in einem hochgelegenen Dörfchen ein. Die Häuser waren recht klein. In der Dorfmitte verteilten wir uns auf verschiedene Häuser, um wegen eines Mittagessens nachzufragen. Freundlich wurden wir empfangen und, es war Ostersonntag, entsprechend bewirtet. Da sagte meine Wirtsfrau zu mir: "Junge, wo willst Du denn noch hin? Bleib hier! Mein Mann ist noch im Krieg. Von ihm gebe ich Dir Zivilkleidung. Dann wartest Du ab, bis alles vorüber ist und kannst später von hier nach Hause." Ich erzählte ihr, daß ich mich tags zuvor nach Hause durchschlagen wollte, aber mein Vorschlag keinen Zuspruch fand. Jetzt hätte ich mich entschlossen, weiterzumachen, denn vielleicht müßte ich meinen Kameraden recht geben. Sie bedauerte das, gab mir noch etwas Gutes zu essen mit auf den Weg, und mit einem herzlichen

Dankeschön verabschiedete ich mich von dieser herzensguten Frau.
Wir sechs marschierten weiter. Bergauf, bergab durch den Thüringer Wald. Am nächsten Vormittag verspürte ich plötzlich ein Stechen in der Brust, so wie ich es beim Arbeitsdienst schon mal erlebt hatte. Mühsam schleppte ich mich weiter. Meine Kameraden mußten immer wieder auf mich warten. Ich erinnerte mich an das Angebot dieser Frau und bedauerte meine Entscheidung. Aber das nützte mir jetzt wenig, denn das war Vergangenheit.
Irgendwann und irgendwo stand an einem Ortsrand die Feldgendarmerie. Die HUS 9 interessierte sie nicht. Alle Ankommenden mußten dableiben und für die Verteidigung zur Verfügung stehen. Wir kamen zur Ortskommandantur. Dort erzählten meine Kameraden dem zuständigen Feldwebel, daß ich gesundheitliche Probleme habe. Er fragte mich, was ich beruflich mache, um anschließend zu mir zu sagen: "Da können Sie sich selbst eine Bescheinigung mit den notwendigen Angaben schreiben, damit sie nach Blankenburg weiter kommen. Ich füge dann Stempel und Unterschrift hinzu." Gesagt, getan. Das war ein freundlicher, ein prima Mann.
Ich ging jetzt allein und begegnete anderen Soldaten, mit denen ich weitermarschierte. Doch dann ging es in einem Wald wieder mal steil bergauf. Plötzlich hatte ich unheimlich starke Brustschmerzen. Ich legte mich in den Straßengraben und wußte nicht mehr weiter. Da flehte ich: "Herrgott, hilf mir, daß ich hier nicht liegenbleibe." Nach einer Weile rappelte ich mich auf und schleppte mich mühsam weiter.
Als ich endlich die Berge des Thüringer Waldes hinter mir lassen konnte, ging es mir gesundheitlich wieder besser. Mit diesem verbesserten Lebensgefühl marschierte ich weiter und war meinem Herrgott dankbar.
Mit anderen Soldaten näherte ich mich der Stadt Nordhausen im Harz. Wir begegneten Kolonnen von Männern in Sträflingskleidung und mit starker Bewachung. Wir sagten zueinander: "Das sind Sträflinge aus einem Zuchthaus." Als ich nach dem Krieg von dem KZ Nordhausen hörte, dachte ich, das werden Lagerinsassen gewesen sein.
Kurz vor Nordhausen wurden wir von der Feldgendarmerie angehalten. Meine Bescheinigung fand keine Beachtung. Es hieß, alle Soldaten müssen sich im Militärflughafen Nordhausen sammeln. Ein bereitstehender offener LKW lud uns auf und fuhr los. Als wir in die Stadt kamen, gab es Fliegeralarm. In der

Nähe des Hauptbahnhofes hielt unser LKW an und über viele Treppenstufen stiegen wir in einen Luftschutzbunker tief in der Erde. Man hörte den Einschlag von Bomben. Plötzlich ein Donnerschlag, wie ein Erdbeben. Uns warf es im Bunker nur so durcheinander. Dann hieß es, sich flach auf den Fußboden legen, damit wenig Sauerstoff verbraucht wurde, denn eventuell war der Eingang bzw. Ausgang verschüttet. Nach geraumer Zeit konnten wir den Bunker ungehindert verlassen. Oben stellten wir fest, daß eine Luftmine in der Nähe des Bunkers eingeschlagen war. Luftminen, so hieß es allgemein, hätten eine größere Wirkung als normale Bomben, da sie beim Aufschlag sofort bersten und durch eine sehr starke Druckwelle großen Schaden verursachen.
Wir fuhren zum Flughafen. Die Beschädigungen durch den Angriff, so stellten wir fest, hatten sich in Grenzen gehalten. Im Flughafen übernachteten wir. Am nächsten Vormittag gab es schon wieder Fliegeralarm. Da kam der Befehl, sofort mit dem LKW den Flughafen zu verlassen. Als wir aus dem Hof fuhren, da sahen wir, was los war. Rund um Nordhausen standen "Christbäume" am Himmel. Diese rotfarbenen Markierungszeichen, die wie Christbäume aussahen, gaben den feindlichen Bomberverbänden ihre Ziele an.
Schon kurz hinter dem Flughafen sahen wir die vielen Bomber. Unser LKW hielt an, und in einem am Tag zuvor entstandenen Bombentrichter suchten wir Deckung. Vom Trichterrand aus konnten wir dann dieses schaurige Ereignis verfolgen. Wir sahen, wie die Flugzeuge die Bomben ausklinkten, die dann zuerst schräg wegflogen, um dann senkrecht auf die Stadt zu fallen. Ein Flugzeug wurde von unserer Flak abgeschossen und stürzte brennend zu Boden. Zuerst sahen wir über der Stadt nur Rauch aufsteigen. Aber dann kam das Feuer. Nein, das war kein Feuer, das war ein Feuermeer! Wie schrecklich! Tags zuvor hatten wir bei der Fahrt durch die Stadt außer einigen Soldaten nur Zivilbevölkerung gesehen. Und jetzt dies, kurz vor Kriegsende.
Wie lange dauerte der Angriff? Eine Stunde? Ich weiß es nicht. Als von Flugzeugen nichts mehr zu hören war, marschierten wir als Gruppe von etwa sechs Mann auf eigene Faust los. Wir befanden uns südwestlich von Nordhausen. Da von dort die amerikanische Armee anrückte, mußten wir die Stadt in südlicher Richtung umgehen, um nach Osten zu gelangen. Wir liefen in Qualm und Rauch über die Felder und begegneten aus der Stadt flüchtenden Menschen, denen die Angst ins Gesicht geschrieben stand.

Wir kamen an einer Feldscheune vorbei. Hinter der Scheune lagen Kleidungsstücke von Sträflingen. Was hatten die denn angezogen, wenn die Kleider hier lagen? Da sah ich abseits von der Scheune etwas liegen, das wie Sträflingskleidung aussah. Ich ging hin und sah einen Mann mit solcher Kleidung auf der Seite liegen. Sein Nacken war voller Blut, wahrscheinlich von einem Schuß. Ich dachte, ob der lebt und schüttelte an einem Bein. Da drehte er den Kopf etwas, und ich schaute in Augen, bei denen man fast nur Weißes sah. Da riefen meine Kameraden auch schon: "Wo bleibst du denn? Mach, daß Du nachkommst!"

Wir liefen über eine Anhöhe, und bevor wir in einer Senke verschwanden, schaute ich zurück auf Nordhausen und sah, wie die Stadt brannte und brannte. Da haben sich folgende Dinge tief in mein Gedächtnis eingegraben: Die brennende Stadt mit vielen, vielen Opfern, der sterbende Mann neben der Scheune und die Sinnlosigkeit von Gewalt und Krieg.

Unser Marsch verlief südostwärts durch die Ebene der Goldenen Aue. Wir sahen den Kyffhäuser einen Tag vor uns, am nächsten Tag seitlich und am übernächsten Tag hinter uns.

Eines Abends übernachteten wir in einer Ortschaft in Privatquartieren. Ich war bei einer Familie mit zwei Töchtern in meinem Alter. Deren Mutter hatte einen Mohnkuchen gebacken. Die beiden, eine hatte kupferrote, lange Haare, waren sehr freundlich und sagten, ich hätte bestimmt großen Hunger, ich sollte es mir schmecken lassen, es sei ja genug Kuchen vorhanden. Der Mohnkuchen, ich hatte noch nie welchen gegessen, schmeckte mir ganz vorzüglich. Wir erzählten uns, lachten und hatten gute Laune. Es war ein Abend, an dem man den Krieg vergessen konnte. Dann bekam ich ein herrlich weiches Federbett zugewiesen. Es war wie Daheim. Am nächsten Morgen verabschiedete ich mich mit einem sehr herzlichen Dankeschön.

Auf unserem Weitermarsch rumorte es plötzlich in meinem Bauch. Dann erlebte ich den Marsch gleich zweimal, und zwar den Rückmarsch und den Durchmarsch. Auf ebener, gerader Straße sah man keine Hecke und keinen Baum. Immer wieder mußte ich in den Straßengraben. Die Kameraden schimpften, da sie auf mich warten mußten. Ich sagte: "Seid froh, daß es Euch nicht wie mir ergeht!" So hatte ich an den Mohnkuchen eine gute und eine weniger gute Erinnerung.

Einmal traf ich einen Landser, der erzählte mir, in Meiningen hätten sie 13 Soldaten, die einige Tage keine Einheit nachweisen konnten, aufgehängt. Ich dachte, hoffentlich ist da keiner von unseren Kameraden dabei, die sich in Bebra von uns verabschiedet hatten.
Wir befanden uns nördlich von Halle an der Saale und kamen dann nach Eilenburg, 30 Kilometer vor Torgau an der Elbe. Die Kettenhunde sammelten alle ankommenden Soldaten. Sie sagten: "Torgau ist zur Festung erklärt. Ihr müßt Euch in der Kaserne von Torgau melden und die Stadt verteidigen." Ein bereitgestellter LKW lud uns auf und fuhr los. Ich dachte, was soll denn der Quatsch. Eine Festung Torgau, kurz vor Kriegsende, das ist ja Wahnsinn, da will ich gar nicht hin.
In einer Ortschaft, ungefähr 15 Kilometer vor Torgau, hielt der LKW an, um weitere Soldaten aufzunehmen. Ich stieg ab. Zwei Soldaten, mit denen ich kurz vorher gesprochen hatte, taten dasgleiche, und sehr schnell waren wir drei um eine Hausecke verschwunden. In einem Saal, der zu einer Gaststätte gehörte, übernachteten wir zusammen mit geflüchteter Zivilbevölkerung. Als ich zu später Stunde nochmals vor die Tür ging, sah ich den einen meiner beiden Kameraden eng umschlungen mit einem Mädchen. "Da schau her", dachte ich, "das ist auch eine Möglichkeit, um den Krieg zu vergessen."
Am nächsten Tag gingen wir drei bei schönem Wetter in einen nahegelegenen Wald und suchten uns einen passenden Lagerplatz. Wir dachten, der Ami wird bald nachrücken, dann gehen wir für kurze Zeit in Gefangenschaft und sind bald zu Hause. Doch es tat sich nichts. Alles blieb still. Auch Tiefflieger, vorher oft ein großes Ärgernis, sah man nicht mehr.
Nach einigen Tagen hatten wir nichts mehr zu Essen. Wir gingen abends in eine Ortschaft, uns etwas Eßbares zu besorgen. Da stand ein LKW der Wehrmacht und lud Getreide auf. Wir fragten den Fahrer, wohin er fährt. Er sagte: "Ich fahre in Torgau über die Elbe und lade dann in einiger Entfernung das Getreide wieder ab." Wir baten ihn, uns mitzunehmen. Er antwortete: "Es ist für mich kein Problem, Euch hinter dem Getreide zu verstecken und ans andere Elbufer zu bringen. Aber was wollt Ihr da, der Russe ist nicht mehr weit entfernt. Seht zu, daß Ihr hier in amerikanische Gefangenschaft kommt!" Das leuchtete uns ein, denn wir hatten nicht gedacht, daß der Russe schon so nahe wäre.

Wir gingen zu einem großen Bauernhof und rüttelten am verschlossenen Hoftor. Endlich wurde uns aufgemacht. Sofort erklärte uns die Bauersfrau, daß sie uns nichts zu essen geben könne, aber wir sollten es beim Nachbarn versuchen. Wir gingen zum Nachbarn. Wieder ein großer Hof mit einem Tor. Hier wurden wir mit den Worten empfangen: "Na, da drüben habt Ihr nichts bekommen, und jetzt kommt Ihr zu uns." Nach einigem Bitten durften wir eintreten. Wir erhielten ausreichend Brot, durften in der Scheune übernachten und uns am nächsten Morgen mit Kartoffeln satt essen. Da waren wir dankbar und zufrieden.

Ich sagte zu meinen beiden Kameraden: "Wir warten jetzt fast eine Woche, daß der Ami nachrückt. Aber wir können für diese Zeit auch keine Einheit nachweisen, das heißt, wenn uns die Kettenhunde erwischen oder wir verraten werden, kommen wir vors Standgericht. Es ist besser, wir gehen zur Ortskommandantur und melden uns." Ich konnte sagen, was ich wollte, die beiden machten nicht mit. Daraufhin gingen wir wieder in den Wald, jedoch konnte ich im Laufe des Tages die Kameraden überzeugen, daß wir uns melden müssen. Am Abend gingen wir zur Ortskommandantur. Ein Feldwebel fragte uns, wo wir gesteckt hätten. Es fehlte uns nicht an Ausreden, jedoch schaute er uns ungläubig an und sagte: "Zur Meldung in der Kaserne von Torgau gebe ich Euch einen schriftlichen Befehl. Ihr müßt Euch sofort in Marsch setzen." Da sagten doch meine Kameraden: "Das geht nicht, es ist ja bald dunkel." Der Feldwebel wurde böse: "Noch ein Wort, dann kommt Ihr vor's Standgericht. Ihr könnt acht Tage keine Einheit nachweisen, da wißt Ihr, was Euch dort passiert." Die beiden wurden ganz still, und wir verschwanden mit unseren Schriftstücken nach draußen. Anschließend sagte ich zu ihnen: "Ihr seid doch verrückt. Hauptsache, wir haben unsere Zettel und können verschwinden. Der Feldwebel kann doch nicht wissen, wo wir uns aufhalten. Ich mache Euch den Vorschlag, wir gehen zum Bahnhof und übernachten im Wartesaal."

Genauso machten wir es und marschierten am nächsten Morgen Richtung Torgau. Ein LKW nahm uns mit. Als wir durch Torgau fuhren, sahen wir an Hauswänden angeklebte, gut sichtbare rote Plakate. Darauf stand, daß das Standgericht drei Personen wegen verschiedener Vergehen zum Tode verurteilt hatte. Ein Fall ist mir noch bekannt. Ein Mann sah keine Notwendigkeit, sein Haus noch zu verdunkeln und sagte: "Das ist nicht mehr nötig, der Krieg ist

sowieso aus." Er hatte recht, jedoch das Standgericht die Gewalt. Ich mußte kurz an die Begebenheit vom Abend zuvor denken, aber dann waren die Gedanken schon wieder nach vorne gerichtet. Wir kamen in der Kaserne an. Hier war man gerade dabei, eine Wachmannschaft für das Wehrmachts-Verpflegungslager in Torgau zusammenzustellen. Man brauchte noch einige Leute, und ich meldete mich. Es ging mir auch darum, von den beiden, die unnötig Gefahr heraufbeschworen hatten, wegzukommen, und außerdem hörte sich das Wort Verpflegung immer gut an. Zuerst erhielt jeder von uns einen Karabiner. Seit dem Verlassen der Kaserne in Fulda war das für mich die erste Waffe. Die Karabiner hatten einen sehr langen Lauf, was daraufhindeutete, daß sie aus dem 1. Weltkrieg stammten. Anschließend setzte sich unsere Mannschaft in Richtung Verpflegungslager in Bewegung. Dieses große Lager lag an der Elbe und die Hallen waren, so wurde uns berichtet, mit Vorräten noch sehr gut gefüllt. Ich lernte einen Soldaten aus Oberschlesien kennen, der vorher an der Ostfront im Einsatz gewesen war. Er war acht Jahre älter als ich, und wir beide verstanden uns sofort sehr gut.
Am Spätnachmittag schlug eine Granate in unserem Lager ein. Es hieß, der Russe befindet sich schon am gegenüberliegenden Elbufer und schießt mit der Artillerie herüber. Es dunkelte, und der Abend brach an. Da kamen Kameraden in unseren Aufenthaltsraum und sagten: "Von den Vorgesetzten ist keiner mehr zu sehen, da hauen wir auch ab." Der Oberschlesier und ich packten unsere Sachen zusammen und gingen zuerst durchs Lager, um nach Eßbarem zu schauen. Alle Türen waren verschlossen, doch endlich war eine auf. Wir gingen in einen Raum und sahen nur Zigarettenkartons. Obwohl wir beide Nichtraucher waren, packten wir uns einige Schachteln in den Tornister und verschwanden aus dem Lager. Westwärts marschierten wir durch die Stadt. Auf einmal ein Donnerschlag. Etwas später wurde uns erzählt, deutsche Pioniere hätten die Elbbrücke gesprengt. Da waren wir froh, denn das verschaffte uns einen Zeitgewinn vor dem Russen.
In stockdunkler Nacht kehrten wir in einem Dorf auf einem Bauernhof ein. Das Haus war verschlossen, und die Besitzer waren, wie so viele, vor der anrückenden russischen Armee geflohen. In der Scheune suchten wir uns eine Schlafstelle. Am nächsten Morgen meldete sich als erstes der Hunger. Ich schaute mich in der Scheune um und sah eine Windfege, mit der das Getreide gereinigt

wurde, an der Seite stehen. Mir fiel ein, daß wir zu Hause auch eine solche Windfege besaßen und oben im Einlaufkasten sich immer ein Hühnernest befand. Ich ging hin und siehe da, ein Nest mit vielen Hühnereiern lag vor mir. Wir zwei hatten bald die rohen Eier ausgetrunken und konnten jetzt an unser weiteres Vorgehen denken. In der Scheune stand ein altes Damenfahrrad ohne Gepäckträger. Die Reifen waren ohne Luft, und eine Luftpumpe war auch nicht zu sehen. Kurz entschlossen hing ich einen Tornister an den Lenker und den anderen legte ich unten in den Rahmen. Mit dem Rad konnte ich nicht fahren, jedoch war es für unseren Gepäcktransport sehr nützlich.
Wir beide liefen zur Hauptstraße und waren überrascht, vor allem ich. Da waren Pferdegespanne mit Leiterwagen. Auf den Wagen die Familienmitglieder und Dinge, die man meinte, mitnehmen zu müssen. Es war die vor den Russen flüchtende Zivilbevölkerung. Etwas, das ich von der Westfront so gut wie gar nicht kannte. Beim Weitermarsch stießen wir auf vom Osten kommende komplette Infanteriekompanien. Mit Maschinengewehren und Panzerfäusten waren sie gut ausgerüstet. Dies kannte ich ebenfalls nicht, denn an der Westfront gab es vorwiegend zusammengewürfelte Haufen mit nur wenig Ausrüstung. Aber hier im Kessel zwischen Russen und Amis war alles bunt gemischt. Nur gut, daß es seit etwa zehn Tagen keine Tieffliegerangriffe mehr gab, denn das hätte hier ein Chaos bedeutet.
Am 26. April 1945 kamen wir gegen Mittag nach Gräfenhainichen, ungefähr 45 Kilometer nordwestlich von Torgau. Die Zivilbevölkerung war hier nicht geflüchtet. Die Sonne schien, und in der Ferne sah man die Türme der Chemiewerke von Bitterfeld, den damaligen Leunawerken. In der Dorfmitte gingen wir zu einem kleinen Bauerngehöft. Die Leute erzählten uns, bereits in der nächsten Ortschaft westwärts befänden sich die Amis. Wir ließen uns Wasser geben und führten im Hof eine ordentliche Körperwäsche durch. Mein Brustbeutel mit Geld hängte ich an einen Wandhaken. Als ich zu späterer Zeit meinen Brustbeutel vermißte, fiel mir ein, daß ich ihn dort hatte hängen lassen.
Nach der Mittagsrast gingen wir weiter zum Ortsausgang, Richtung Wittenberg an der Elbe. Es hieß, der Kessel ist bei Wittenberg noch offen. Mein Kamerad sagte: "Laß uns in Richtung Wittenberg marschieren, denn ich möchte nicht in Gefangenschaft." Er meinte, es käme zum Waffenstillstand und wir Soldaten würden ohne Gefangenschaft entlassen, was ich allerdings bezweifelte. Ich

sagte: "Da gehe ich nicht mit, denn dann bin ich wieder beim Russen."
Am Ortsausgang war eine Wiese. Rundum standen dicke Bäume. Auf der Wiese lagerten Gruppen von Soldaten, die auch nicht wußten, wie es weitergehen sollte. Zu ihnen gingen wir hin, um ihre Meinung zu hören und weitere Überlegungen anzustellen. Auf einmal riefen Soldaten: "Der Ami ist da!" Ein Amijeep kam angefahren und ein amerikanischer Soldat, nach deutscher Rangordnung ein Unteroffizier oder Feldwebel, ging auf uns zu. Wir wollten gerne wissen, was wir außer Waffen, Stahlhelm und dergleichen mitnehmen durften. Da sagte er, zu unserer Überraschung in gutem Deutsch: "Ihr könnt alles mitnehmen." Neben mir fragte ein Soldat: "Braucht jemand ein Paar Schaftstiefel?" Diese waren auf seinen Tornister geschnallt und jetzt hinderlich. Ich sagte: "Laß mich probieren!" Siehe da, sie paßten wie angegossen. So konnte ich meine vollkommen zerschlissenen Schnürschuhe hier liegenlassen. Vorher hatte ich meinen, in der Kaserne in Torgau erhaltenen Karabiner an einem Baum abgestellt. So kam es, daß ich während meines ganzen Kriegseinsatzes nie einen Schuß abzugeben brauchte. Als wir zum Sammelplatz in der Dorfmitte kamen, waren schon deutsche Soldaten, jetzt Gefangene, ohne jegliches Gepäck da. Sie sagten: "Ihr habt ja noch euer Gepäck, uns haben die Amis alles abgenommen." Da waren wir "unserem" Ami sehr dankbar.
Es begann unser Marsch in die Gefangenschaft. Während ich sehr erleichtert war, war mein Kamerad aus Oberschlesien sehr betroffen. Wir marschierten bis Köthen. Wir übernachteten in einem Hof, der von einer Ziegelsteinmauer umgeben war und zu einer Kohlenhandlung gehörte. Im Kohlestaub liegend, sahen wir am nächsten Morgen wie die Schornsteinfeger aus.
Wir wurden auf offenen LKWs in ein Gefangenenlager bei Eisleben in Thüringen gebracht. Eine große Wiese war von Stacheldraht und Wachtürmen umgeben. Auf einer Seite bildete eine hohe Abraumhalde, die von einem Bergwerk stammte, eine natürliche Begrenzung. Bei unserer Ankunft schien die Sonne, und wir sahen viele Gefangene, nur im Hemd oder mit nacktem Oberkörper, bei einer seltsamen Tätigkeit. "Wir fangen Läuse", sagten sie, "wartet nur, in acht Tagen ist es bei Euch auch soweit." An vielen Stellen hatten sich Gefangene flache Erdlöcher geschaffen, um vor dem Wind geschützt zu sein. Die Lagerfläche war in vier Felder aufgeteilt, die durch einen einfachen Zaun getrennt waren. Uns wurde erzählt, 65.000 Gefangene befänden sich im Lager und

hiervon 18.000 in unserem Block.
Am nächsten Morgen kam über Lautsprecher das Kommando, daß alle aus unserem Block zum Lagertor und dann auf freies Feld marschieren müßten. Unter starker Bewachung erreichten wir ein großes Roggenfeld. Den Roggen, 20 Zentimeter hoch, trampelten wir nieder. Dann hieß es: "In Zwölferreihen aufstellen und ins Lager marschieren." Beim Einmarsch erhielten immer sechs Gefangene - die Verteilung erfolgte von zwei Seiten - eine Dreiviertelliter-Dose mit Fleisch aus deutschen Wehrmachtsbeständen. Wieder im Lager, hockten diese sechs sich zusammen und verteilten den Doseninhalt. Dann hatte jeder seine Tagesration. Dieser Ablauf wiederholte sich an allen weiteren Tagen. Es gab zwei Möglichkeiten: Entweder man aß die Ration sofort auf, oder man bewahrte sich einen Teil für den Abend auf. Ich entschied mich für die zweite Möglichkeit, obwohl es mir wegen meines großen Hungers sehr schwer fiel.
In eine leere Fleischdose machten wir an der Seite oben ein Loch und unten, gegenüberliegend, ein zweites. Dann steckten wir Papier und Pappe in die Dose, und unser Ofen war startbereit. Obendrauf stellten wir eine Dose mit unserem Fleisch und Wasser. Auf diese Weise konnten wir das Fleisch erwärmen, was unserem Magen gut tat.
Das Wasser wurde in großen Fässern ins Lager gebracht. Das Wasserholen besorgte ich im Wechsel mit meinem Freund. Eine Stunde mußte man etwa in der Schlange stehen, um sein Wasser zu bekommen.
Im Block nebenan waren ungarische Gefangene. Problemlos konnte man von einem Block zum anderen gehen. In einem großen Klumpen standen die Ungarn um das Wasserfaß und bedrängten sich gegenseitig. Ich sah, wie in den Ungarnblock ein Wasserfaß gebracht wurde und dachte, wenn du schnell bist, hast du bald Wasser. Ich rannte hin und war einer der ersten. Ich faßte mein Wasser und stellte anschließend fest, daß ich in einem Menschenknäuel eingekeilt war. Als ich mich endlich durchgewühlt hatte, übrigens ging es den Ungarn genauso, war mein Kochgeschirr nur noch halb voll. Da dachte ich, hier gehst du nicht noch mal hin, da will ich doch lieber Schlange stehen.
Wir waren nur wenige Tage im Lager, da kam der Regen, zeitweilig mit Schnee vermischt. Gefangene, die Schutzlöcher gegraben hatten, mußten wegen dem vielen Wasser nun ausziehen. Jetzt war es gut, daß ich meine Zeltplane noch hatte. Mit drei weiteren Planenbesitzern knüpften wir ein Schutzdach, das mit

zwei Stöcken abgestützt und nach Osten offen war. Jeder von uns hatte einen Kameraden, der unter dem Dach noch Platz finden konnte. Außerdem nahmen wir einen älteren Gefangenen aus dem Baltikum auf, der nur schlecht deutsch sprach und uns für die Hilfe dankbar war. Wir hatten nun ein trockenes Plätzchen, aber wie schlecht ging es den vielen, vielen anderen, die Tag und Nacht im Regen standen, und wie dankbar war ich dem amerikanischen Soldaten, der mir alles Gepäck gelassen und dem Kameraden, der mir die Stiefel gegeben hatte. Denn meine kaputten Schnürschuhe hätten diesen Lagerschlamm nicht überstanden. Wenn ich heute an die damalige Zeit denke, erinnere ich mich besonders gerne an den amerikanischen Soldaten und empfinde damals wie heute herzlichen Dank.
Die Latrine möchte ich kurz erläutern. Das war ein langer Graben, an dem man sich hinhocken mußte, um seine Notdurft zu verrichten. Ab und zu wurde etwas Chlorkalk in den Graben gestreut. Dann gab es noch die "Latrinengerüchte". Das waren die meist, aber nicht immer, unglaublichen Nachrichten, die fast täglich im Lager die Runde machten. Und so hieß es auch eines Tages, unser Lager wird den Russen übergeben. Wir hielten dies für ein echtes Latrinengerücht. Als ich später zu Hause mit meinem Nachbarn Nikolaus Schmidt sprach, stellten wir fest, daß er nur 30 Kilometer südlich vom Ort meiner Gefangennahme in amerikanische Gefangenschaft geraten war. Er kam in ein amerikanisches Gefangenenlager, das dem Russen übergeben wurde. Erst im Jahre 1948 wurde er aus russischer Gefangenschaft entlassen.
Nach der ersten Lagerwoche kamen deutsche Gefangene, die kurz vorher im Sudetenland in Gefangenschaft geraten waren, zu uns in den Block. Sie waren voller Freude, daß der Krieg für sie nun zu Ende war. Ich dachte, so froh waren wir auch mal und heute, nach nur acht Tagen, ist fast alle Moral am Boden zerstört.
An einem Tag verkündete zur Mittagszeit der Lautsprecher: "Freiwillige zum Arbeitseinsatz in Nordafrika zum Lagertor kommen." Vor dem Tor fuhr eine LKW-Kolonne vor. Viele Gefangene strömten aus dem Lager. Im Nu waren die LKWs besetzt und fuhren los. Am nächsten Tag dasselbe Spiel mit Arbeitseinsatz in Frankreich. Und wieder konnten die LKWs voll besetzt davon fahren. So und ähnlich ging es jeden Tag weiter. Kann man das verstehen?

Ich war unter unserem Zeltdach noch gut dran, obwohl Hunger, Kälte und Läusefraß mir sehr weh taten. Aber, so dachte ich, was will ich in Nordafrika oder Frankreich, ich will nach Hause.
Jedoch, da waren die vielen anderen, die Tag und Nacht in Regen und Kälte standen. Durchnäßt, ebenfalls von Hunger und Läusen geplagt, fast hoffnungslos. Wie ist das Empfinden, wenn du merkst, daß dir die Kräfte schwinden. Du fühlst dich hundeelend und denkst, lange hältst du das nicht mehr aus. Ja, und dann kommt so ein Aufruf. Dann denkst du: Raus, nichts wie raus, egal wo hin, nur raus, bevor du hier krepierst!
Eines Abends sagte mein Oberschlesier zu mir: "Morgen früh melden wir uns krank, dann kommen wir hier auch raus." Am nächsten Morgen gingen wir zum Lagertor. Direkt daneben war in einem Geviert Stroh aufgeschüttet, auf dem die Kranken saßen oder hockten, denn es regnete, und das Stroh war sehr naß. Wir fragten, wann ein Krankentransport "geht". Es hieß: "Vielleicht heute, vielleicht morgen. Niemand weiß es." Wir beide hockten uns am Zaun, neben den anderen, ins Stroh. Es wurde Mittag, es wurde Nachmittag, und es regnete, regnete. Kurz vor Abend sagte ich zu meinem Freund: "Hier bleibe ich nicht, ich gehe zum Zeltdach zurück. Ich bin nicht gesund, aber hier werde ich todkrank." Mit einem Gefangenen rechts von mir hatte ich vielleicht eine Stunde vorher gesprochen. Seine Stimme war sehr leise gewesen. Ich wollte ihn erneut ansprechen, bekam aber keine Antwort. Da schaute ich rum und sah, wie er in sich zusammengesunken verstorben war.
Nach einer Weile sprach ich erneut meinen Freund wegen einer Rückkehr an. Er wollte nicht. Ich packte meine Sachen und sagte: "Ich gehe zurück, wenn Du willst, kannst Du nachkommen." Kurz vor Dunkelheit war ich wieder beim Zeltdach. Seitlich befestigte ich meine Plane und bat die anderen, etwas zusammenzurücken, damit ich ein trockenes Plätzchen hatte. Ich zog meine Stiefel aus, legte sie, damit sie mir nicht gestohlen wurden, unter meinen Kopf und war erst mal froh, wieder im Trockenen liegen zu dürfen. Ein Gedanke überkam mich: Was ist ein Schloß in der Freiheit gegen eine Zeltplane hier im Lager, und etwas Anderes, sehr Wichtiges ging mir durch den Sinn: Vieles im Leben wird dir vorgegeben, aber immer wieder mußt du auch selbst entscheiden. Entscheidungen, die im Krieg oft über Leben oder Tod den Ausschlag geben. Und ich dachte weiter, wenn du wieder gesund nach Hause kommst,

dann waren alle Entscheidungen richtig. Wenn eine Sache gut zu Ende geht, reden die einen von guten Zufällen, die anderen von Glück, ich sage es, damals wie heute, mit meinen Worten: Da hat mich mein Herrgott begleitet, und dafür will ich ihm von Herzen dankbar sein.

In jeder Nacht wurden von Wachsoldaten rund um den Stacheldrahtzaun Schüsse abgegeben. Obwohl der Zaun von großen Scheinwerfern grell beleuchtet war, würden Gefangene, so wurde erzählt, die Flucht versuchen. Einmal knallte und ballerte es die ganze Nacht. Am nächsten Morgen erzählte man uns, der Krieg ist aus. Es war der 8. Mai 1945.

Der Regen hatte aufgehört, nun sah die Welt bei Sonnenschein wieder etwas freundlicher aus. Die sehr knappen Essensrationen gab es unverändert weiter, und die Gefangenentransporte vom Lager weg hatten aufgehört. Wir waren jetzt nur noch 15.000 Mann und fanden uns alle in einem Lagerblock zusammen. Die wichtigsten Gesprächsthemen nannten wir die zwei großen H: Hunger und Heimkehr. Beim Hunger war das Thema bald abgehandelt, aber was die Heimkehr anging, ist mir eine Aussage von allen ganz deutlich in meinem Bewußtsein geblieben. Sie lautete: Deutschland liegt in Trümmern. Aber, wir haben gegen die ganze Welt kämpfen müssen. Wenn wir nach Hause kommen, wollen wir gerne und viel arbeiten, Hauptsache, dieser Krieg hat sein Ende und möge es nie wieder einen Krieg geben. Liegen in diesen Worten nicht schon die Wurzeln des Nachkriegswirtschaftswunders?

Ich lag in der Sonne. Das war das Beste, was man machen konnte, denn beim Sitzen oder Aufstehen wurde es einem vor Hunger und Schwäche schwarz vor den Augen. Und so sprach man bei Sonnenschein schon mal über andere Dinge als über Hunger und Heimkehr. Plötzlich sagte ein Gefangener, der neben mir lag, zu mir: "Wenn das mit den Juden jetzt rauskommt." Ich sagte: "Was soll denn da rauskommen." Er sagte: "Ich war in Polen. Da haben sie die Juden mit der Eisenbahn hintenraus in ein Lager gebracht." Dann war Pause. "Ja und?" fragte ich. Da antwortete er: "Die haben sie alle umgebracht." Ich sagte: "Das glaube ich Dir nicht. Und wie sollen die denn umgebracht worden sein?" Da sagte er: "Das Wie, das weiß ich nicht, aber daß es stimmt, wirst Du erfahren, wenn Du nach Hause kommst. Ich hätte auch nichts erzählt, wenn der Krieg jetzt nicht vorbei wäre." Als ich wieder zu Hause war, mußte ich feststellen, daß dieses Unfaßbare den Tatsachen entsprach.

In meinem Heimatdorf wohnten keine Juden. In der nahen Kreisstadt gab es viele jüdische Geschäftsleute. In mein Elternhaus kamen der Viehändler Salomon, genannt Sallmo, und der Textilhändler Aaron, wegen seiner kleinen Gestalt und seinem stets freundlichen Wesen Aaronche genannt. Während meine Eltern gegenüber Sallmo zur Vorsicht mahnten, genoß Aaronche größtes Vertrauen.
Im übrigen vertraten die Eltern folgende Meinung: Wir Nichtkaufleute müssen bei Geschäftsabschlüssen, ganz gleich, mit wem wir sie tätigen, sehr darauf achten, daß die Abwicklung in reeller Form vonstatten geht. Dazu hatte meine Mutter einen passenden Spruch: Du schaust jemand auf die Stirn, aber nicht ins Hirn.
Als im Krieg alle Juden Schlüchtern verlassen mußten, hieß es, sie kämen in Arbeitslager in die von der deutschen Wehrmacht besetzten Ostgebiete.
Warum wußten wir seinerzeit so wenig über das, was um uns herum geschah? Das Fernsehen gab es seinerzeit noch nicht. Rundfunk und Zeitungen verkündeten nur, was amtlich erlaubt war. Da blieb nur noch die mündliche Überlieferung.
In unserem Dorf hatte ein Mann sechs Monate nach der Machtergreifung durch Adolf Hitler für eine dann schon verbotene Partei Flugblätter verteilt. Anmerken möchte ich, daß außer der NSDAP alle Parteien verboten waren. Die Sache flog auf. Er wurde mit vier Jahren Zuchthaus bestraft und mußte diese Zeit ungekürzt verbüßen. Da war das wenige Wochen nach der Machtergreifung in Kraft gesetzte Ermächtigungsgesetz voll zur Geltung gekommen. Wieder zu Hause verlor dieser Wallrother Bürger seinen angenehmen Arbeitsplatz in einem Chemieunternehmen und mußte in einer Kohlenhandlung die dort üblichen Arbeiten verrichten. Dies waren: Waggons von Hand entladen, Kohlen einschaufeln und in die Keller der Haushalte tragen. Nach diesem Vorgang waren die Leute in unserm Dorf sehr vorsichtig, und es wurden besondere Vorkommnisse - wenn überhaupt - nur unter größter Vorsicht weitergegeben.
Im Gefangenenlager hatten wir alle eine Meinung: "Nie wieder Soldat!" Als wir uns wiedermal in dieser Hinsicht einig waren, sagte plötzlich ein Gefangener aus Oberschlesien: "Ich habe in meiner Heimat gegen die Russen gekämpft. Ich habe viel erlebt, gesehen und gehört. Ich bin der Meinung, unsere Frauen und Mädchen vor Vergewaltigungen zu schützen, dies allein reicht aus, um

Soldat zu sein." Damit war das Gespräch beendet und jeder konnte, wenn er wollte, sich seine eigenen Gedanken machen.
Eines Tages hieß es: Unser Lager wird aufgelöst. An einem Sonnentag fuhren LKWs ohne Planen in Kolonnen vor das Lagertor, um uns in ein anderes Lager zu bringen. Jeweils 60 Mann waren für einen LKW vorgesehen. Ich stand in unserer Gruppe sehr weit vorne. Auf der linken Seite des LKW wollten die ersten Gefangenen aufsteigen. Ich sah, wie zwei Amis mit lautem Geschrei den Kameraden alles Gepäck abnahmen und auf einen Haufen warfen. Ich hielt mich zurück in dem Bewußtsein, wie mir Zeltplane, Mantel und dergleichen in letzter Zeit geholfen hatten. Da kamen zwei weitere Amis an die rechte Bordwandseite und gaben zu verstehen, bei ihnen könne man auch aufsteigen. Alle zögerten. Ich ging kurz entschlossen los, riß meinen Tornister vom Rücken, warf ihn in hohem Bogen auf die LKW-Pritsche und kletterte mit einem kurzen Seitenblick auf den LKW. Nichts passierte. Gott sei Dank!
Ja, da war es wieder. Das, was es schon immer gab, solange die Menschheit besteht und auch weiterhin geben wird. Ganz dicht beieinander, das Gute und das Böse.
Die Amis drängten zur Eile. Es kamen Gefangene zur rechten Bordwandseite und reichten uns ihr Gepäck, das wir erst mal in Sicherheit brachten. Dann wurde es auf der Ladepritsche sehr eng. Wir hingen unsere Tornister an die Außenseite der rechten Bordwand, was die beiden "guten"Amis uns genehmigt hatten. Als 45 Mann auf dem LKW standen, war jeder Platz belegt. Da stiegen Amis, mit dicken Knüppeln bewaffnet, auf die Hinterräder und schlugen so fest sie konnten auf die Gefangenen. Diese drückten mit aller Gewalt nach vorne, und im nächsten Moment sprangen die letzten 15 Mann auf den LKW. Die Heckklappe wurde verschlossen und fertig war das "Heringsfaß".
Wir fuhren los und kamen zuerst durch das Dorf, das neben dem Lager lag. Die Bevölkerung stand an der Straße und reichte im Vorbeifahren Brot zu uns nach oben. Ich stand vorne rechts auf unserem LKW. Viele Hände griffen nach unten. Ich reichte nach unten und erwischte einen halben Laib Brot. In dem Moment flog meine Mütze vom Kopf. Aber was ist schon eine Mütze gegen ein halbes Brot. Wir teilten das Brot, und ich konnte feststellen, daß der Start in eine ungewisse Zukunft gut gelungen war. An dieser Stelle möchte ich mich bei der Bevölkerung dieses Ortes sehr herzlich bedanken.

Auf unserer Weiterfahrt kamen wir durch Nordhausen. Jetzt sah ich, was bei dem Bombenangriff alles zerstört worden war und dachte, vor einigen Wochen führte meine Fahrt durch eine unzerstörte Stadt, heute fahre ich durch Ruinen. Die Amis fuhren, was das Zeug hielt. In den Kurven wurde es zunehmend gefährlicher. Da machten wir es wie die Motorrad-Seitenwagenfahrer. Vor einer Rechtskurve riefen die, die in der vordersten Reihe standen: "Rechts!" Alle verlagerten ihr Körpergewicht nach rechts, und so konnte Kurve nach Kurve gut durchfahren werden. In umgekehrter Form galt das gleiche für die Linkskurven. Plötzlich hatten wir eine enge Linkskurve zu spät bemerkt, und der Zuruf klappte nicht mehr. Wir alle drückten mächtig gegen die rechten Bordwandleisten und hörten im nächsten Moment ein lautes Knacken. Zwei Eisenstreben mit den befestigten Holzleisten waren durchbrochen. Allerdings waren wir schon aus der Kurve und kamen ohne Schaden davon. Jetzt mußten wir sehr gut aufpassen, daß sich dies nicht wiederholte, denn das Umkippen des LKW hätte die Folge sein können.
Unsere Fahrt führte nach Hersfeld. Diese Stadt hatte ich auf dem Rückmarsch bereits kennengelernt. Unterhalb der Stadt lagen die Fuldawiesen, vom Stacheldraht umzäunt. Im Lager war nur wenig Platz, und es lag Mann neben Mann. Nur gut, daß bei Sonnenschein der Boden trocken war, sonst wäre dies hier das reinste Schlammfeld gewesen. Als wir endlich einen Platz gefunden hatten, bemerkten wir am Abend, daß der Geruch der Latrine sehr unangenehm und lästig war. Am nächsten Tag nahm ich mein Gepäck und ging los, um mir einen anderen Lagerplatz zu suchen. Ich ging durch die Reihen und erspähte endlich eine Lücke. Da sagte einer: "Hier kannst Du nicht bleiben, wir haben selbst keinen Platz." Da sagte ein anderer: "Junge, komm her, wir rücken etwas zusammen, und dann kannst Du dich bei uns niederlassen." Ich dachte: "Wiedermal einen echten Kameraden getroffen."
Erwähnen möchte ich, daß manche Gefangene sagten: "Nenn mich nicht Kamerad! Wenn Du willst, dann sage zum Beispiel Kumpel zu mir." Sie meinten, die Bezeichnung Kamerad sei im Krieg zu oft mißbraucht worden. Aber die, die nicht als Kamerad angesprochen werden wollten, das waren die besseren Kameraden.
Das Essen war mehr als schlecht. Einige Kekse aus Armeebeständen und noch einige Kleinigkeiten. Unsere Kräfte ließen nach, und wir sagten: "Der Krieg ist

vorbei. Warum gibt man uns so wenig zu essen? Wollen uns die Amis verhungern lassen?"
Neben mir lag ein Landser aus Köln, der seine Heimatstadt nicht verleugnen konnte, wenn er den Mund auftat. Er benutzte gern einen Spruch, der allen Landsern bekannt war:: "Der Dank des Vaterlands ist dir gewiß, er wird dir ewig nacheilen, dich aber nie erreichen." Nein, Dank hatten und wollten wir nicht erwarten, das meinte auch der Kölner. Aber etwas anderes sagte er: "Wenn ich wieder zu Hause bin, gehe ich in keine Partei oder ähnliches, jedoch in meinem Carnevalsverein, da werde ich wieder aktiv." Anschließend erzählte er von seinem Carnevalsverein, geriet ins Schwärmen, und ich konnte mein Wissen über angenehme Dinge des Lebens bereichern.
Ich war acht Tage in Hersfeld, als der Lautsprecher bekanntgab: "Freiwillige für den Arbeitseinsatz nach Neustadt bei Marburg an der Lahn am Lagertor melden." Ich überlegte nicht, sondern nahm mein Gepäck und meldete mich. Marburg, dachte ich, liegt nur etwa 100 Kilometer von meinem Heimatort entfernt, da kann eigentlich nichts schief gehen. Da ich beim Melden einer der ersten war, wurde ich auch berücksichtigt. Mit LKWs wurden wir in ein Barackenlager in der Nähe von Neustadt gebracht. Jetzt waren wir erst mal unter einem Dach und schliefen gerne auf den blanken Dielen. Im Lager befanden sich etwa 3.000 Gefangene. Das Essen war weiterhin mehr als ungenügend. Je Mann erhielten wir dreimal am Tag ein Schöpflöffel dünne Wassersuppe.
Entlausung war angesagt. Bei Sonnenschein gingen wir auf eine Wiese und entledigten uns aller Bekleidung. Auf einer großen Papptrommel war zu lesen: DDT, mit dem Firmenzeichen Geigy. Die Trommel war mit Pulver gefüllt, das wir mit unseren Händen zum Einpudern unserer Kleidung sowie der gefährdeten Körperteile benutzten. Die Wirkung war phantastisch. Ab sofort wurden wir nicht mehr von Läusen geplagt, und vor allen Dingen war die Nachtruhe gesichert.
An den ersten Tagen erfolgte noch kein Arbeitseinsatz, aber dann marschierten wir zu Aufräumungsarbeiten in einen zwei Kilometer von unserem Lager entfernten massiven Gebäudekomplex, direkt vor Neustadt gelegen. Wir brachten in Erfahrung, daß sich in unmittelbarer Nähe eine Munitionsfabrik unter der Erde befand und unser Barackenlager und dieses Massivlager wahrscheinlich als Wohnraum für Fabrikarbeitskräfte dienten. Am zweiten Tag unserer La-

gerarbeit fanden wir in einem Keller einen Haufen Kartoffeln. In einem anderen Keller stand ein defekter Elektroherd, den ein Elektriker unter uns funktionstüchtig herrichtete. Jetzt wurden Kartoffeln gekocht. Unauffällig und abwechselnd kochte ein Gefangener Kartoffeln, und ein anderer nahm seine Mahlzeit ein. War das eine feine Sache. Nach langer, langer Zeit konnte ich mich mal wieder richtig satt essen. Am nächsten Tag wurde dieses Massivlager von amerikanischen Soldaten belegt. Eine Abordnung unserer Kompanie - auch noch im Gefangenenlager gab es diese Bezeichnung - mußte die täglich anfallenden Arbeiten verrichten. Außerdem, was für ein Glück, war unsere Gruppe für den Küchendienst zuständig.
In einem größeren Gebäude befand sich eine Großkücheneinrichtung mit einem Speisesaal. In einiger Entfernung, am Lagerzaun, lagerte der Abfall. Alle Speisereste mußten wir auf diesen Abfallhaufen bringen. Unsere offiziellen Essensrationen waren noch mangelhaft, jedoch hatten wir jetzt die Möglichkeit, uns unter der Hand recht gut zu versorgen.
Am ersten Arbeitstag mußten wir nach dem Mittagessen das restliche Fleisch zum Abfall bringen. Vor den Augen der Amis durften wir uns nichts nehmen, aber hinter dem Abfallhaufen hatten wir die Möglichkeit, uns satt zu essen. Außerdem konnten wir unsere Kameraden, die nur Lagerarbeit verrichteten, ebenfalls versorgen.
Als wir uns abends wieder in unserem Lager befanden, wurde ich, die anderen genauso, von heftiger Übelkeit befallen, in deren Folge es zu Erbrechen und Durchfall kam. Es war auch gut zu verstehen, daß ein Magen, der monatelang nur Kleinstrationen gewöhnt war, bei diesen größeren Fleischmengen rebellisch werden mußte.
Am nächsten Morgen, zum Frühstück, aßen die Amis gebratenen Speck mit Weißbrot und anderes mehr. Das beim Braten angefallene heiße Fett mußten wir wegschütten. Das tat mir in der Seele weh, denn dieses Fett hatte einen hohen Nährwert. Bei uns zu Hause wurde nach den Hausschlachtungen solches Fett in Steinguttöpfe gegeben und diente ein Jahr lang für das Zubereiten der Speisen und als Brotaufstrich. Mit diesem Fett hätte man in unserem Lager vielen Gefangenen, deren Hunger riesengroß war, helfen können. Ergänzend möchte ich erwähnen, daß bei den Amis alle Essensreste vernichtet wurden, das heißt, daß von der einen Mahlzeit nichts für die nächste aufbewahrt wurde.

An einem Nachmittag führte ein Wachsoldat einen Kameraden und mich in einen Raum. In diesem standen reihenweise Apfelsinenkisten. Wir erhielten den Auftrag, die Apfelsinen aus den Kisten zu nehmen, das Seidenpapier zu entfernen und dann leere Kisten mit Papier zum Abfallhaufen zu bringen.
Der Posten nahm vor der Tür Platz. Über die Nachspeise waren wir sehr erfreut, denn in der ganzen Kriegszeit hatte es in Deutschland keine Apfelsinen zu essen gegeben. Mir schmeckte es gut, und ich überlegte, wie machst du es, daß deine Kameraden auch in den Genuß von Apfelsinen kommen? Mir fiel auch sofort eine Lösung ein. Ich entleerte eine volle Kiste nur zur Hälfte, legte Seidenpapier obendrauf und marschierte leicht und locker zum Abfallhaufen und wiederholte das gleiche noch einmal. Zwischenzeitlich hatten die lautlosen Buschtrommeln die Signale weitergegeben, und in Zeitabständen versorgen sich die Kameraden mit dieser köstlichen Nachspeise.
Ich befand mich im Vorratsraum. Da stand in Originalverpackung ein Papiersack mit Weißbrot. Eine Maus hatte am oberen Ende ein Loch in den Sack gefressen. Da gab mir der Ami zu verstehen, diesen Sack zum Abfall zu bringen. Ich schaute ungläubig, aber ich hatte mich nicht verhört und schleppte den Sack zum Abfall. Das Weißbrot war bei meinen Kameraden sehr willkommen. So konnten wir einmal uns sofort versorgen und außerdem den Großteil am Abend mit ins Lager nehmen. Das Mitnehmen von Speisen hatte eine wesentliche Bedeutung, denn es ging jeden Tag nur ein Teil unserer Gruppe zum Küchendienst, und an den freien Tagen wollten wir ja auch ordentlich essen. Außerdem kamen auf unsere Stube Männer von anderen Kompanien, denen wir gerne etwas abgaben.
Alle, die im Amilager arbeiteten, hatten durch bessere Ernährung und abwechslungsreiche Arbeit eine deutlich verbesserte Moral. Jeden Abend führte die erste Wegstrecke nach Verlassen des Lagers am Lagerzaun entlang. Wieder war Feierabend, und wir sangen auf dem Heimweg am Zaun zwei bis drei deutsche Marschlieder. Am nächsten Abend taten wir dies, warum auch immer, nicht. Da wurde uns am nächsten Tag mitgeteilt, daß die Amis wünschten, wir möchten jeden Abend singen. Wir wunderten uns, daß die Amis deutsche Marschlieder hören wollten, jedoch erfüllten wir ihnen diesen Wunsch, denn wir wollten mit ihnen keinen Ärger haben. Von den vielen Marschliedern möchte ich eines nachstehend mitteilen:

Schwer mit den Schätzen

Schwer mit den Schätzen des Orient beladen,
ziehet ein Schifflein am Horizont dahin.
Sitzen zwei Mädel am Ufer des Meeres,
flüstert die eine der anderen leis ins Ohr:
Frag doch das Meer, ob es Liebe kann scheiden,
frag doch das Meer, ob es Treue brechen kann."

Schifflein sie fuhren und Schifflein sie kamen;
einst kam die Nachricht aus fernem, fernem Land.
Aber es waren nur wenige Zeilen:
Daß eine andre er auserkoren hat.
Frag doch das Meer...

Die Amis hatten gemerkt, daß wir abends einiges, obwohl es vorwiegend Abfall war, in unser Lager schleppten. Am Lagertor wurden beim Ausmarsch die Kontrollen verschärft. Wir mußten jetzt vorsichtiger sein. Trotzdem habe ich weiterhin Nahrungsmittel in der Kleidung gut "nach Hause" gebracht. Ich dachte, da sollen es dir die Amis eben abnehmen, mehr als einige Schläge oder Fußtritte wird es wahrscheinlich nicht geben. Außerdem warteten die Kameraden im Lager sehnsüchtig auf unsere Mitbringsel, und mir bereitete es Freude, wenn ich ihnen recht viele Dinge übergeben konnte.
Auf unserer Stube hatten wir einen Koch. Er arbeitete in unserem Gefangenenlager in der Küche. Als wir noch nicht bei den Amis arbeiteten, war er uns gegenüber im Vorteil, denn er hatte ausreichend Wassersuppe zu essen. Jetzt aber wollte er auch die Vorzüge der Amiküche für sich in Anspruch nehmen. Wir nahmen ihn mit zur Arbeit. Nach der Rückkehr am Abend fragte unser Stubenältester den Koch: "Was hast Du uns mitgebracht?" Er sagte: "Ich habe nichts mitgebracht, denn ich konnte kaum etwas für mich ergattern. Überall standen Amis und schauten einem auf die Finger." Mittlerweile hatte ich meine Taschen und Hosenbeine entleert und alles auf den Tisch gelegt. Da sagte unser Stubenältester: "Schau mal, was unser Kleiner alles mitgebracht hat." Da fragte mich der Koch, wie ich das gemacht habe. Da sagte ich ihm: "Du mußt Deine Arbeit machen, aber dabei rundum alles genau beobachten. Bei passender

Gelegenheit tust Du blitzschnell etwas verstecken, was Du am Abend in deiner Kleidung verschwinden läßt."
Nach einem Arbeitstag kamen wir ins Lager und hörten, daß 200 Mann entlassen würden. Von unserer Stube waren zwei Kameraden dabei. Wir freuten uns mit ihnen, denn wir dachten, dann wird es auch für uns bald soweit sein. Es vergingen zwei oder drei Tage. Ich kam von der Arbeit zurück und wurde mit dem Zuruf "Druschel, wirst entlassen" empfangen. Meine Freude war riesengroß, und sofort setzte ich mich in Richtung Schreibstube in Bewegung. Es waren diesmal nur 50 Gefangene, die sich auf die Entlassung freuen durften, aber ich stand nicht auf der Liste. Die Liste war alphabetisch geordnet, jedoch stand ich nicht unter "D" und nicht unter "T". Da sagte ich zu dem Schreibstubenmann, einem deutschen Gefangenen: "Die Kameraden können es doch nicht erzählen, wenn es nicht stimmt. Vielleicht bin ich auf der Liste nachgetragen." Beim nochmaligen Hinschauen sagte er: "Glück gehabt! Bist auf der Liste als Letzter nachgetragen. Kommst morgen früh um 9 Uhr und holst Deinen Entlassungsschein."
Am nächsten Morgen, es war Samstag, der 23. Juni 1945, bekam ich meinen Entlassungsschein. Bei den anderen Entlassenen erkundigte ich mich, wer mit mir in Richtung Fulda, also in Richtung Heimat, geht. Zwei Kameraden, der eine aus Thüringen, der andere aus Würzburg, gingen mit mir. Bei Sonnenschein marschierten wir zum Lagertor hinaus. Die Straße führte auf dem Weg nach Neustadt im Abstand von 50 Metern am Lagerzaun vorbei. Die Kameraden im Lager winkten uns zu, und wir winkten zurück. Ein unbeschreibliches Gefühl. Mir war, als fielen zentnerschwere Steine von mir ab. Den Entlassungsschein in der Tasche und endlich frei, frei, frei.
Ich war nur acht Wochen in Gefangenschaft, aber mir kam diese Zeit unendlich lange vor.
In Neustadt gingen wir in eine Bäckerei. Die Ladeninhaber gaben uns Brot. Sie und anwesende Kunden freuten sich mit uns über unsere Entlassung. An diesem Tag erreichten wir mit unterschiedlichen Fortbewegungsmitteln die Stadt Alsfeld. Im Wartesaal des Bahnhofs übernachteten wir. Am Sonntagmorgen fuhren wir mit dem ersten Zug nach Bad Salzschlirf. Eine Weiterfahrt nach Fulda war nicht möglich, da die Strecke infolge Kriegseinwirkung noch nicht befahrbar war. Wir gingen durch das schöne Städtchen. Die Sonne schien über

Berg und Tal. In der Stadtmitte kam ein Amijeep mit zwei Soldaten und zwei Mädchen angefahren. In unmittelbarer Nähe hielt der Jeep an. Da hörten wir, daß sich die beiden Mädchen auf deutsch unterhielten. Wir fragten Passanten und erhielten lachend die Antwort, das sind deutsche Freundinnen der Amis. Wir waren überrascht. Verärgerung kam nicht auf, denn dafür war das Glücksgefühl über unsere Heimkehr viel zu groß. Wir sagten nur zueinander: "So schnell geht das", und meinten, für eine Annäherung brauchten wir bestimmt noch eine ganze Weile.

Am Ortsausgang Richtung Fulda überholte uns ein mit Milchkannen beladener LKW. Er nahm uns zur Molkerei in Fulda mit. Jetzt mußten wir drei Heimkehrer uns trennen. Im Gefangenenlager hatten wir uns oft gefragt, wie wird es zu Hause aussehen. Geht es unserer Familie noch gut, und wird unser Haus noch unbeschädigt sein? Diese Frage stellte sich auf unserer Heimreise ganz besonders meinem Kameraden aus Würzburg, denn er hatte gehört, daß durch einen schweren Bombenangriff kurz vor Kriegsende seine Heimatstadt sehr stark beschädigt worden war.

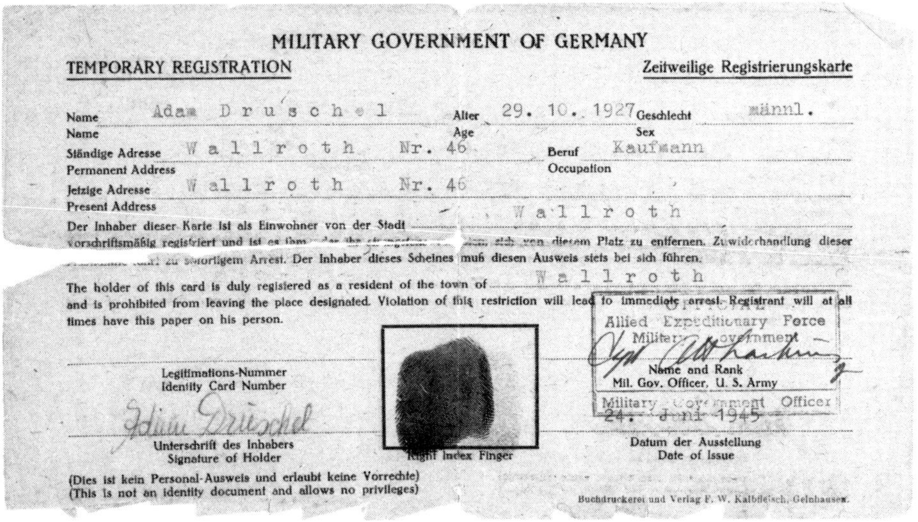

MILITARY GOVERNMENT OF GERMANY

TEMPORARY REGISTRATION — Zeitweilige Registrierungskarte

Name / Name: Adam Druschel — Alter / Age: 29. 10. 1927 — Geschlecht / Sex: männl.

Ständige Adresse / Permanent Address: Wallroth Nr. 46 — Beruf / Occupation: Kaufmann

Jetzige Adresse / Present Address: Wallroth Nr. 46

Der Inhaber dieser Karte ist als Einwohner von der Stadt Wallroth vorschriftsmäßig registriert und ist es ihm [illegible] sich von diesem Platz zu entfernen. Zuwiderhandlung dieser [illegible] zu sofortigem Arrest. Der Inhaber dieses Scheines muß diesen Ausweis stets bei sich führen.

The holder of this card is duly registered as a resident of the town of Wallroth and is prohibited from leaving the place designated. Violation of this restriction will lead to immediate arrest. Registrant will at all times have this paper on his person.

OFFICIAL
Allied Expeditionary Force
Military Government

Legitimations-Nummer / Identity Card Number

Adam Druschel
Unterschrift des Inhabers / Signature of Holder

Right Index Finger

Name and Rank
Mil. Gov. Officer, U. S. Army
Military Government Officer

24. Juni 1945
Datum der Ausstellung / Date of Issue

(Dies ist kein Personal-Ausweis und erlaubt keine Vorrechte)
(This is not an identity document and allows no privileges)

Buchdruckerei und Verlag F. W. Kalbfleisch, Gelnhausen.

In der Molkerei fragte ich nach einer Fahrtmöglichkeit in Richtung Neuhof. In diesem Ort, 15 Kilometer von Wallroth entfernt, wohnte mein Onkel Heinrich. Wenn ich erst mal in Neuhof war, gab es für die Weiterfahrt bestimmt eine gute Möglichkeit.
Mir wurde gesagt: "Da drüben der LKW hat schon abgeladen und fährt jetzt sofort in Richtung Neuhof ab." Ich nichts wie hin und schon ging es los. In Tiefengruben, drei Kilometer vor Neuhof, war Endstation. Ich ging auf der Straße und war etwa 200 Meter gelaufen, als aus Richtung Fulda ein PKW kam und mich mitnahm. Ich hatte als Ziel die nahe Kreisstadt Schlüchtern angegeben und wollte auf der Höhe des Distelrasen, vier Kilometer von zu Hause entfernt, aussteigen. Da fragte mich der Fahrer, ob ich direkt nach Schlüchtern wolle. "Nein", sagte ich, "nach Wallroth." Er sagt zu mir: "Ich will nach Ulmbach, für mich ist es kein Umweg, wenn ich über Wallroth nach Ulmbach fahre." Ich freute mich über so viel Glück. Bei herrlichem Sonnenschein fuhren wir in unser Dorf, und ich stellte fest, daß alles noch so war, wie ich es in Erinnerung hatte. Um halb elf stieg ich an der Dorfstraße, 200 Meter von unserem Haus entfernt, aus dem Auto. Da sah ich, daß vom Gehöft unseres Nachbarn Peter Knöll nur noch ein Rest vom Wohnhaus zu sehen war. Mein Gedanke, daß die Brandursache in den Kampfhandlungen am Kriegsende zu suchen sei, wurde mir dann auch bestätigt. Die Nachbarn riefen: "Der *Hennerjes* Adam ist heimgekommen." Meine Mutter hatte vom Fenster aus das Auto beobachtet. Eilig kamen mir meine Eltern entgegen. Die Freude bei meinen Eltern, Nachbarn und natürlich bei mir war riesengroß. Als ich in unsere Wohnküche kam, stand ein großer Blumenstrauß aus unserem Garten auf dem Tisch. Meine Mutter sagte: "Die Anna ist in der Kirche. Sie hat heute morgen den Blumenstrauß hingestellt und gesagt, ich habe das Gefühl, als wenn heute ein besonderer Tag wäre."
Meine Schwester kam nach Hause, und wir beide fielen uns mit großer Freude in die Arme.

Ich danke meinem Herrgott von ganzem Herzen, daß er mich gesund nach Hause geleitet hat.

Staatenlos

Erzählt von Augusta (Gustel) Kempel, geborene Selenschuk, Wallroth

Von links: Alex Selenschuk, Horst Scheidereit, Gustel Kempel und der Hund Luchs im Jahr 1943.
Das Kind Horst Scheidereit kam mit seiner Mutter, einer Cousine von Alex' Frau, Anfang 1943 wegen der ständigen Bombenangriffe auf das Ruhrgebiet von Bochum-Werne nach Wallroth und wurde von Alex und seiner Familie aufgenommen. Der Vater von Horst arbeitete im Bergwerk und blieb in Bochum.
Im Herbst 1945 kehrte Horst mit seiner Mutter nach Instandsetzung der durch Bombenangriffe beschädigten Wohnung nach Bochum zurück.

Im Haus *Lehnerts* in Wallroth wurde ich am 28. August 1926 geboren. Meine Eltern bewirtschafteten eine kleine Landwirtschaft mit 4,5 Hektar landwirtschaftlicher Nutzfläche.
Zusätzlich war mein Vater im Herbst als Maschinenführer bei der Dreschgenossenschaft tätig.
Im Winter arbeitete er als Holzhauer im Klosterwald.
Mein Vater hieß Alex Selenschuk und stammte aus der Ukraine. Sein Heimatort hieß Solitschemka und lag am Dnjepr, in der Nähe von Kiew.
Mein Vater war im 1. Weltkrieg, und zwar im Jahr 1915 in deutsche Kriegsgefangenschaft geraten, aber wegen der Revolution in Rußland nicht zurückgekehrt. Später lernte er meine Mutter kennen, und sie haben geheiratet. Den Lebenslauf meines Vaters möchte ich nachstehend schildern.
Am 14. März 1891 wurde mein Vater in dem Dorf Solitschemka im Kreis Tschernikow in der Ukraine geboren. Seine Eltern und auch er betrieben eine Landwirtschaft. In Dorfnähe lag ein großes Sumpfgebiet. Die dort gelegenen Wiesen konnte man nur zu Fuß erreichen. Deshalb wurde im Sommer das

geerntete Heu auf große Haufen gesetzt und im Winter mit bespannten Schlitten heimgeholt. In dem Sumpfgebiet hatten viele, viele Kraniche ihre Heimat. Im Frühjahr zur Legezeit banden die Jugendlichen des Dorfes Holzleitern hintereinander, legten sie auf den Sumpf, krochen über die Leitern zu den Kranichnestern, um sich einige Eier zu holen. Mein Vater sah in dieser Tätigkeit für die Fortpflanzung der Kraniche keine Nachteile, denn bei der Vielzahl der Nester sei die Zahl der ergatterten Eier unbedeutend gewesen. Wir hatten auf dem "Loacher" einen Acker. Dieser befand sich auf einer Höhenlage bei Wallroth. Wenn wir zur Flugzeit der Kraniche im Frühjahr oder Herbst auf diesem Acker arbeiteten, dann überkam mein Vater das Heimweh. Er war sehr schweigsam und schaute nach den Kranichscharen, bis sie in der Ferne entschwunden waren.
Als im Jahr 1914 der 1. Weltkrieg begann, diente mein Vater als Kavallerist bei der russischen Armee. Im Jahr 1915 befand er sich mit seinem Panjepferd und anderen Soldaten auf einem Patrouilleritt. Sein Pferd, mit dem er schon jahrelang zusammengewesen war, wurde von deutschen Soldaten angeschossen, an einem Bein verletzt und konnte nicht mehr laufen. Ein anderer Soldat wollte meinen Vater auf seinem Pferd mitnehmen. Als mein Vater - er hatte sich schon etwas von seinem Pferd entfernt - zurückblickte, sah er, wie das Pferd wieherte und sehnsüchtig nach ihm schaute. Da ließ er die anderen Soldaten wegreiten, ging zu seinem Pferd zurück, öffnete ihm den Sattelgurt und sprach ihm gut zu. Dann machte er sich zu Fuß auf den Heimweg. Gleich darauf kam er an einer Hecke vorbei, sah seine Kameraden noch in der Ferne reiten, wurde im nächsten Moment von deutschen Soldaten umringt und gefangengenommen.
Während seiner Gefangenschaft war er das erste Jahr auf einem Weingut in Sankt Goar am Rhein beschäftigt. Danach arbeitete er vier Jahre bei einem Bauern in Gunzenau bei Niedermoos im Vogelsberg. Anschließend fand er eine Arbeit, der Krieg war längst vorüber, auf einem Hofgut bei Assenheim in der Wetterau. Als Gefangener und später Arbeiter, so erzählte mein Vater, habe er an allen Arbeitsplätzen ein gutes Einvernehmen mit seinen Arbeitgebern und seinen Arbeitskollegen gehabt.
Auf dem Hofe bei Assenheim arbeitete auch meine Mutter Sibilla Druschel. Dort lernten sich meine Eltern kennen und heirateten im Jahr 1924 in Assenheim. Anschließend arbeitete mein Vater vier Jahre im Gleisbau der Reichsbahn in Steinau, Kreis Schlüchtern. Morgens um halb vier Uhr ging er zu Fuß von

Wallroth über Breitenbach und das Ohl die etwa fünfzehn Kilometer nach Steinau und am Abend zurück.
Im Jahr 1932 plante mein Vater, mit meiner Mutter, meinem zwei Jahre älteren Bruder und mir nach Rußland zurückzukehren. Unsere Papiere für die Ausreise, von der deutschen Regierung genehmigt, hatten wir bereits in unseren Händen, jedoch fehlte die Einreisegenehmigung aus Rußland. Diese Einreisegenehmigung ließ auf sich warten, und als dann Adolf Hitler 1933 an die Macht kam, wurde uns untersagt, Deutschland je zu verlassen, denn bei uns vieren lautete die Einstufung, übrigens auch schon vor dieser Zeit, staatenlos. Jeder von uns, mein Bruder und ich ab dem fünfzehnten Lebensjahr, erhielten einen Fremdenpaß mit einer Aufenthaltsgenehmigung, die jedes Jahr im Monat Juni im Landratsamt in Schlüchtern für ein Jahr verlängert werden mußte. Mein Paß vom 15. Juni 1942 ist auf den Namen Semenschuk ausgestellt. Nach der Gefangennahme meines Vaters war bei der anschließenden Registrierung anstelle des "m" ein "l" geschrieben worden. So entstand der Name Selenschuk. Jedoch lautete mein richtiger Name Sementschuk, denn bei meiner Geburt wurde auf dem Standesamt das "t" vergessen. Im Jahr 1943 hatte ich mich wegen der Mehrarbeit bei der Heuernte drei Tage zu spät in Schlüchtern gemeldet. Wegen dieser Verspätung gab es von dem zuständigen Beamten schwere Vorhaltungen und einigen Ärger. Er brüllte mich an und sagte, ob ich nicht wüßte, daß ich in Deutschland nur geduldet wäre. Wenn ich nicht gehorchen könnte, dann bestände die Möglichkeit, mich wegzubringen. Ich war zutiefst erschrocken. Als dann aus dem Nebenzimmer ein anderer Beamter hinzukam und beruhigende Worte sprach, da war die Angelegenheit bald erledigt, und ich fühlte mich wieder wohler. Die jährliche Verlängerungsgebühr betrug fünfzehn Reichsmark und alle fünf Jahre war ein neuer Paß erforderlich.
Mein Bruder Hans wurde am 6. April 1924 in Wallroth geboren und war als Staatenloser nicht verpflichtet, Wehrdienst zu leisten. Anfang des Jahres 1943 erhielt er die schriftliche Mitteilung, daß er die deutsche Staatsangehörigkeit erwerben könne, wenn er sich freiwillig zur Wehrmacht melden würde. Außerdem könne er nur mit einer deutschen Staatsangehörigkeit ein deutsches Mädchen heiraten. Mein Bruder meldete sich freiwillig, erwarb die deutsche Staatsangehörigkeit und mußte fünfhundert Reichsmark an Gebühren zahlen. Das war damals viel Geld.

Warum meldete sich mein Bruder freiwillig? Entscheidend war, daß er als Staatenloser kein deutsches Mädchen heiraten durfte, denn er hatte ein deutsche Freundin, eine sogenannte feste Beziehung. Außerdem konnte man seinerzeit nicht wissen, daß der Krieg mit einer totalen Niederlage enden würde.
Mein Bruder benötigte als Jugendlicher für seine "Freiwillig-Meldung" die Zustimmung unseres Vaters. Meine Eltern wollten aber nicht. Immerzu drängte mein Bruder, jedoch blieben meine Eltern unschlüssig. Insbesondere mein Großvater, der Vater meiner Mutter, war dagegen. Er sagte bei jeder Gelegenheit: "Alex, tu es nicht, Alex, tu es nicht!" Damit meinte er die Zustimmung meines Vaters. Weiter sagte mein Großvater: "Im Krieg wird nicht mit Schneebällen und Steinen geworfen, da wird scharf geschossen, und es gibt Tote. Wenn unser Hans in den Krieg zieht, sehen wir ihn nie wieder."
Mein Bruder drängte weiter, und schließlich gab mein Vater nach.
Mein Großvater hieß Johannes Druschel. Unser Haus hieß *Lehnerts* und deshalb nannten die Leute im Dorf meinen Großvater *Lehnerts* Hannesje.
Mein Großvater hatte 16 Jahre in einem Bergwerk in Westfalen gearbeitet. Dort hatte er einen Mann kennengelernt, der bibelkundig war und ihm sehr viel Wissen aus der Bibel vermittelte. Seine Bibel aus dem Jahr 1849 habe ich noch in Besitz. Als der 2. Weltkrieg begann, sagte mein Großvater: "Den Krieg verlieren wir. Das steht in der Bibel." Wenn ich ihn fragte, wo man dies in der Bibel lesen könnte, sagte er: "Du mußt dort, wo auf andere Kapitel hingewiesen wird, bei diesen Kapiteln weiterlesen." Ich muß jedoch sagen, daß ich mit seiner Antwort nichts anfangen konnte.
Jedenfalls gab mein Großvater seine Meinung über den Kriegsausgang auch in der Öffentlichkeit kund. Da kam unser Bürgermeister zu meinem Vater und sagte: "Alex, wirk' auf Deinen Schwiegervater ein, damit er mit diesem Zeug aufhört. Sonst kriegt er noch die allergrößten Schwierigkeiten."
Mein Großvater war unbelehrbar. Er blieb bei seiner Prophezeihung, auch als die deutschen Armeen von Sieg zu Sieg eilten. Aber als der Krieg vorbei war, hatte mein Großvater, was den Krieg und meinen Bruder betraf, recht behalten.

Ich, Adam Druschel, möchte zum Johannes Druschel, dem 'Lehnerts' Hannesje, noch eine Ergänzung hinzufügen.
Wenn in unserer Kinder- und Jugendzeit jemand in Wallroth eine Frage gestellt bekam und keine Antwort wußte, sagte er manchmal spaßeshalber: "Frag doch das 'Lehnerts' Hannesje!" Wenn wir Kinder die Erwachsenen mit lästigen Fragen bedrängten, dann wurden wir an das Hannesje verwiesen. Außerdem gab es in Wallroth noch den Johannes Lotz 'Gehammertjes', der mit Johannes Druschel in Westfalen gearbeitet hatte, und für ihn galt, was das Wissen anging, genau dasselbe.

Mein Bruder Hans wurde im Oktober 1943 zur Infanterie einberufen und ist am 17. April 1945 in Hainfeld in der Nähe der Stadt Melk in Österreich gefallen. Auf dem Soldatenfriedhof in Oberwölbling in Österreich fand er seine letzte Ruhestätte.
Mein Vater und meine Mutter galten während ihrer gesamten Lebenszeit als Staatenlose. Im Jahre 1948 heiratete ich Georg Kempel aus Wallroth und erwarb durch die Heirat die deutsche Staatsbürgerschaft.
Mein Vater war ein freundlicher, hilfsbereiter, fleißiger Mensch. Alle, die ihn kannten, sagten dies. In Wallroth wurde er von seinen Mitbürgern als gleichberechtigt anerkannt. Bei Tanzveranstaltungen, Hochzeiten oder Spinnstubenabenden war er gerne bereit, russische Tänze aufzuführen. Alle hatten dann ihre Freude an seinen Tanzeinlagen.
Mein Vater hatte eine russische Bibel in Taschbuchformat mit in die Gefangenschaft genommen. Da er die Bibel behalten durfte, kam sie auch nach Wallroth. In der Bibel hat er oft gelesen. Er sagte, in der Bibel steht geschrieben: "Geh in dein Kämmerlein und bete", und meinte weiter: "Die Kirchenräume sind für mich zu groß." Diese Bibel besitze ich heute noch und ihr ist anzusehen, daß sie öfters benutzt wurde.
Im Frühjahr 1942 kamen die ersten drei russischen Mädchen, 17 bis 18 Jahre alt, nach Wallroth, um ihre Arbeit bei Bauernfamilien aufzunehmen. Unser Bürgermeister Heinrich Staaf ließ meinen Vater rufen, damit er als Dolmetscher seinen Teil für die Verständigung beitragen konnte. Als mein Vater die Mädchen begrüßte, fielen sie ihm vor Freude um den Hals und sprachen ununterbrochen.

In der Folgezeit trafen circa zehn junge Frauen und Männer aus Rußland - einige aus Polen waren schon da - in Wallroth ein. Alle arbeiteten in landwirtschaftlichen Betrieben und wurden damals als Fremdarbeiter bezeichnet. Da sie alle unter Zwang ihre Heimat verlassen mußten, ist die Bezeichnung "Zwangsarbeiter" eher richtig.
Zusammenkünfte dieser Männer und Frauen waren jedenfalls in größerem Umfang verboten. Da mein Vater für alle als Dolmetscher und Freund zur Verfügung stand, entwickelte sich unser Haus als ein Treffpunkt für alle. Es ergab sich, daß zur Winterzeit jeden Nachmittag und besonders am Abend bis zu zehn Personen bei uns versammelt waren. Die Mädchen strickten, eine brachte sogar ihr Spinnrad mit, und die jungen Männer sorgten für Unterhaltung. Mein Vater reparierte Schuhe und Zuggeschirr für Kühe und Pferde, obwohl er nicht Schuhmacher gelernt hatte. Im Fochtehof im Ortsteil Röhrigs der Gemeinde Klosterhöfe arbeitete ein Pole mit Namen Franz. Er konnte vorbildlich Mundharmonika spielen und besaß außerdem ein kleines Akkordeon. Alle Anwesenden lachten, tanzten und freuten sich. Wenn der Franz nicht spielte oder nicht da war, dann sangen die Mädchen Heimatlieder. Alle konnten gut singen. Während des Gesanges bekamen sie oft Heimweh, und sie weinten bittere Tränen.
Parteifunktionäre sagten zu den Fremdarbeitern: "Wenn Ihr Euch in großer Anzahl beim Alex aufhaltet, dann gefährdet Ihr den Alex, und der muß eventuell in ein Lager." Wenn sie solches hörten, kamen in den nächsten Tagen weniger, aber nach einer Woche war der alte Zustand wiederhergestellt.
Wenn plötzlich eine Kontrolle durch einen Parteifunktionär erfolgte, da verschwanden unsere Gäste durch unsere Küche und Scheune, um anschließend ins Freie zu gelangen.
In Wallroth befanden sich zwölf bis fünfzehn französische Kriegsgefangene. Tagsüber arbeiteten sie auf den Bauernhöfen und wurden da auch verpflegt. Nachts schliefen sie unter Aufsicht eines deutschen militärischen Wachpostens im Saal der Gastwirtschaft Druschel in Wallroth. Laut einer Verordnung sollten die Gefangenen nicht am Tisch der Bauernfamilien, sondern separat ihr Essen einnehmen. Diese Verordnungen wurden in Wallroth keinesfalls beachtet. Nur wenn unverhofft Leute ins Haus kamen, bei denen man nicht wußte, ob sie dicht halten würden, wechselte der Betreffende sehr schnell seinen Eßplatz.

Zu den Nachmittagstreffen in unserem Haus kam öfters der französische Gefangene, der in *Jökels* beschäftigt war. Unter dem Arm trug er ein Kuh- oder Pferdegeschirr, das angeblich repariert werden mußte. In Wirklichkeit waren diese Artikel nicht reparaturbedürftig, und er nahm sie in dem Zustand, wie er sie gebracht hatte, wieder mit und sagte beim Abschied mit einem Augenzwinkern: "Chefin bezahlen."
Zu den Treffen kamen nicht nur die jungen Leute aus Polen und Rußland, die in Wallroth wohnten, sondern auch aus Nachbarorten, zum Beispiel aus Hintersteinau, Herolz, Stork und Magdlos. Keiner sagte Alex, sondern Onkel zu meinem Vater. Damit meinten sie, daß er für sie jederzeit zur Stelle sei, wenn "Not am Mann" wäre.
Fanden zur Winterszeit die Treffen nur in unserem Haus statt, sah es zur Sommerszeit anders aus. In dem Waldstück Knos, oberhalb von Wallroth, trafen sie sich an den Sonntagnachmittagen und hatten hier ihre Freude an schönen, gemeinsamen Stunden.
Alle polnischen und russischen Arbeitskräfte fühlten sich bei ihren deutschen Familien sehr wohl, und es gab im Umgang miteinander keine Probleme. Erwähnenswert ist, daß die Männer, die sich im Krieg befanden, in unserem Dorf an allen Ecken und Enden fehlten und man in den landwirtschaftlichen Betrieben für jede Hilfe dankbar war.
Von einem besonderen Erlebnis möchte ich berichten.
Der Georg Rüffer aus *Hoale* in Wallroth kam zur Winterzeit als Soldat von Rußland auf Urlaub. Der Georg brachte ein Pferdegeschirr vom elterlichen Hof zu meinem Vater, um es reparieren zu lassen. Drei Russinnen, 18 bis 20 Jahre alt, übrigens drei Cousinen, saßen auf einer Bank in unserer Stube. Der Georg fragte die drei, aus welcher russischen Gegend sie stammen würden. Groß war die Überraschung und sehr viel größer die Freude, als sich herausstellte, daß zwei Frauen aus demselben Ort und eine aus dem Nachbarort stammten, wo der Georg zur Zeit stationiert war. Obwohl es verboten war, erklärte sich der Georg bereit, einen Brief, auf dem die drei nacheinander eine Nachricht hinterlassen konnten, und ein Bild mitzunehmen. So geschah es. Das Bild stammte von der Antonia, die in *Rüwe* beschäftigt war und zeigte die Antonia mit ihrer Hausfrau vor dem *Rüwehaus*.

Den weiteren Ablauf hat mir der Georg nach dem Krieg erzählt. Bei den Angehörigen der Antonia sollte er den Brief und das Bild abgeben. Das war leichter gesagt als getan. Jedesmal, wenn er sich dem Haus näherte, verschwanden die Insassen in demselben. Alleine wollte er nicht in das Haus gehen, denn es konnten auch Partisanen drinnen versteckt sein. Dann versuchte er es erneut bei einbrechender Dunkelheit mit drei Kameraden. Während einer, der gut russisch sprach, mit ihm ins Haus ging, kontrollierten die beiden anderen das Haus und die Umgebung. Als die beiden in den Raum traten, saß die Großmutter neben der Tür und betete den Rosenkranz. Ein anwesender Mann verschwand im Nebenraum. Vor der Frau stand ein kleiner Korb. In diesen Korb legte der Georg den Brief und obendrauf das Bild. Die Frau schaute hin und schrie plötzlich laut auf. Die anderen Hausbewohner kamen herbeigeeilt, waren überrascht und freuten sich, als sie lesen konnten, daß es den Dreien in Wallroth sehr gut ging. Die alte Frau zitterte vor Aufregung und Freude derart am ganzen Körper, daß der Georg sich Sorgen machte, die Frau könnte gesundheitlichen Schaden nehmen. Dann mußte der Georg all das erzählen, was es von Wallroth zu berichten gab. Die Angehörigen der Antonia wußten vor Freude und Dankbarkeit nicht, was sie den deutschen Soldaten alles Gutes tun sollten. Obwohl sie selbst sehr wenig besaßen, schenkten sie ihnen Filzstiefel und andere brauchbare Dinge. Die Soldaten wollten eigentlich keine Geschenke annehmen, aber das konnten sie nicht machen, denn dann wären diese Menschen, die trotz ihrer Armut mit ihrem Leben zufrieden waren, beleidigt gewesen.
Im landwirtschaftlichen Betrieb mit Krämerladen namens *Grüschkoanns* in Wallroth befand sich eine russische Arbeiterin mit Namen Alexandra, die von allen nur Schurra genannt wurde. Ihre Heimat lag nur fünf Kilometer vom Geburts- und früheren Wohnort meines Vaters entfernt. Schurra wußte im Heimatort meines Vaters bestens Bescheid, und wenn sich beide über ihre russische Heimat unterhielten, dann war dies für sie ein besonderes Erlebnis.
Als am 31. März 1945 die US-Armee Wallroth besetzte, sollten wir unser Haus verlassen. Kurz darauf kamen US-Offiziere und fragten, ob es stimmen würde, daß wir Staatenlose wären. Wir bestätigten dies und erklärten ihnen alles. Daraufhin durften wir in unserem Haus bleiben, und es fanden bei uns auch keine Hausdurchsuchungen oder irgendwelche Belästigungen statt.

Nach dem Kriegsende freuten sich alle Arbeitskräfte aus Polen und Rußland auf ihre Heimkehr. Schurra nahm viele Bilder von Wallroth mit, um sie den Verwandten meines Vaters zu zeigen. Alle nahmen unsere Adresse mit, um uns schnellstmöglich von zu Hause Nachricht zu geben. Dann kam der Tag der Abreise. Auf dem offenen LKW der Firma Klüh aus Wallroth fuhren sie durch unser Dorf. Alle Leute winkten ihnen freudig zu, und sie winkten zurück. Sie kamen zu unserem Haus. Mit Tränen der Freude auf beiden Seiten fand der Abschied statt, und winkend fuhren sie davon.
Kurze Zeit nach Kriegsende kam ein Russe mit Namen Hans, aus der Ukraine stammend, wegen Hilfe zu uns beziehungsweise meinem Vater. Irgendwo hatte er von meinem Vater gehört und den Weg nach Wallroth gefunden. Seine Geschichte möchte ich jetzt erzählen.
Hans war als russischer Soldat mit dem kommunistischen System nicht zufrieden gewesen und zu den Deutschen übergelaufen. Sein Vater diente als hoher Offizier bei der Sowjetarmee und ließ durch Lautsprecher verkünden, wenn sein Sohn zurückkäme, würde er ihn mit seiner eigenen Pistole erschießen.
Hans trat der "Wl'asso-Armee" bei. General Wl'asso war in deutsche Kriegsgefangenschaft geraten und hatte ab dem Jahre 1942 aus sowjetischen Kriegsgefangenen und Überläufern eine Widerstandsarmee, die sogenannte Wl'asso-Armee, organisiert und aufgebaut. Der General geriet in amerikanische Kriegsgefangenschaft, wurde 1945 an die Sowjetunion ausgeliefert und im Jahre 1946 hingerichtet.
Es war selbstverständlich, daß Hans nicht nach Rußland zurückkonnte. Erwähnen möchte ich, daß die Angehörigen und Verwandten von ihm alle in höheren Stellen tätig waren, er selbst einen sehr ordentlichen Eindruck machte und gutes Benehmen an den Tag legte.
Hans blieb vierzehn Tage bei uns und fand dann durch Vermittlung meines Vaters eine Arbeitsstelle in einem landwirtschaftlichen Betrieb in Wallroth. Hier blieb er eine geraume Zeit. Da seine Tätigkeit in der Landwirtschaft nicht als Dauerlösung anzusehen war, verließ er Wallroth. Später hörten wir, daß er in einem Lager in Bayern durch Freitod aus dem Leben geschieden sei. Vielleicht hatte er eine Auslieferung an Rußland befürchtet.
Alle polnischen und russischen Arbeitskräfte waren in Richtung Osten abgefahren. Der Johann von *Jostalte* in Wallroth und die Luzia vom vier Kilometer

entfernten Storker-Hof, beide aus Polen, heirateten im Lager Fulda und wanderten dann in die USA aus. Der Wassil, ein Pole, der in *Gehoannjoste* tätig gewesen war, wanderte nach Kanada aus und stattet heute noch Schlüchtern und Wallroth seine Besuche ab. Der Stanislaus Bondera aus Polen war in Höf und Haid beschäftigt. Er hat eine Frau aus Wallroth geheiratet und ein Haus in unserem Dorf gebaut, in dem er heute mit seiner Familie lebt. Seine Erlebnisse hat er Adam Druschel erzählt, und sie sind in einem gesonderten Bericht festgehalten.

Wir warteten auf ein Lebenszeichen der russischen Frauen und Männer, die uns ostwärts verlassen hatten. Wir warteten und warteten.

Folgendes Ereignis wurde mir von Adam Druschel erzählt: In den Jahren nach dem Krieg arbeitete der deutscher Kriegsgefangene Otto Rohr aus Meiches bei Lauterbach in Oberhessen in einem Bergwerk in Sibirien. Otto Rohr ist seit der gemeinsamen Soldatenzeit mit Willi Röder aus Holzmühl im Vogelsbergkreis befreundet. Willi ist der Schwager von Adam Druschel. In diesem Bergwerk arbeiteten auch Frauen, die jedoch mit den Gefangenen nicht sprechen durften. Es war Weihnachten, und die russischen Wachposten ließen manches durchgehen, was sonst nicht sein durfte. Da sprach ein russisches Mädchen in deutscher Sprache den Otto an und fragte, aus welcher Gegend in Deutschland er stammen würde. Er sagte, das sei uninteressant, denn die kenne sie bestimmt nicht, aber sagen wolle er es schon, und zwar aus einem Dorf bei Lauterbach. Sie sagte: "Lauterbach kenne ich." Der Gefangene war sehr überrascht und konnte dann erfahren, daß dieses Mädchen mit zwei weiteren, beide 17 bis 18 Jahre alt, in dem Dorf Obermoos im Kreis Lauterbach als Fremdarbeiterinnen gewesen waren. Das Mädchen erzählte, daß es, als es von Deutschland kam, seine Heimat nie gesehen habe, sondern direkt nach Sibirien gebracht worden waren. Hier müßte sie, wie alle anderen, schwer arbeiten und die Behandlung wäre keinesfalls besser als die der deutschen Kriegsgefangenen.

Da wir bis zum heutigen Tag kein Lebenszeichen von den "Wallrother" russischen Arbeiterinnen und Arbeitern erhalten haben - die polnischen Arbeitskräfte konnten heimkehren - nehmen wir an, daß alle zur Zwangsarbeit nach Sibirien gebracht wurden.

Zwangsarbeiter in Deutschland

Erzählt von Stanislaus Bondera, Wallroth

Polnische Zwangsarbeiter in Wallroth. Auf dem Mantel der Frau ist das "P" aufgenäht, das die Polen tragen mußten.
Stanislaus Bondera ganz links.

In dem Dorf Wieprzec, Kreis Zamose, wurde ich am 17. April 1921 als polnischer Staatsbürger geboren. Mein polnischer Vorname lautet Stanislaw. Mein Vater bewirtschaftete eine kleine Landwirtschaft, in der ich bis zum Jahre 1939 tätig war. Ich hatte noch eine Schwester und drei Brüder. Von meinen Geschwistern war die Schwester das erst- und ich das drittgeborene Kind.

Im September 1939 rückte von Westen her die deutsche Wehrmacht überfallartig in Polen ein, und am 17. September tat von Osten her die russiche Armee genau dasgleiche. Dieser Übermacht waren die polnischen Verteigungskräfte nicht gewachsen, und es erfolgt am 28. September 1939 die Kapitulation in Warschau. Alle polnischen Soldaten gerieten in Gefangenschaft. Am Winteranfang 1939/40 erhielt unser Bürgermeister von der deutschen Besatzung den Befehl, Männer aus unserem Dorf als Holzhauer zur Verfügung zu stellen. Ich zählte zu den Aufgeforderten und habe in diesem Winterhalbjahr im Wald gearbeitet. Ich war erst 18 Jahre alt. Im März 1940 bekam ich die Mitteilung, daß ich mich umgehend im Sammellager in

Lublin melden müsse, um für ein Jahr in Deutschland zu arbeiten. Gleichzeitig wurde mitgeteilt, daß ein Widerspruch gegen diese Anordnung nicht möglich sei. Ich meldete mich in Lublin, und man stellte einen Transport, je zur Hälfte junge Frauen und junge Männer, für Deutschland zusammen. Während ich eine schriftliche Aufforderung für die Arbeit in Deutschland erhielt, geschah die Zusammenstellung der Transporte in Polen und später in Rußland oft auf andere Weise. Da wurden die Dörfer von deutschen Soldaten umstellt, die Häuser durchsucht, alle siebzehn- bis achtzehnjährigen Mädchen und Jungen mitgenommen und in Sammeltransporten nach Deutschland geschickt.
Unser Eisenbahntransport erreichte Leipzig und anschließend die Stadt Fulda. In Fulda stellten wir uns reihenweise zur Schau, und Bauern aus dem Kreis Fulda suchten sich die ihnen passend erscheinenden Personen aus. Ich kam mir vor wie auf einem Viehmarkt. Mich hat Anton Spahn aus der Gemeinde Höf und Haid im Kreis Fulda ausgewählt. Er benötigte mich für seinen landwirtschaftlichen Betrieb, der den Namen *Heinzes* trug. Mitte März 1940 traf ich in dem Ortsteil Haid der Gemeinde Höf und Haid ein und konnte anschließend bei der Haferaussaat schon mitwirken. Wir wurden Fremdarbeiter genannt, waren aber in Wirklichkeit "Zwangsarbeiter".
In Höf und Haid sagten die Leute Klaus zu mir. Die polnische Abkürzung für Stanislaw lautet "Stacho". Da meine in Deutschland arbeitenden polnischen Kollegen Stacho zu mir sagten, übernahm man diese Abkürzung auch in meinem späteren Wohnort Wallroth und hat sie bis zum heutigen Tag fortgeführt.
Bei Anton Spahn wurde ich als landwirtschaftliche Hilfe beschäftigt. Ich erhielt 22,50 Reichsmark Monatslohn und war Mitglied bei der Krankenkasse und der Invalidenversicherung. Späterhin hat mir mein "Chef" freiwillig 25 Reichsmark und dann 30 Reichsmark Monatslohn gezahlt.
Bei Anton Spahn und seiner Familie ging es mir gut, und ich war "bestens aufgehoben".
Ich hatte fast zwei Jahre in Deutschland gearbeitet und verspürte eine sehr große Sehnsucht nach der Heimat. Ich stellte einen Urlaubsantrag, der mir für die Zeit vom 15. Dezember 1941 bis zum 15. Januar 1942 genehmigt wurde. Daß ich diesen Urlaub erhielt, habe ich einzig und allein Anton Spahn zu verdanken, der sich sehr für mich eingesetzt hat.

Als meine Urlaubszeit zu Ende war, wollte ich nicht wieder von zu Hause weg. Ich versteckte mich bei meiner Schwester, die in einem anderen Ort wohnte. Gestapo-Männer kamen zu meinen Eltern und suchten mich. Meine Eltern stellten sich unwissend, was ihnen nicht geglaubt wurde. Mein Vater erhielt eine Ohrfeige, jedoch wurde ich nicht verraten, und die Männer gingen erfolglos weg. Mir wurde die Sache zu heiß, und ich beschloß, mich in Lublin zu melden, denn bei meiner Schwester konnte ich nicht bleiben. Dann wäre als einzige Möglichkeit ein Versteck im Wald, mit einem eventuellen Anschluß an Partisanen, übriggeblieben.
Auf eigene Verantwortung fuhr ich zur Sammelstelle nach Lublin. Zum Glück wurde ich unterwegs nicht kontrolliert, denn ich weiß nicht, wie dies zu Ende gegangen wäre. In Lublin erzählte ich, in unserem Dorf sei Typhus ausgebrochen, und ich hätte das Dorf nicht verlassen dürfen. Mir wurde geglaubt, und ich erhielt eine Fahrkarte nach Fulda. Meinen zwei Jahre jüngerer Bruder Anton, der auch nach Deutschland mußte, nahm ich mit. Im März 1942 trafen wir auf dem Bahnhof Fulda ein. Anton Spahn war neben seiner Landwirtschaft bei der Bahnpost am Fuldaer Bahnhof beschäftigt. Ich ging zu ihm. Als er mich sah, sagte er: "Du Luder, wolltest wohl nicht wieder hierher?" Aber dann kaufte er für mich und meinen Bruder eine Fahrkarte, und mit dem nächsten Zug fuhren wir zum Bahnhof Flieden und erreichten dann Höf und Haid. Das war für mich von großem Vorteil, denn normalerweise hätte ich mich beim Arbeitsamt in Fulda melden müssen.
Zwischenzeitlich hatten Spahns einen anderen polnischen Arbeiter erhalten, mit dem sie jedoch nicht zufrieden waren. Diesen Arbeiter gaben sie an einen landwirtschaftlichen Betrieb im Ortsteil Steinbruch in der Gemeinde Höf und Haid ab und beschäftigten mich wieder. Außerdem nahmen sie meinen Bruder Anton als Arbeitskraft hinzu, was für uns beide von großem Vorteil war. Zuerst wurden nur polnische Jugendliche zur Arbeit nach Deutschland transportiert. Mit dem Beginn des Rußlandkrieges kamen auch Weißrussen und Ukrainer. Diese Leute genossen bei den amtlichen Stellen ein höheres Ansehen als wir. Während wir ein Abzeichen mit einem großen "P" auf der Brust tragen mußten, brauchten dies die russischen Arbeitskräfte nicht. Eine Begründung gab es nicht, jedoch hieß es, daß Adolf Hitler den Weißrussen und Ukrainern einen eigenen Staat versprochen hätte, um diese Leute für sich zu gewinnen.

Wir Zwangsarbeiter waren nur zum Arbeiten, Essen und Schlafen in Deutschland und hatten sonst keine Rechte. Vor allen Dingen sollten Treffen mit Kollegen und Kolleginnen verhindert werden. Noch nicht mal Ausgang wurde uns genehmigt. Zum Beispiel mußte ich mir für einen Zahnarztbesuch eine Bescheinigung ausstellen lassen. Dabei war es doch die einzige erfreuliche Abwechslung, wenn man sich nach getaner Arbeit am Abend oder an Sonntagnachmittagen mit den Landsleuten treffen konnte.
Alex Selenschuk besaß ein kleines landwirtschaftliches Anwesen in Wallroth. Wallroth liegt nur einen Kilometer von Höf und Haid entfernt, jedoch verläuft zwischen den beiden Orten die Kreisgrenze. Höf und Haid gehört zum Kreis Fulda und Wallroth liegt im damaligen Kreis Schlüchtern und heute im Main-Kinzig-Kreis.
Alex stammte aus der Ukraine, war im 1. Weltkrieg in deutsche Gefangenschaft geraten und hatte nach dem Krieg in die Landwirtschaft in Wallroth eingeheiratet. Bei Alex trafen wir polnischen und russischen Jugendlichen uns. Alex und seine Familie, das waren herzensgute Leute. Hier konnten wir uns wohlfühlen. Außerdem war der Alex eine Frohnatur, was genau in meine Richtung paßte.
Weiterhin war es für uns ein großes Glück, daß die Bevölkerung für unser Ausgehen und unsere Treffen Verständnis hatte. Auch die Parteifunktionäre ließen uns alle, bis auf eine Ausnahme, gewähren.
Wenn wir bei Alex waren und es plötzlich eine Kontrolle gab, dann flüchteten wir durch Küche und Scheune. Einmal schaffte ich die Flucht nicht und verkroch mich unter einem Bett. Zwei Stunden mußte ich liegenbleiben. Erst dann verließ der Kontrolleur das Haus.
Alex reparierte Schuhe und Zuggeschirr für Pferde und Kühe. Von Alex kommend, mit Schuhen unter dem Arm, befand ich mich mit einem Kollegen auf dem Heimweg. Wir wurden angehalten und sollten im Gemeindehaus eingesperrt werden. Ein anderer Funktionär wurde herbeigerufen. Er verhinderte unsere Verhaftung, und ich durfte nach Hause gehen.
Zwei Kontrolleure kamen zu Anton Spahn und fragten nach mir. Der sagte: "Der liegt oben in der Dachkammer im Bett." Zufrieden gingen die beiden weg, jedoch war ich gar nicht zu Hause. Ja, dem Anton und seiner Familie habe ich viel Gutes zu verdanken.

Im Sommer trafen wir jungen Leute uns im Waldstück "Knos", knapp ein Kilometer oberhalb von Wallroth gelegen. Der "Franz", ebenfalls ein Pole, war im Fochte-Hof - zwei Kilometer von Wallroth entfernt - beschäftigt. Er spielte Schifferklavier, und wir tanzten auf dem breiten, ebenen Waldweg. Das war eine sehr schöne, freudige Abwechslung für uns alle.
Anmerken möchte ich, daß ich mich in den fünf Kriegsjahren immer angepaßt habe und dadurch keine Probleme hatte. Richtig war natürlich, daß es mir bei der Familie Spahn gut ging und auch die Kolleginnen und Kollegen in dieser Hinsicht keine Klagen führten.
Im Krieg warfen englische und amerikanische Flugzeuge Flugblätter über Deutschland ab. So ein Flugblatt habe ich - mit der deutschen Sprache und Schrift konnte ich schon gut umgehen - gelesen und auch meinem Bruder Anton davon berichtet. In dem Flugblatt stand, daß Deutschland bis jetzt schon höhere Verluste habe als im gesamten 1. Weltkrieg und daß es mit der deutschen Armee beziehungsweise dem gesamten Deutschland abwärts ginge.
Anfang Dezember 1943 schrieb mir meine Schwester und fragte: "Was ist los? Die deutsche Geheimpolizei hat bei unseren Eltern alles durchsucht. Irgendetwas stimmt da nicht!"
Am 15. Dezember 1943 kamen zwei Mann in Zivil, wahrscheinlich von der Gestapo, in das Haus meines Arbeitgebers. Sie zeigten einen Brief und fragten, wer ihn geschrieben habe. Mein Bruder sah den Brief, meldete sich und wurde mitgenommen. Ich wollte ihm noch meine warme Jacke mitgeben. Da wurde mir gesagt: "Wo er hinkommt, friert er nicht."
Warum wurde mein Bruder verhaftet? Er hatte ohne mein Wissen im Brief wesentliche Teile des Flugblattes unseren Eltern mitgeteilt. Der Brief war bei der Postkontrolle geöffnet und gelesen worden. Das Weitere habe ich geschildert.
Anton Spahn sah meinen Bruder einige Tage später beim Ausladen von Kohlewaggons am Bahnhof Fulda. Dann wurde meinem Bruder der Prozeß gemacht und das Urteil dem Bürgermeister von Höf und Haid und auch Anton Spahn zugestellt. Es lautete auf ein Jahr Zuchthausstrafe in Ziegenhain. Als das Jahr vorüber war, drängte ich Spahns, mal in Ziegenhain anzurufen. Dort wurde gesagt, nähere Einzelheiten könnten nicht mitgeteilt werden, außerdem hätten nicht alle Sträflinge ihre Haftzeit überlebt. Doch dann erhielt ich von meinem

Bruder Anton Post aus dem KZ Buchenwald. Meine Chefin, die Frau Spahn, packte Päckchen, und ich habe sie ihm mit meiner Anschrift als Absender zugeschickt. Später habe ich erfahren, daß er in Ziegenhain Glück hatte, denn er durfte in der Gärtnerei des Zuchthauses arbeiten. Von Beginn des Jahres 1945 habe ich von meinem Bruder nichts mehr gehört.
Nach Kriegsende fragte ich im Sammellager Fulda ehemalige KZ-Angehörige von Buchenwald. Sie sagten mir, daß mein Bruder, der seine Strafe schon in Ziegenhain verbüßt hatte, in Buchenwald nur interniert gewesen sei und in dem Block, in welchem er sich befand, für ihn eine Überlebenschance bestand. Im Herbst 1945 erhielt ich von ihm die erste Nachricht von zu Hause. Er schrieb mir, daß beim Näherrücken der amerikanischen Armee die deutschen KZ-Wachposten geflüchtet seien und er mit anderen Häftlingen die Tschechei erreicht und anschließend den Weg in die Heimat gefunden habe.
Nachdem der Ami den Kreis Fulda besetzt und das Kriegsfrontgeschehen sich nach Thüringen verlagert hatte, mußten wir Zwangsarbeiter uns in eine Kaserne, die als Sammellager diente, nach Fulda begeben. Von hier aus gingen nach Kriegsende die Transporte in Richtung Osten.
Von Fulda aus fuhr ich immer wieder zu Anton Spahn und half bei allen Arbeiten. Ich konnte mir meine Zeit einteilen, wie es mir gefiel. Eigentlich wollte ich nach Polen zurückkehren, aber da mein Leben jetzt recht angenehm war, habe ich die Abreise immer wieder verschoben. Letztendlich bin ich nicht mehr nach Fulda zurückgekehrt und bei Anton Spahn geblieben.
Wilhelmine Knöll aus dem Hause *Liesches* in Wallroth kannte ich schon länger. Wir beide lernten uns näher kennen, und es kam zu einer echten Freundschaft. Im Herbst 1946 bin ich von Höf und Haid nach Wallroth umgezogen. Als sich bei der Wilhelmine Nachwuchs ansagte, beschloß ich endgültig, in Deutschland zu bleiben. Am 21. November 1947 haben Wilhelmine und ich in Wallroth geheiratet. Aus unserer Ehe gingen die beiden Söhne Alfred und Werner hervor. Am 8. Januar 1948 trat ich eine Stelle als Bauhilfsarbeiter bei der Baufirma Ludwig Schäfer & Sohn in Schlüchtern an. Bei dieser Firma wurde ich später Maschinist und konnte auch Maurerarbeiten verrichten. In den fünfziger Jahren habe ich vielen Leuten in Wallroth beim Hausbau oder anderen Bauarbeiten geholfen. Als ich im Jahre 1958 mit dem Bau eines Einfamilienhauses in Wallroth begann, hatte ich viele Helfer. Überhaupt war mein Verhältnis zu allen

Wallrother Bürgern sehr gut, und es gab keinerlei Probleme. Seinerzeit war es üblich, daß die Baugrube von Hand gegraben und die Erde mit dem Schubkarren aus dieser Grube gefahren werden mußte. Mein Chef von der Baufirma Schäfer stellte mir ein Förderband zur Verfügung. Außerdem hat er mich bei meinem gesamten Hausbau sehr gut unterstützt. Mit dem Förderband konnten wir die Erde problemlos aus der Grube befördern. Da freuten sich alle Helfer und ich natürlich auch. Im Jahre 1959 sind wir vier in unser fertiges Haus eingezogen. Meine Frau Wilhelmine hatte durch die Heirat die deutsche Staatsangehörigkeit verloren und wurde als staatenlos geführt. Staatenlos lautete auch die Bezeichnung bei unseren beiden Söhnen. Bei mir hieß es: heimatloser Ausländer. Als unser ältester Sohn Alfred aus der Schule entlassen wurde und sich bei staatlichen Stellen um eine Lehrstelle bemühen wollte, war dies als Staatenloser eine schwierige Angelegenheit. Deshalb sprachen wir wegen einer deutschen Staatsangehörigkeit für Alfred mit unserem Bürgermeister Nikolaus Creß. Er sagte: "Euer zweiter Sohn kommt bald in dieselbe Situation, und für euch alle wäre doch die deutsche Staatsangehörigkeit von Vorteil." Daraufhin stellten wir vier einen Antrag auf die deutsche Staatsangehörigkeit. Ich wurde gefragt, ob ich wieder nach Polen zurückwolle, was ich verneinte. Daraufhin erhielten wir alle die deutsche Staatsangehörigkeit und mußten vierhundert Mark an Gebühren zahlen, was kein geringer Betrag war. Die Urkunden wurden am 10. April 1964 ausgestellt und uns am 12. Mai 1964 ausgehändigt.
Ich arbeitete fünfundzwanzig Jahre bei der Baufirma Schäfer. Im Jahre 1973 wechselte ich wegen der körperlich leichteren Arbeit zu der Firma Wosana, einer Fabrik für Schuhbodenteile in Schlüchtern. Als die Firma Wosana im Jahr 1979 in Konkurs ging, beantragte ich auf Anraten des Arbeitsamtes nach einer Übergangszeit als Arbeitsloser meine Rente. Langeweile kenne ich nicht, da ich mich mit Aushilfsarbeiten und meinen zwei Hobbys, der Bienen- und Taubenzucht, beschäftigen konnte und noch kann.
Während meiner Tätigkeit bei der Firma Schäfer und der Firma Wosana habe ich mit allen Arbeitskollegen und Kolleginnen ein jederzeit gutes Verhältnis gehabt.
Meinem Bruder Anton, der nach dem Krieg wieder in der polnischen Heimat wohnte, machte sein Lungenleiden sehr zu schaffen. Im Juni 1948 fand in der Bundesrepublik die Währungsreform statt. Im Anschluß daran kaufte ich

meinem Bruder Medikamente, die wir in Kaffee und anderen Nahrungsmitteln versteckten und nach Polen schickten. Das funktionierte recht gut, und so habe ich nicht nur meinem Bruder, sondern auch den anderen Angehörigen Medikamente und andere notwendige Dinge zugeschickt. Im Laufe der Jahre haben viele, viele Pakete Wallroth ostwärts verlassen.
Im Jahr 1965 bin ich erstmals nach über zwanzig Jahren mit der Eisenbahn nach Polen gereist. Diese Reise habe ich dann jedes Jahr, manchmal jedes zweite Jahr wiederholt. Ich nahm ein oder zwei Koffer mit, in denen wir die Kleidungsstücke und andere Dinge, die es ihn Polen nicht zu kaufen gab, verstaut hatten. Der Aufenthalt in Polen mußte vom polnischen Konsulat in Köln genehmigt werden und kostete jeden Tag dreißig DM, später 35 DM an Gebühren. Und das nicht als Zwangsumtausch. Das war eine Menge Geld.
Wenn ich bei uns mit dem Zug wegfuhr, dann gab es bis zur Grenzübergangsstelle Bebra-Herleshausen eine rege Unterhaltung im Abteil. Sobald wir uns der DDR-Grenzkontrolle näherten, wurde es mucksmäuschenstill. Alle Fahrtteilnehmer hatten ein banges Gefühl und nur einen Gedanken: Hoffentlich kommst du gut durch die Kontrolle. Sobald der Zug auf DDR-Gebiet anhielt, wimmelte es von Volkspolizisten, und vor jedem Waggon postierte sich ein Uniformierter. Dann ging es los. Kontrolle, Stempel, Kontrolle, Stempel. Da wurden nicht nur die Koffer, sondern bis zur Geldbörse einfach alles kontrolliert. Im Berliner Bahnhof Zoo mußte ich in den von Hamburg kommenden Zug nach Warschau umsteigen. Bei der Weiterfahrt kamen in Frankfurt an der Oder polnische Polizisten in den Zug, jedoch blieben vorerst die DDR-Polizisten auch noch im Zug. Gemeinsam wurden dann weitere Kontrollen durchgeführt. Nachdem die DDR-Kontrolleure den Zug verlassen hatten, wurde es im Zug wesentlich ruhiger. Es gab noch Kontrollen, jedoch weniger als vorher. Ich war jedesmal froh, wenn ich endlich bei meinen Angehörigen eintraf.
Mitte August 1993. Adam Druschel, der diesen Bericht aufschreibt, sitzt mir gegenüber. Vor wenigen Tagen bin ich von einer Polenreise zurückgekehrt. Materielle Dinge braucht man nach Polen nicht mehr mitzunehmen. Es gibt alles zu kaufen, doch benötigt man Geld, was viele Leute nicht haben. Deshalb ist die deutsche Mark gefragt. In Polen bin ich Millionär. Für hundert DM erhalte ich eine Million Zloty.

Was ich allerdings heute als wesentlich und wichtig herausstellen möchte, ist das bequeme, angenehme, wunderschöne Reisen ohne jegliche Probleme. Man braucht nur einen Reisepaß, den man ab und zu vorzeigen muß, und damit ist die Sache erledigt. Wenn heute von der ehemaligen DDR und allen anderen osteuropäischen Staaten gesprochen wird, dann geht es ausschließlich um materielle Werte und alles Andere wird fast vergessen. Dabei, so meine ich, ist durch den Wegfall des Eisernen Vorhangs eine große Kriegsgefahr beseitigt und den Menschen sehr viel Angst genommen worden.
Mit meinem Leben in Wallroth bin ich zufrieden. Ich lebe mit allen Bewohnern ohne eine einzige Ausnahme in bestem Einvernehmen. Wenn ich durch unser Dorf gehe, kann ich jedem Mitbürger offen und ehrlich in die Augen schauen. Das erfüllt mich mit Stolz.

Ausgebombt

Erzählt von Gretel Weisenstein, geborene Lotz, Gronau

Gretel Weisenstein im Jahr 1944 mit Sohn Jürgen.
Sie trug wegen ihren im Jahr 1943 im Abstand von vier Wochen in Rußland gefallenen Brüder Georg und Adam Trauerkleidung.
Im Krieg waren die Menschen geprägt von sehr viel Arbeit, Sorgen und Leid.

Am 23. Januar 1918 wurde ich als fünftes Kind in *Rüffesch* in Wallroth geboren. Insgesamt waren wir zehn Geschwister, und zwar fünf Mädchen und fünf Buben.

Meine Eltern betrieben eine kleine Landwirtschaft mit acht Hektar landwirtschaftlicher Nutzfläche und ein kleines Sägewerk, das vorwiegend den Bedarf in unserem Dorf Wallroth befriedigte.

In den Jahren 1924 bis 1932 besuchte ich die Volksschule in Wallroth und arbeitete danach drei Jahre in der elterlichen Landwirtschaft. An meine Jugendzeit in Wallroth erinnere ich mich sehr gerne, besonders an die schönen Spinnstubenabende zur Winterszeit.

Im Jahr 1937 trat ich eine Stelle als Haushaltshilfe in einer Metzgerei in Frankfurt-Fechenheim an. Am 1. September 1939, dem Tag des Kriegsbeginns, heiratete ich Jacob Weisenstein aus dem Dorf Gronau, das zehn Kilome-

ter vor Frankfurt entfernt liegt. Die Vermählung fand statt, die Feier fiel jedoch aus. Die kirchliche Trauung hatten wir kurzfristig verschoben. Sie fand am 16. September in einem Zimmer im Pfarrhaus statt. Nach der standesamtlichen Trauung tranken wir am Abend ein Glas Bier im kleinen Familienkreis. Das war alles. Wer will oder wer kann feiern, wenn ein Krieg beginnt?
Mein Mann arbeitete in einer Schuhfabrik und wurde mit Beginn des Krieges bei der Deutschen Reichsbahn in Frankfurt am Main dienstverpflichtet. Diesen Arbeitsplatz, nach dem Krieg bei der Deutschen Bundesbahn, behielt er bis zu seiner Pensionierung. Nach unserer Heirat wohnten wir in dem von Jacob und seinem Bruder gebauten zweigeschossigen Doppelhaus in Gronau. Im darauffolgenden Jahr, und zwar am 24. September 1940, wurde unsere Tochter Brigitte geboren.
Mit der Fortdauer des Krieges mehrten sich die Luftangriffe auf Frankfurt und Umgebung. Im Jahr 1943 und dem darauffolgenden Winter verschlimmerten sich diese Angriffe.
In unmittelbarer Nähe unseres Hauses führte eine Eisenbahnlinie vorbei, und dort befand sich auch der Bahnhof von Gronau. In einer Hausentfernung von dreißig Metern floß ein Feldbach, der heute verrohrt ist und der durch eine Unterführung den Bahndamm passierte. Diese Unterführung diente als Luftschutzraum. Schwere Sandsteine, die vom Bahnsteig des Gronauer Bahnhofs stammten, versperrten bis auf einen schmalen Durchlaß den Eingang. Mittlerweile war es so, daß es jede Nacht Fliegeralarm gab und wir den genannten Luftschutzraum aufsuchen mußten. Hier fanden viele Menschen Zuflucht, und deshalb war es sehr eng und ungemütlich. Nasse Füße, vom Wasser des Feldbaches verursacht, waren unvermeidlich. Mein Schwiegervater ging abends mit seiner Kleidung zu Bett, damit er bei Alarm schnell den Schutzraum aufsuchen konnte. Durch Bombeneinschläge in der Umgebung hatten wir kaum noch unbeschädigte Fensterscheiben in unserem Haus.
Es war Anfang März 1944. Ich war hochschwanger und normalerweise wäre eine meiner Schwestern von Wallroth nach Gronau gekommen, um mich bei meiner Niederkunft und der Zeit danach zu unterstützen.
Wegen der andauernden Bomben- und auch Tieffliegerangriffe kam am 15. März 1944 mein Vater, um mich abzuholen und nach Wallroth zu bringen. Mein Schwiegervater hatte kurz vorher Gronau verlassen und bei seinem Bruder im

Dorf Hattenhof im Kreis Fulda eine Bleibe gefunden.
Als mein Vater, meine Tochter Brigitte und ich auf dem Bahnsteig des Gronauer Bahnhofs standen und ich nach unserem Haus schaute, sagte ich zu meinem Vater: "Entweder ich sehe das Haus nicht mehr, oder das Haus sieht mich nicht mehr."

Den weiteren Ablauf in Gronau erzählt jetzt mein Mann Jacob Weisenstein
Ich wurde am 11. Juni 1908 in Gronau geboren. Wir waren neun Geschwister. Trotz der vielen Kinder arbeitete meine Mutter noch drei Tage in der Woche in der Landwirtschaft auf dem Gronauer Hof. Als meine Frau am 15. März 1944 Gronau verließ, arbeitete ich dienstverpflichtet bei der Deutschen Reichsbahn in Frankfurt am Main. Jeden Tag fuhr ich mit meinem Fahrrad zur Arbeitsstelle auf dem Frankfurter Güterbahnhof.
Am 22. März 1944 erfolgte ein Bombenangriff auf Frankfurt. Ich hatte Nachtschicht gehabt und befand mich mit meinem Rad auf dem Heimweg. Unterwegs traf ich einen Arbeitskollegen, der zu mir sagte: "Jacob, wo Dein Haus stand, ist jetzt nur noch ein großer Steinhaufen." Ich beeilte mich, kam nach Hause und sah das Unglück. Das Haus war bis zur Kellerdecke total zerstört. Ein Stockwerk hoch lagen die Trümmer und die Steine auf einem großen Haufen. Neben dem Haus stand ein kleiner Viehstall mit einem Schuppen. Im Stall befanden sich eine Ziege, ein Schwein, Hühner und Hasen. Davon war nichts mehr zu sehen. Was das Haus betraf, hatte ich nicht nur unser Haus, sondern auch unsere komplette Wohnungseinrichtung verloren. Jetzt besaß ich noch nicht mal ein Bett, keinen Teller, keine Tasse mehr. Jetzt waren wir "Ausgebombte" oder, wie es in unserem Falle hieß, "Total Ausgebombte". So lauteten die amtlichen Bezeichnungen.
Da sich meine Frau im achtzig Kilometer entfernten Wallroth befand, stand ich mutterseelenallein vor diesem Haufen Unglück. In meiner großen Not dachte ich: "Herrgott, Du hast mir immer geholfen, Du wirst mir auch helfen, daß ich mein Haus wieder aufbauen werde."
Ich ging zu meiner Schwägerin Maria und meinem Schwager Oswald, die in Gronau wohnten und fand bei ihnen Unterschlupf. Die Zerstörung unseres Hauses möchte ich wie folgt schildern: Bei dem nächtlichen Angriff auf Frankfurt war eine Luftmine fünfzehn Meter von unserem Haus entfernt im

Garten eingeschlagen. Luftminen zerbersten sofort beim Aufschlag und erzeugen eine sehr starke Druckwelle. Während unser Haus total zerstört wurde, blieb die Doppelhaushälfte meines Bruders stehen und wies nur kleine Beschädigungen auf.
Alle Personen im nahegelegenen Luftschutzraum unter dem Bahndamm blieben unverletzt. So auch unser älteres Mieterehepaar aus Österreich, das im oberen Stockwerk unseres Hauses wohnte. Die beiden fanden eine kleine Wohnung in unserem Dorf Gronau.
Am nächsten Tag, es war der 23. März 1944, fuhr ich mit dem Fahrrad nach Wallroth. Wegen der Fliegerangriffe verkehrten keine Eisenbahnzüge. Mit ihrem Rad begleitete mich Katharina Geibel aus Gronau. Sie stammte aus *Kochs* in Hintersteinau, einem Nachbarort von Wallroth. Für diese Fahrt benötigten wir sieben Stunden. Außer dieser Fahrt haben Katharina Geibel und ich noch öfters die Fahrradtour nach Wallroth beziehungsweise Hintersteinau gemeinsam unternommen. Überhaupt hat die Familie Geibel unsere Familie in dieser für uns so schweren Kriegs- und Nachkriegszeit immer beigestanden und war stets äußerst hilfsbereit. Dafür sind wir ihr heute noch dankbar, und anmerken möchte ich, daß eine echte und gute Freundschaft zwischen Geibels und unserer Familie bis zum heutigen Tag besteht.
Als ich in Wallroth eintraf, riefen die Hausbewohner: "Der Jacob ist da." Meine Frau hatte verstanden "Jacob ist tot" und war zu Tode erschrocken. Ihre Freude, mich lebend wiederzusehen, war riesengroß. Ich blieb einen Tag und eine Nacht in Wallroth und fuhr dann nach Gronau zurück. Die Rückfahrt dauerte nur sechs Stunden, da man von Wallroth, das im hessischen Mittelgebirge liegt, fast ausschließlich bergab in die Mainebene fährt.
Um von unserer Wohnung noch brauchbare Dinge zu finden, mußte unbedingt der Schutt weggebracht werden. Das war leichter gesagt als getan. Aber auch dieses große Problem wurde gelöst. Mit Pferdefuhrwerken vom Gronauer Hof und dort beschäftigten holländischen Kriegsgefangenen schafften wir nach und nach den Schutt beiseite. Ich erhielt einen Stellungsbefehl und mußte ab 7. September 1944 militärischen Kriegsdienst verrichten.

Den weiteren Ablauf im Jahr 1944 und später in Wallroth und in Gronau erzählt meine Frau Gretel.
Nachdem ich am 15. März 1944 Gronau verlassen hatte, brachte ich am 21. April 1944 in Wallroth unseren Sohn Jürgen zur Welt. Zu Pfingsten 1944 wurde er in der Kirche von Wallroth getauft. Der Himmel war voller feindlicher Flugzeuge. Während dem Gottesdienst und der Taufe sagte der Pfarrer, wer wegen den Flugzeugen heimgehen wolle, könne dies tun. Es ging niemand nach Hause.
Mit meinen beiden Kindern wohnte ich bei meinen Eltern und half fleißig in deren Landwirtschaft mit.
Ende März 1945 rückte die amerikanische Armee weiter vor und kam meinem Heimatort Wallroth zunehmend näher.
Am 30. März 1945 kehrte mein 15 Jahre alter Bruder Albert zu uns zurück. Er war mit anderen innerhalb der Hitlerjugend militärisch eingekleidet worden und alle sollten, von Unteroffizieren der Wehrmacht betreut, noch Verteidigungsaufgaben übernehmen. Bei ihrem Rückmarsch erreichten sie den etwa zehn Kilometer von Wallroth entfernten Bahnhof Elm. Hier erfolgte ein Tieffliegerangriff. In dem Durcheinander flüchteten mein Bruder Albert und Willi Basermann *Woanesch* mit Adam Leipold *Hirtjes* aus Breitenbach, einem Nachbarort von Wallroth, über die Bahngleise in den nahegelegenen Wald. Die Unteroffiziere hatten die Flucht bemerkt und riefen und schossen hinter ihnen her. Die drei rannten um ihr Leben und konnten entkommen. Anschließend versteckten sie sich in einem anderen Wald und erreichten in der darauffolgenden Nacht im Schutz der Wälder ihre Heimatorte Breitenbach und Wallroth. Als der Albert bei uns eintraf, befanden sich deutsche Soldaten in unserem Haus. Er versteckte sich in der Scheune. Dann brachte ihm mein Vater seine Zivilkleidung und half ihm, im Heustapel einen Unterschlupf zu finden. Anmerken möchte ich, daß die nicht geflüchteten HJ-Jungen bis in die Tschechei marschieren mußten und erst nach Kriegsende entlassen wurden.
Es war Ostersamstag, der 31. März 1945. Unser *Rüffesch*-Haus steht an der Straße in Richtung Breitenbach als letztes Haus von Wallroth. Um 15 Uhr waren die ersten amerikanischen Panzer, von Breitenbach kommend, auf der hochgelegenen Straße, zweihundert Meter von unserem Haus entfernt, zu sehen. Die Panzer schossen in Richtung Knos, einem Waldstück oberhalb von Wallroth

und von dort schoß ein deutscher Panzer zurück. Die Amis sagten uns später, der deutsche Panzer hätte zuerst geschossen.
Während dieser Schießerei kam mein 60 Jahre alter Vater in unseren Hof hereingelaufen. Er war am Morgen zum Volkssturm kommandiert worden. Dem Volkssturm gehörten die Männer zwischen dem fünfundvierzigsten und sechzigsten Lebensjahr an. Sie sollten die Heimat als letztes Aufgebot verteidigen. Alle Männer von Wallroth in dem entsprechenden Alter mußten sich in der Alten Schule melden. Sie sollten gemeinsam in Richtung Neuhof im Kreis Fulda abrücken. Da sie sich weigerten, Wallroth zu verlassen, gab es großen Ärger. Sie wurden in der Schule eingesperrt, und es wurde ihnen mit dem "Fliegenden Standgericht" in Schlüchtern gedroht. Nur der Umstand, daß die Amis frühzeitig in Wallroth eintrafen, hat Schlimmeres verhindert. Jedenfalls konnten alle Männer gerade noch rechtzeitig ihre Häuser erreichen.
Die amerikanischen Panzer kamen den Berg herunter. Etwa vierhundert Meter von unserem Haus entfernt stand seinerzeit auf einer Höhe der Wasserhochbehälter für Wallroth. Neben dem Hochbehälter befanden sich Löcher von deutschen Soldaten. Die Amis schossen auf die Schutzlöcher und den Hochbehälter. Da sprang ein deutscher Soldat aus seinem Loch und stand neben dem Hochbehälter. Im nächsten Moment barst eine Panzergranate in unmittelbarer Nähe und verletzte ihn tödlich. Dieser Soldat hat auf dem Friedhof von Wallroth mit sechs weiteren in Wallroth gefallenen deutschen Soldaten seine letzte Ruhestätte gefunden.

Die Amis kamen in unser Haus. Vom hochgelegenen Dachboden beobachteten sie die Umgebung. Die Angst war ihnen ins Gesicht geschrieben.

Als der Kampfeslärm vorüber war, gingen amerikanische Soldaten in unseren Keller und wollten das gesamte in Lake eingelegte Fleisch aus dem Fleischzuber nehmen. Ich sah dies und nahm ebenfalls Fleisch aus dem Behälter. Ja, ich riß sogar den Amis noch Fleisch aus ihren Händen. Ich frage mich heute noch, woher ich die Courage nahm. Jedenfalls gelang es mir, etwas Fleisch zu retten, und gut war außerdem, daß mein Vater Fleisch im Keller eingemauert hatte, bevor der Ami kam. Im anderen Fall hätten wir bis zum nächsten Winter kein Fleisch zur Verfügung gehabt.
Ein amerikanischer Offizier kam in unsere Stube, sah die Taschenuhr meines Vaters an der Wand hängen, nahm sie herunter, gab sie meinem Vater und sagte in guter deutscher Sprache: "Nimm die Uhr und versteck sie! Wenn jetzt die amerikanischen Soldaten kommen, ist Deine Uhr weg." Ich finde, das war hochanständig von diesem Mann.
In unserem Haus wurde eine Kommandozentrale der amerikanischen Armee eingerichtet. Wir mußten das Haus verlassen und gingen alle in das dreihundert Meter von uns entfernt gelegene Haus meines Bruders Hannes. Um das Vieh zu versorgen, wurde uns erlaubt, morgens und abends den Hof zu betreten. Nach drei Tagen durften wir wieder in unser Haus einziehen.
Hatte mein Bruder Albert sich zuerst vor den deutschen Soldaten verstecken müssen, mußte er das nun auch vor den amerikanischen Soldaten tun. Als er sich dann blicken ließ, fragten sie ihn, ob er deutscher Soldat sei. Dies verneinte er und verwies auf sein Alter. Die Aussage wurde akzeptiert, und damit war dieses Problem ausgestanden.
Am 5. Juni 1945 wurde Jacob in Freistadt bei Wien aus der amerikanischen Gefangenschaft entlassen. Zu Fuß marschierte er von Österreich bis Wallroth. Als er bei uns eintraf, waren die Schuhe und die Füße kaputt.
Bei der Erledigung aller amtlichen Angelegenheiten hat der Bürgermeister Staaf von Wallroth meinem Mann und mir sehr geholfen. Angelegenheiten, die mit dem Landratsamt in Schlüchtern zu tun hatten, half uns der *Allescholtese*-Schorsch, der dort beschäftigt war, problemlos zu erledigen.
Jetzt begann für meinen Jacob eine schwere Zeit. Während ich mit meinen Kindern wegen dem fehlendem Wohnraum in Gronau in Wallroth bleiben mußte, wohnte er wieder bei meiner Schwester Maria und meinem Schwager Oswald. Neben seiner Tätigkeit bei der Bundesbahn baute er unser Haus neu

auf. Der Aufbau erfolgte mit dem vorhandenen alten Kalksandsteinmaterial. Das Haus hatte vorher zwei Stockwerke gehabt. Jetzt waren wir froh, wenn wir überhaupt ein Stockwerk fertig bekommen würden. Unser Dorf Gronau gehörte früher zum Landkreis Hanau. Der Landkreis stellte uns die Maurer zur Verfügung, jedoch mußten wir für das Essen sorgen. Das war ein großes Problem, denn wir hatten selbst nur wenig Eßbares. So haben wir uns die Mahlzeiten für die Maurer buchstäblich vom Mund abgespart.
Jacob fuhr an den Wochenenden mit dem Fahrrad nach Wallroth, da die Eisenbahn noch nicht wieder in Betrieb war. Er benötigte für die Hinfahrt am Samstag und die Rückfahrt am Sonntagnachmittag, wie bereits erwähnt, dreizehn Stunden. Das war neben dem Hausbau und seiner Arbeitsstelle bei der Bundesbahn eine enorme Leistung, und darüberhinaus arbeitete er noch bei der Bundesbahn im Schichtdienst.
Im Herbst 1945 war unser Haus im Rohbau fertig. Aus den Trümmern unseres Hauses hatten wir die Bretter unserer Möbelstücke gezogen. Aus ihnen baute unser Schreiner Heinrich Klüh in Wallroth so gut wie möglich Möbel zusammen. Mit dem Lastkraftwagen der Firma Wilhelm Klüh aus Wallroth fuhren wir diese Möbelstücke mit unseren anderen Habseligkeiten nach Gronau und zogen in den Rohbau ein. Obwohl wir vorerst primitiv wohnen mußten, freuten wir uns, daß wir vier unter einem Dach wohnen konnten.
Anschließend begann der Innenausbau. Ein Mann aus Gronau half bei diesen Arbeiten. Innerhalb eines Jahres wurde ein Stübchen nach dem anderen verputzt und wohnlich hergerichtet.
Als unser Haus fertig war, die Kinder größter wurden und wir vier gesund zusammen leben durften, dankten wir unserem Herrgott, der uns in dieser schweren Zeit immer beigestanden hat. Denn die Kriegs- und Nachkriegszeit, das war das Schwerste in unserem Leben.
Am 1. September 1993 waren Jacob und ich 54 Jahre verheiratet. Unsere beiden Kinder haben ebenfalls geheiratet, und wir freuen uns in unserer Großfamilie über drei Enkel und einen Urenkel. Jeden Abend danken wir unserem Herrgott mit dem Wunsch, daß er uns auch am nächsten Tag gut begleiten möge.

Jetzt waren wir Flüchtlinge

Von Gertrud Weiß, geborene Herde, Wallroth.

Gertrud Weiß mit ihren Töchtern Eva und Gerda im Jahr 1940

Am 29. Januar 1911 wurde ich in Starrwitz, Kreis Grottkau, damals in Schlesien, heute polnisches Gebiet, geboren. Die nächstgrößere Stadt ist Neisse und heißt heute Nysa. Nach der Machtergreifung durch Hitler wurde der Ortsname Starrwitz in Waldsreuth umbenannt, da von Regierungsseite ein Namensende mit "Witz" nicht gemocht bzw. verabscheut wurde.

Meine Eltern arbeiteten auf einem Hofgut mit etwa 1.100 Hektar landwirtschaftlicher Nutzfläche und einem zusätzlichem, großen Waldbestand. Das Hofgut befand sich in Privatbesitz. Mein Vater trug eine Uniform und diente als herrschaftlicher Pferdekutscher.

Acht Jahre besuchte ich die Volksschule in Starrwitz und arbeitete nach meiner Schulentlassung ebenfalls auf dem Hofgut, denn es war die Haupterwerbsstelle für das ganze Dorf. Auf diesem Gut verrichtete ich alle anfallenden Arbeiten auf dem Feld und auch im Wald.

Im Oktober 1935 heiratete ich Paul Weiß aus dem Dorf Reisewitz, das in der Nähe von Starrwitz liegt. Den Namen Reisewitz hatte man aus den bekannten Gründen in Eichengrund umbenannt. Die heutige polnische Bezeichnung lautet Rysiewice. Paul arbeitete auf dem Hofgut des Grafen Manfred von Ingenheim in Reisewitz, und ich trat hier eine Arbeitsstelle mit denselben Tätigkeiten wie in Starrwitz an. Dieses Gut hatte in etwa die Größe des "Starrwitzer" Betriebes, war vielleicht noch etwas größer und besaß Ackerland und Eichenwald. Ungefähr 70 Leute waren auf dem Hof beschäftigt und zwölf Pferdegespanne verrichteten vor der "Traktor-Zeit" alle Zugarbeiten. Zum Hofgut gehörten zehn

Wohnhäuser, in denen Beschäftigte, so auch Paul und ich, eine Wohnung fanden. Außer dem Hofgut gab es in unserem Dorf noch sechs Bauernhöfe. Unser Dorf war sehr klein, denn es besaß, außer dem Hofgut mit seinen Häusern und den sechs Bauernhöfen, nur 20 Wohnhäuser.
Zu der Arbeit auf dem Hofgut eine Ergänzung von Maria Weitzel, geborene Hartelt, Wallroth.

Ich bin im Jahre 1927 geboren. Meine Eltern arbeiteten ebenfalls auf dem Gut in Reisewitz. Wir Kinder mußten ab dem 12. oder 13. Lebensjahr an den Nachmittagen und in den Ferien meist zusammen mit unseren Eltern auf dem Betrieb arbeiten. Das fing im Frühjahr mit dem Entkeimen der Karoffeln an. Das Vereinzeln der Zuckerrüben war eine der nächsten Tätigkeiten. Während der Getreideernte mußten wir die Garben aufstellen. Im Herbst gingen wir abends mit unserem Vater auf das Zuckerrübenfeld. Beim Schein einer Stallaterne lockerte der Vater mit einer speziellen Gabel die Rüben, die wir Kinder herauszogen und zur Seite legten. Am nächsten Morgen hat dann meine Mutter mit einem sichelähnlichen Schlagmesser die Blätter von den Rüben getrennt.

Vom Frühjahr bis zum Herbst konnten wir die Schularbeiten nur abends erledigen. Wir Kinder erhielten vom Hofgut je Stunde zwölf Pfennige Arbeitslohn. Das heißt, wir Kinder erhielten überhaupt nichts, denn dieses Geld war vor seiner Auszahlung von unseren Eltern schon längst für Bekleidung oder Schuhe verplant. Zum besseren Verständnis: Seinerzeit kostete ein Paar Schuhe zirka zwölf Reichsmark.

Nach meiner Schulentlassung arbeitete ich ebenfalls auf dem Hofgut, wurde aber anschließend in einen Haushalt, der zu einem Lebensmittelgeschäft gehörte, dienstverpflichtet - es war Kriegszeit.

Nach dieser Einfügung von Maria Weitzel fahre ich fort.
Im Jahre 1936 wurde unsere Tochter Eva und im Jahre 1939 unsere Tochter Gerda geboren. Zum Kriegsbeginn am 1. September 1939 mußte mein Mann seinen Dienst bei der deutschen Wehrmacht antreten. Im Jahre 1941 wurde unser drittes Kind, die Magda, geboren. Trotz der Kinder arbeitete ich jeden Tag auf den Feldern oder in den Wäldern des Hofgutes.
Als Anfang Februar 1945 von Osten her die russische Armee unserer Heimat

näherrückte, gab es eine Anordnung, daß alle kinderreichen Familien unser Dorf in Richtung Westen verlassen müssen. Wir erschraken sehr, denn wir gingen nur ungern von zu Hause weg und ich war hochschwanger. Außer uns sollten vier weitere Familien mitkommen. Alle waren auf dem Hofgut beschäftigt und wohnten in dessen Häusern. Mit mir wurde Berta Hartelt aufgefordert, die ebenfalls hochschwanger war und sechs Kinder hatte. Ihre 21jähjrige Tochter Klara, die älteste von den sieben Kindern, fuhr nicht mit, sondern arbeitete weiterhin mit ihrem Vater Ernst auf dem Hofgut. Die anderen Familien waren Agnes Pohler mit fünf Kindern , Maria Scholz hatte sechs Kinder und Pauline Grasel ebenfalls sechs.
Wir stopften unser Bettzeug, Kleidungsstücke und andere Gegenstände in Säcke und rüsteten zur Abreise. Mit einem Leiterwagen, in dem unten drinnen etwas Stroh war, fuhren wir bei eisiger Kälte zum zehn Kilometer entfernten Bahnhof. Dort hieß es, die Front hat sich beruhigt, ihr fahrt nach Reisewitz zurück und wartet auf weitere Anweisungen. Wieder zu Hause angekommen, trauten wir der ganzen Sache nicht, legten uns angekleidet zur Ruhe, um jederzeit abmarschbereit zu sein. Wir sollten recht behalten. Denn nach ein bis zwei Tagen, es war der 16. Februar 1945, ging es dann endgültig los. Mit dem Leiterwagen am Bahnhof angekommen, wurden uns sehr schöne, beheizte 1.-Klasse-Wagen zugewiesen. Da jede Familie nur ein Abteil belegen konnte, herrschte eine sehr große Enge. Vor der Abfahrt befanden sich Tiefflieger über unserem Bahnhof, die aber Gott sei Dank keinen Angriff auf uns unternahmen. Dann fuhren wir ab. Wegen der Tiefflieger war unser Zug jedoch nur nachts unterwegs. Manchmal mußten wir auf derselben Strecke wieder zurückfahren, da Bombenschäden eine Weiterfahrt behinderten. Es war für uns fünf Mütter mit 26 Kindern, darunter viele Kleinkinder, eine sehr schwere Aufgabe, für einen einigermaßen ordentlichen Ablauf zu sorgen.
Einmal waren auf einem Bahnhof die größeren Kinder ausgestiegen und zum Bahnhofsvorplatz gelaufen. Plötzlich wurden die Eingangstore geschlossen, und die Kinder mußten über den Zaun klettern. Meine Tochter Eva war zu klein, um den Zaun zu übersteigen. Der Zug war fertig zur Abfahrt, da sieht Josef Pohler, der damals dreizehn Jahre alt war und heute ebenfalls in Wallroth wohnt, die kleine Eva am Zaun stehen. Schnell hob er sie über den Zaun, kletterte mit ihr in den Zug und schon fuhr dieser ab. Heute noch sagt er zur Eva: "Wenn ich

dich nicht über den Zaun gehoben hätte, wärst du damals nicht mitgekommen."
Ich selbst hatte von all dem nichts bemerkt.

Auf dieser Fahrt hatten auch "Hartelts" ihre Erlebnisse.
Da im Abteil wenig Platz war, schlief die kleine Magda Hartelt oben im Gepäcknetz. Als der Zug sich mal wieder ruckartig in Bewegung setzte, fiel die Magda zu Boden und verletzte sich am Kopf. Glücklicherweise war die Wunde nicht allzu groß und mit einem dicken Verband konnte der Magda geholfen werden. Auch unserer Eva passierte das. Gut war, daß sie viele Kleider am Leib trug und außerdem "glücklich" fiel. So nahm sie keinen Schaden, und wir alle kamen mit dem Schrecken davon.
Berta Hartelt hatte vor unserer Abreise noch Brot gebacken und einen Kinderwagen mit Brot vollgestopft. Der Kinderwagen befand sich im Gepäckwagen des Zuges und die Kinder Maria und Hedwig Hartelt wurden losgeschickt, um Brot für die Familie zu holen. Jedoch mußten sie unter dem vielen Gepäck erst den Kinderwagen finden. Wieder war es der Ruck beim Zuganfahren, der ein Problem hervorrief. Als Maria und Hedwig noch beim Suchen waren, flog die Waggontür zu, und die beiden saßen eingesperrt im Dunkeln. Sie mußten warten, bis sie auf dem nächsten Bahnhof aus ihrer mißlichen Lage befreit wurden. Ihre Mutter hatte sich große Sorgen gemacht, denn sie hatte befürchtet, daß die beiden auf dem vorhergehenden Bahnhof geblieben wären.
Wir durchquerten die Tschechei, fuhren nachts durch Prag und erreichten nach vierzehn Tagen unser Ziel in Österreich. Der Ort hieß Kobernaußen und gehörte zur Stadt Ried im Innkreis. Uns empfing ein bergiges Gelände mit tiefen Schluchten und vielen verstreuten Einzelgehöften. Man sah außer einigen Äckerchen fast ausschließlich Grünland. Das war landwirtschaftlich gesehen eine arme Gegend.
Die ersten beiden Nächte übernachteten wir auf Stroh in einer Schule, dann wurden wir auf die verschiedenen Häuser aufgeteilt.
Jetzt waren wir Flüchtlinge.
Das Essen war mehr als knapp. Zur Frühjahrs- und Sommerzeit sammelten wir Pilze im Wald und brachten uns von dort Holz zum Kochen mit. Von den Straßenrändern holten wir Grünzeug und bereiteten es so gut wie möglich zu einem Essen. Wir erhielten nur wenige und sehr kleine Kartoffeln. Außerdem

gab es nur knappe Brotrationen, wobei das Brot immer speckig war. Was blieb da für Erwachsene und Kinder anderes übrig, als betteln zu gehen. Wir erhielten dann jeweils zwei bis drei kleine Kartoffeln oder eine Scheibe Brot. Wir wollten das Gebettelte bezahlen, jedoch haben uns die Geber kein Geld abgenommen. Nein, geizig waren die Einwohner von Kobernaußen nicht, sondern auch arme Leute, die wenig zu Essen hatten.
Am 12. März 1945 wurde meine Tochter Erika geboren und am 17. März bekam Berta Hartelt einen Sohn. Er erhielt den Namen Siegfried. Für uns beide war es besonders schwer, diese Zeit zu überstehen.
Im April 1945 wurde Kobernaußen von den Amis besetzt. Kampfhandlungen fanden nicht statt.
Im Oktober 1945 hieß es, wir kommen nach Deutschland, und anschließend erfolgte unsere Abfahrt. Wir fünf Familien wurden in einen Viehwaggon gesteckt, der dann proppenvoll war. Als Fahrtverpflegung erhielten wir Pferdewurst. Diese muß verdorben gewesen sein, denn die meisten Fahrtteilnehmer bekamen Durchfall. Das war ein Drama. Es gab nur einen Notdurfteimer für alle, der bei jedem Anhalten des Zuges entleert wurde.
Die Fahrt mit den vielen kleinen Kindern war ein großes Probelm. Die Windeln hielten wir in den Fahrtwind, damit sie trocknen konnten. Da fielen Nachttöpfchen der Kinder um und bewirkten das Feuchtwerden der Wäsche in den Säcken. Bei einem Halt - ich weiß nicht, wie dieses möglich war - fiel meine kleine Gerda aus dem Waggon. Außer dem Schrecken hatte das glücklicherweise keine weiteren Folgen.
Am 3. November 1945 erreichten wir den Bahnhof Schlüchtern. Wir übernachteten im Waggon und alle fünf Familien fuhren am nächsten Tag mit einem LKW in das acht Kilometer entfernte Dorf Wallroth mit damals etwa 600 Einwohnern. Im Hof der Gastwirtschaft Druschel erfolgte die Aufteilung. Alle älteren Kinder wurden Familien mit Landwirtschaft zugeteilt. Meine neun Jahre alte Tochter Eva kam zu Adam und Margarethe Link in *Schmidts*. Ich selbst fand im gegenüberliegenden Haus *Fuße* mit meinen drei jüngeren Kindern eine Bleibe. In *Fuße*, einem Bauernhof mit zirka 25 Hektar landwirtschaftlicher Nutzfläche, wohnte Heinrich Fehl mit seiner Familie. Ich erhielt zwei Räume im ersten Stock, von denen der eine als Küche, der andere als Schlafraum diente. Jetzt war es gut, daß ich die landwirtschaftlichen Tätigkeiten und schwere

Arbeit gewohnt war. Durch die Arbeit meiner Hände auf dem *Fuße-Hof* konnte ich dafür sorgen, daß meine Kinder und ich ausreichend zu essen hatten, und das war das Wichtigste in der Nachkriegszeit. Erwähnen möchte ich, daß das Zusammenleben mit der "*Fuße*-Familie" problemlos geschah. Ein weiterer Vorteil war, daß ich gut nähen konnte. Aus alten Sachen schneiderte ich meinen Kindern brauchbare Kleidung und freute mich, wenn die Kinder ordentlich angezogen waren.
Dieser Krieg, er hat mich doppelt schwer getroffen. Zum einen ist mein Mann vom Kriegsgeschehen an der Ostfront nicht heimgekehrt, zum anderen habe ich mein Zuhause, meine Heimat, verloren. In einem Satz ist dies niedergeschrieben, aber was steht da alles dahinter.
Meine Tochter Eva war, wie bereits berichtet, in *Schmidts*, einem Betrieb mit etwa sieben Hektar landwirtschaftlicher Nutzfläche, untergebracht. Eva erzählt heute: "Ich hatte es gut getroffen. Das 'Grättche', die Margarethe, war wie eine Mutter zu mir und erfüllte mir sogar Essenswünsche. Der Adam, ein sehr ruhiger, ausgeglichener Mann, war ebenfalls gut zu mir. In der Anfangszeit hatte ich abends Heimweh nach meiner Familie. Da ging er für eine Stunde zu den Meinen im gegenüberliegenden *Fuße*-Haus. Beruhigt lief ich anschließend mit ihm zurück und legte mich schlafen. Sechs Jahre lang, bis zu meiner Schulentlassung im Jahre 1951, blieb ich in *Schmidts.*"
Als in den Jahren 1945 und 1946 die vielen Flüchtlinge, später richtigerweise "Heimatvertriebene" genannt, ins Dorf kamen, war es für die Wallrother schwierig, den notwendigen Wohnraum zur Verfügung zu stellen. Immer enger wurden die Wohnverhältnissen. Bei einem beiderseitigen guten Willen im Miteinanderwohnen und Miteinanderleben gab es jedoch keine Probleme. Zwar haben wir bei manchen Einheimischen als Flüchtlinge nichts "gezählt", wurden aber von der Mehrheit als gleichberechtigt anerkannt.

Zu der Nachkriegszeit noch eine Ergänzung von Maria Weitzel, geborene Hartelt.

Mein Vater Ernst Hartelt und meine Schwester Klara waren, wie berichtet, in Reisewitz geblieben und hatten weiterhin auf dem Hofgut gearbeitet. Durch das Kriegsgeschehen übernahmen zuerst die Russen, danach die Polen die Verwaltung dieses Gebietes. Jetzt mußten mein Vater und meine

Schwester weiterhin auf dem Hofgut arbeiten, jedoch für die Polen. Es ging ihnen sehr schlecht. Sie hatten viel Arbeit, aber wenig zu essen. Da beschlossen sie zu flüchten. Bei Nacht und Nebel hauten sie ab und erreichten auf abenteuerlichen Wegen zuerst die Tschechei, dann Deutschland und fanden im Raum Hannover eine erste Bleibe. Mit Hilfe des Rote-Kreuz-Suchdienstes gelang es ihnen, die Verbindung zu uns in Wallroth herzustellen. Im Sommer 1947 kamen die beiden bei uns an. Mein Vater, ohne Strümpfe, ohne Schuhe, halt eben barfuß. Beide hatten keinerlei Gepäck. Das, was sie auf dem Leib trugen, war all ihre Habe. Ein trauriger Anblick. Aber die Hauptsache war, daß unsere Familie sich jetzt vollzählig zusammengefunden hatte, und das erfüllte uns mit Freude.

Nach Maria Weitzel möchte ich weiter berichten. Bis zum Jahre 1958 wohnte ich in dem beiden Räumen in *Fuße*. Dann nutzte ich die Gelegenheit, um in den Neubau bei Willi Müller in der Grundstraße eine richtige Wohnung zu ziehen. Ich arbeitete weiter in der Landwirtschaft, jedoch wegen der kürzeren Wegstrecke auf dem *Gehoannjoste*-Hof. Hier war ich bis zum Jahre 1970 tätig und ging dann, landwirtschaftlich gesehen, in den Ruhestand.

Eine Aussage von Adam Druschel.

Bei uns im Dorf hieß es: "Die Frau Weiß ist eine Schäffen." Damit meinte man Leute - bei Männern hieß es "Schäffer" -, die schaffen wollten, schaffen konnten und sich vor Arbeit nicht fürchteten.

Meine Tochter Eva ist verheiratet und baute mit ihrem Mann in Wallroth ein eigenen Haus. Im Jahre 1965 war das Haus fertiggestellt, und ich konnte bei ihnen in eine eigene Wohnung einziehen. Meine Töchter Gerda und Magda sind hier in Wallroth verheiratet und wohnen mit ihren Familien jeweils in Eigenheimen. Da meine Tochter Erika in Schlüchtern wohnt, habe ich alle meine Lieben in nächster Nähe. So bin ich heute mit meinem Leben zufrieden, muß aber sagen, daß die Kriegs- und Nachkriegszeit das Schwerste in meinem Leben war.

Schlußbemerkung
von
Adam Druschel

Oft stellen Menschen die Frage:
"Wenn es einen Gott im Himmel gibt,
warum verhindert er keine Kriege?"
Wir müssen hinnehmen, daß Gutes und Böses in der Welt vorhanden ist.
Es ist schwer, Böses zu verhindern,
jedoch ist es uns allen möglich,
täglich mit Gottes Hilfe
das Gute zu vermehren,
dadurch dem Bösen Macht zu nehmen
und einem dauerhaften Frieden ein Stück näher zu kommen.

Daß wir alle uns jederzeit um Vermehrung des Guten bemühen,
das wünsche ich mir.

Adam Druschel:

Steinreich - Brotarm

Wie haben die Menschen vor über 50 Jahren in einem hessischen Mittelgebirgsdorf gelebt, als es den Leuten schon sehr gut gehen mußte, wenn sie sich einmal in der Woche Fleisch zum Essen leisten konnten? Der kleine Bub Adam Druschel, der an der Hand seiner Großmutter von seinem Heimatort Wallroth zu Fuß über den Landrücken nach Schlüchtern ging, um Eier und Hühner zu verkaufen, hat fast 60 Jahre später die Erinnerungen an diese Zeit in einem Buch unter dem Titel "Steinreich - Brotarm" veröffentlicht.

Sein Anliegen war es, diese Zeit vor dem Vergessen zu bewahren.

Herausgekommen ist ein sehr informatives, gleichzeitig aber auch unterhaltsames Buch. Es beschreibt, wie das Jahr des Landwirts an Lichtmeß und dem Peterstag beginnt, an dem die Mägde und Knechte, die die Stellung wechselten, ihr "Scherzbündel" geschnürt bekamen und endet mit dem Bastianstag. Es war kein leichtes Leben. Oft mußte um drei Uhr in der Früh aufgestanden werden, um bis neun Uhr "einen Morgen zu mähen", und der Arbeitstag endete lange nach Einbruch der Dunkelheit, wenn nach der letzten Heufuhre noch das Vieh gefüttert werden mußten. Es war selbstverständlich, daß Kinder voll in den Arbeitsprozeß einbezogen waren. Adam Druschel mußte schon als kleiner Junge die Schafe nach der "Schafskrimes", der Wäsche vor der Schur, hüten,

beim Dreschen den "dritte Mann" stellen oder nach der Schule die Kühe einspannen, um die Frucht vom Feld zu holen.
Druschel konnte feststellen, daß die Menschen früher sehr bewußt gelebt haben. Es wurden alle Vorgänge in der Natur, wie etwa das Wachsen der Pflanzen, die Wettererscheinungen, aber auch das menschliche Zusammenleben genau beobachtet und die Schlußfolgerungen daraus in Form von Sprüchen und Bauernregeln als Verhaltensregeln festgehalten. Diese "Volksweisheiten" hat der Verfasser eifrig gesammelt und sie durchziehen das gesamte Buch, das deshalb auch für Sprachforscher zu einer wahren Fundgrube werden dürfte.
Sehr viel erfahren die Leser über das soziale Leben im Dorf. Ohne Unterstützung der Dorfgemeinschaft konnte kein Landwirt überleben. Nachbarschaftshilfe war nötig bei dem Einsatz der Dreschmaschine, beim Hausbau, den Hochzeitsfeierlichkeiten oder bei den Beerdigungen. Die Benutzung des Dorfbackhauses mußte wöchentlich neu verteilt werden. Die allabendliche Spinnstube bot den jungen Männern und Frauen die Möglichkeit, sich kennenzulernen. Personen ohne Einkommen wurden von den Bauernfamilien reihum verpflegt - Römmgehalle hieß das in Wallroth.
Die schnellen Veränderungen in seinem Heimatdorf ließen bei Adam Druschel den Entschluß reifen, die Zeit seiner Kindheit mit Erreichen des Rentenalters schriftlich festzuhalten. Er hatte die Erfahrung gemacht, daß seine Kinder und Enkelkinder gerade an seinen eigenen Erinnerungen besonders interessiert waren und deshalb hat er, und das macht den besonderen Reiz des Buches aus, einen sehr persönlichen Bericht vorgelegt. Nachdem er mit der Niederschrift begonnen hatte, fiel ihm zufällig die Ausschreibung des Wettbewers der Naturkundestelle des Main-Kinzig-Kreises "Fast vergessen - Mensch und Natur - Erinnerungen an längst vergessene Tage" in die Hände. Adam Druschel hat sich mit "Steinreich - Brotarm" an diesem Wettbewerb beteiligt und 1992 den ersten Preis errungen.
Teilveröffentlichungen des Buchs haben in seinem Heimatort schon jetzt große Resonanz gefunden. Die älteren Mitbürger von Wallroth sagten: "Ja, genau so war es." Und die Jüngeren meinten: "Wie, war das wirklich so?" Es war wirklich so.
Ein wesentliche Bereicherung für das Buch bilden die zahlreichen Abbildungen aus dem ländlichen Leben. Unterstützt wurde Adam Druschel dabei von Greta Schmidt aus Hintersteinau, die schon seit einigen Jahren Bilder aus alten Zeiten sammelt und sie zur Veröffentlichung zur Verfügung gestellt hat. Ein besonderer Leckerbissen sind die Farbbilder aus den Jahren 1938 bis 1941. Sie wurden von dem Wallrother Lehrer Heinrich Drescher aufgenommen und dürften zu den ersten in Deutschland entwickelten Farbdias überhaupt gehören.

Steinreich - Brotarm, 176 Seiten, 16 vierfarbige und 28 Schwarz-weiß-Aufnahmen, ISBN 3-928100-08-4, 24,80 DM , erschienen im CoCon-Verlag
In den Türksichen Gärten 13, 63450 Hanau 1, Tel.: 06181/17700